선택의 순간들

선택의 순간들

초판 1쇄 발쇄 2016년 11월 8일
초판 2쇄 발행 2016년 11월 23일

엮은이 사람사는세상 노무현재단

펴낸이 이상순
주간 서인찬
편집장 박윤주
제작이사 이상광
기획편집 한나비, 김한솔
디자인 유영준, 이민정
표지사진 황문성
마케팅 홍보 이병구, 김수현
경영지원 오은애

펴낸곳 (주)도서출판 아름다운사람들
주소 (413-756) 경기도 파주시 회동길 103
대표전화 (031) 955-1001 **팩스** (031) 955-1083
이메일 books777@naver.com
홈페이지 www.books114.net

생각의길은 (주)도서출판 아름다운사람들의 인문 브랜드입니다.

2002년 노무현 대선승리의 기록

선택의 순간들

사람사는세상 노무현재단 엮음

'필연'을 만들어 내기 위한
희생과 헌신의 기록

마치 그렇게 되기 위해 모든 일이 예정되어 있었나 봅니다. 아무리 뛰어난 상상력과 탁월한 창의력의 소유자라도 이처럼 변화무쌍한 드라마의 각본을 써내지는 못했을 것입니다. 여기에는 발단·전개·위기·절정으로 치닫는 소설적 구성도 있습니다. 갈등 구조가 관통하고 있고 예측불허의 스토리도 있습니다. 웃음이 돌연 울음으로, 슬픔이 이내 기쁨으로 변하는 반전도 있습니다. 정치가, 아니 사람들이 엮어 낼 수 있는 최대한의 드라마였습니다. 그것이 2002년 제16대 대통령선거의 과정이었습니다.

드라마를 엮어 낸 장본인은 국민이었습니다. '깨어 있는 시민' 이었습니다. 그들이 감독이었고 연출자였습니다. 노무현 후보는 말하자면 무대 위의 배우였습니다. 무대 위에는 또 수많은 인물들이 등장합니다. 고비마다 고뇌와 고통을 함께하는 참모들이 있습니다. 경쟁을 벌이는 상대방이 있고, 그 사이에서 갈등하는 일련의 세력도 있습니다. '노무현을 사랑하는 사람들의 모임'도 있습니다. 이들은 결정적 계기마다 결정적 역할을 합니다.

드라마라고 했지만 그것은 대통령선거에서 승리한 이후에 비로소 붙일 수 있었던 표현입니다. 선거의 과정은 하루하루가 살얼음판이었고 일분일초가 피 말리는 순간이었습니다. 시작은 이변이었습니다. 그다지 주목받지 못하던 후보가 기적을 만들었습니다. 대세를 잡았다고 생각한 순간 지지율이 급전직하했습니다. 대통령후보가 되었지만 오히려 사람들은 모이지 않고 차례로 떠나갔습니다. 선거의 잇단 패배로 후보는 외상보다 더 심각한 내상에 시달려야 했습니다. 후보는 어디에도 안착하지 못하는 방랑자 신세였습니다. 결국 자신을 내던지면서 결단한 후보 단일화가 전기가 되었습니다. 정작 더 큰 시련과 고비는 그때부터였습니다. 공동정부를 구성하자는 요구와 단호한 거부가 있었고 이어서 선거일을 하루 앞둔 시점에는 일방적인 공조 파기도 있었습니다. 그렇게 스물네 시간 동안 천당과 지옥을 오간 끝에 노무현 후보와 지지자들은 선거 승리로 '국민참여정치시대'를 열었습니다.

시작부터 끝까지 그 모든 것이 역사였습니다. 매 순간이 새로운 역사였습니다. 정치인 최초의 팬클럽, 국민이 참여하는 후보경선, 희망돼지 저금통의 감동에 이르기까지 2002년 대통령선거는 한국현대정치사의 커다란 분수령으로 자리매김했습니다. 국민이 정치에 참여하여 만들어 낸 최고의 드라마였습니다.

이 책은 그 드라마를 복원하려는 시도입니다. 그 역사를 구체적으로 복기하여 정리하는 노력입니다. 제16대 대통령선거의 전 과정에서 선거 승리를 위해 치열하게 고민하고 부지런히 뛰었던 장면들의 기록입니다. 각자가 뛰고 있던 선거의 현장에서 지켜본 노무현 후보와 그 상황에 대한 증언입니다. 구술자들의 생생한 이야기들을 따라가다 보면 2002년 대통령선거의 입체적인 모습이 우리 앞에 나타납니다.

조금 더 많은 사람들의 구술을 담아야 했지만 지면의 제한이 어쩔 수 없는 한계였습니다. 그래도 가급적 대통령선거 당시 각 부문의 이야기들을 망라하기 위해 최선을 다했습니다. 구술자들은 사료로 남기기 위한 구술에 협조해 주었고, 또 그 가운데 일부 내용을 이렇게 구술집으로 엮어 내는 데 기꺼이 동의해 주었습니다. 깊이 감사드립니다.

지나간 역사는 모두 필연으로 보입니다. 2002년의 대선 승리 역시 필연이 관철된 과정임이 분명합니다. 그러나 과정의 하나하나를 면밀히 살펴보면 그 안에도 수많은 우연들이 산재해 있음을 알 수 있습니다. 결국 세상사가 그러하듯이 선거의 과정 또한 많은 우연과 필연이 얽히고설켜 있음을 발견합니다. 여기 구술자들의 술회는 그 우연과 필연을 단순히 나열하고 설명하는 데 그치지 않습니다. 작은 우연 하나조차도 그것을 어떻게 대선승리라는 필연으로 만들기 위해 치열한 노력을 전개했는지를 보여 주고 있습니다. 후보와 참모들, 나아가 지지자들이 대통령선거 과정에서 어떻게 원칙을 지켰는지, 그리고 선거 승리를 위해 얼마나 희생하고 헌신했는지 구체적으로 재현하여 보여 주고 있습니다.

기록이 역사입니다. 결국 기록하는 사람이 긴 역사에서 최후의 승자가 됩니다. 승리했다는 사실 자체도 중요하지만 승리의 과정을 기록하는 일은 그것보다 더 중요합니다. 이 구술기록이 한국 정치 발전은 물론 정치인 노무현의 진면목에 한걸음 더 다가서는 발판이 되기를 기대합니다. 구술자 여러분께 거듭 깊은 감사를 드리며 많은 분들의 일독을 권합니다.

2016년 가을
사람사는세상 노무현재단
노무현사료연구센터장 윤태영

차례

2002년 국민경선부터 후보 단일화,
제16대 대통령 당선까지

1998년 7월 21일 서울 종로구에서 보궐선거가 열렸다. 노무현의 당선이었다. 6개월여 만인 1999년 2월 9일, 16대 총선 부산 경남 출마를 공식 선언한 노무현은 2000년 4월 13일 부산 북강서을에서 낙선했다. 2000년 8월 7일부터 2001년 3월 26일까지는 해양수산부 장관을 역임했다.

3년 남짓한 이 기간 동안 과거의 '청문회 스타 노무현'은 '바보 노무현'으로 새롭게 떠올랐다. 그 과정에서 정치인 최초의 팬클럽 '노무현을 사랑하는 사람들의 모임(노사모)'이 탄생했고 노무현은 해양수산부 장관을 거치며 대선 주자로 떠올랐다.

2001년 9월 부산후원회, 11월 무주단합대회 등을 통해 대선 출마를 공식화한 노무현은 그해 12월 10일 '출정식'을 치렀다. 서울 힐튼호텔에서 열린《노무현이 만난 링컨》출판기념회 및 후원회 자리였다. 노무현은 이날 '권력에 맞서 당당하게 정의를 말하는 새로운 역사'를 외치며 '진정한 국민통합의 시대를 열기 위해, 원칙이 통하는 사회를 만들기 위해, 열심히 일하는 보통 사람들이 살기 좋은 한국을 만들기 위해 16대 대선에 출마할 것을 선언한다'고 밝혔다.

그러나 당시에도 노무현은 지지율 10퍼센트 미만의 군소후보에 불과했다. 정치권에서는 일찌감치 '이회창 대세론'이 자리 잡았고, 새천년민주당 예비후보들 가운데에는 '이인제 대세론'이 퍼졌다.

2002년에 접어들면서 변수가 등장했다. 새로운 시도였다. 2002년 1월 7일 새천년민주당은 상향식 공천제와 국민참여경선제를 골자로 하는 '당 발전과 쇄신을 위한 특별대책위원회(이하 특대위)' 안을 만장일치로 통과시켰다. 특대위는 2001년 11월 당시 김대중 대통령의 당 총재직 사퇴 직후 발족한 기구였다. 대의원, 당원뿐만 아니라 일반 국민이 직접 대통령 후보를 뽑는 방식(국민 50%, 대의원 및 당원 50%)의 국민경선제 도입은 대한민국 정당사에서 새로운 정치 시도로 기대를 모았다. 기존 공천 과정은 당원 일부만 참여하는 폐쇄적이고 배타적인 방식이었다.

국민참여경선제는 이름 그대로 국민들의 참여를 끌어내는 데

성공했다. 3만 5천 명을 뽑는 일반국민선거인단에 무려 190만 1천 224명이 신청했다.

2002년 2월 24일, 노무현은 기자회견을 통해 민주당 대통령 후보 경선 출마를 선언한다. 이인제, 한화갑, 정동영, 김근태, 김중권, 유종근 등 모두 일곱 명의 후보가 나섰다.

국민경선은 3월 9일 제주를 시작으로 전국 열여섯 개 시·도에서 치러졌다. 첫 경선지 제주에서 한화갑, 이인제에 이어 3위를 기록한 노무현은 다음 날 울산경선 1위를 차지했다. 사흘 뒤인 13일, 대선주자 선호도 양자대결에서 노무현이 이회창을 앞선다는 여론조사가 발표됐다. 문화일보와 SBS가 여론조사기관 TNS에 공동 의뢰한 결과 노무현 41.7퍼센트, 이회창 40.6퍼센트로 노무현의 지지율이 1.1퍼센트 높게 나타난다는 내용이었다. 노무현 대안론이 힘을 얻기 시작했다. 16일 광주경선은 승부의 분수령으로 주목받았다. 결과는 극적이었다. 노무현은 595표로 지역 구도를 뛰어넘은 승리를 거뒀다. 광주의 선택이 대세를 가른, 국민경선의 하이라이트였다.

대전과 충남경선은 이인제의 압도적 우세였다. 노무현은 강원경선에서 이인제를 7표 차로 앞서며 추격을 시작했다. 경선주자들은 하나하나 사퇴했고 강원경선 이후 노무현, 이인제, 정동영

셋이 남았다. 노무현이 누적득표 1위를 탈환한 건 4월 5일 대구 경선부터였다. 전후로 이인제 측의 색깔론, 언론의 공세가 수위를 높였다. 이인제 측은 4월 3일 노무현 장인의 좌익 시비를 제기한 데 이어 4일 노무현이 언론사 국유화와 폐간 등을 언급했다고 주장했다. 동아일보와 조선일보가 이 내용을 5일자 1면 머리기사로 냈다. 다음 날인 6일 인천경선장 단상에 오른 노무현은 두 신문의 보도를 반박하며 목소리를 높였다. '언론 국유화, 과거에도 앞으로도 그럴 생각 해 본 적 없습니다. 소유지분 제한 포기하라는 언론의 압력에 굽히지 않아 이렇게 공격당하고 있습니다. 동아, 조선은 민주당 경선에서 손을 떼십시오', 장인을 둘러싼 색깔론에도 '이런 아내를 제가 버려야 합니까? 그렇게 하면 대통령 자격이 있고 이 아내를 그대로 사랑하면 대통령 자격이 없다는 것입니까?' 라며 정면 대응했다.

열세 번째 경선지였던 전남을 마지막으로 이인제는 4월 17일 사퇴를 공식 선언했다. 누적득표는 노무현 9천702표, 이인제 8천190표로 1천512표 차이였다. 27일 서울경선 승리를 더한 최종 결과는 1위 노무현 1만 7천568표(72.2%), 2위 정동영 6천767표(27.6%). 노무현은 새천년민주당의 공식 대통령 후보로 확정됐다. 노사모는 경선 기간 내내 열정적이고 헌신적인 지지로 새로운 정치문화를 만들어 내며 든든한 지원군이 되어 주었다.

| 2002년 새천년민주당 제16대 대통령 후보 국민경선 16개 시도별 일정 및 결과 |

	득표							누적득표		
	노무현	이인제	정동영	한화갑	김중권	유종근	김근태	노무현	이인제	정동영
3/9 제주 (한라체육관)	125	172	110	175	55	18	16			
3/10 울산 (남구 종하체육관)	298	222	65	116	281	20	10	423	394	175
3/16 광주 (서구 염주체육관)	595	491	54	280	148	사퇴	사퇴	1,018	885	229
3/17 대전 (서구 무역전시관)	219	894	54	77	81			1,237	1,779	283
3/23 충남 (천안 유관순체육관)	277	1,432	39	사퇴	196			1,514	3,211	322
3/24 강원 (춘천 호반체육관)	630	623	71		159			2,144	3,834	393
3/30 경남 (마산 실내체육관)	1,713	468	191		사퇴			3,857	4,302	584
3/31 전북 (익산 실내체육관)	756	710	738					4,613	5,012	1,322
4/5 대구 (컨벤션센타)	1,137	506	181					5,750	5,518	1,503
4/6 인천 (인천전문대 체육관)	1,022	816	131					6,772	6,334	1,634
4/7 경북 (포항 실내체육관)	1,246	668	183					8,018	7,002	1,817
4/13 충북 (청주 실내체육관)	387	734	83					8,405	7,736	1,900
4/14 전남 (순천 팔마체육관)	1,297	454	340					9,702	8,190	2,240
4/20 부산 (사직체육관)	1,328	사퇴	796					11,030		3,036
4/21 경기 (성남 실내체육관)	1,191		1,426					12,221		4,462
4/27 서울 (잠실 실내체육관)	3,924		1,978					17,568		6,767

※ 노무현·정동영의 경선 총 누적득표는 1,750표로 환산한 인터넷투표 결과 합산치(노무현 1,423표, 정동영 327표). 인터넷 투표 참여자는 총 4만 1천18명으로 인터넷투표 23.4 표가 오프라인 1표로 반영됐다.

'노풍'은 거기까지였다. 4월 30일 노무현은 김영삼 전 대통령의 상도동 자택을 찾았다. 1990년 3당합당을 거부하며 김영삼과 다른 길을 걸었던 노무현의 방문에 지지자들은 냉담한 반응을 보였다. 여기에 김대중 대통령의 아들 및 측근 비리가 겹치며 민주당 지지율이 하락했다. 경선 당시 50퍼센트대에 달하던 노무현의 지지율도 가파른 내림세로 돌아섰다. 이어진 6·13 지방선거와 8·8 재보선 참패는 민주당의 내홍을 가시화했다.

6·13 지방선거를 앞두고 노무현은 영남권 광역단체장을 내지 못할 경우 재신임을 약속했다. 선거 결과 민주당은 열여섯 개 시·도지사 가운데 광주, 전남, 전북, 제주 네 곳에서 당선자를 내는 데 그쳤다. 반면 한나라당은 서울을 비롯해 열한 곳에서 승리했다. 기초단체장도 한나라당은 140명, 민주당은 44명이 당선됐다. 선거 직후인 6월 18일 민주당 당무회의는 만장일치로 후보 재신임을 의결했으나 후보와 지도부 즉각 사퇴를 요구하는 목소리는 사라지지 않았다.

때마침 4강 진출로 6월 한 달을 뜨겁게 달군 한일월드컵 열기를 타고 정몽준 대한축구협회 회장 지지율이 급등했다. 당내에서 후보 단일화와 후보 교체론에 대한 목소리가 나오기 시작했다.

8·8 재보선 결과는 그 같은 양상에 기름을 부었다. 민주당은

13석 중 호남 2석(광주 북구 갑, 전북 군산)에 그쳤고 한나라당은 11석을 차지했다. 재보선 패배 이후 민주당은 당 밖에서 신당을 만들어 민주당과 통합하는 신설합당 방식의 신당 창당을 공식화했다. 후보 사퇴, 후보 교체에 대한 당내 요구도 노골적이었다. 그 과정에서 독자신당 추진으로 가닥을 잡은 정몽준은 9월 17일 대선 출마를 공식 선언했다.

　민주당의 내홍은 10월 4일 의원 34명이 주도한 '대통령후보단일화추진협의회(후단협)' 발족으로 이어졌다. 후단협은 이후 신당 추진, 탈당, 정몽준의 국민통합21 및 한나라당 입당 등으로 내내 분란을 주도했다.

　'후보 흔들기'에 맞선 '후보 지키기' 움직임도 생겨났다. 8월 13일 유시민, 문성근, 명계남 등이 주축이 되어 '국민후보 지키기 2500인 선언'과 함께 '국민후보 노무현 지키기 시민운동'을 제안하고 29일 '정치혁명과 국민통합을 위한 개혁적 국민정당 제안 국민토론회'를 개최하면서 개혁국민정당 창당 작업이 구체화됐다.

　다음 달인 9월 30일 새천년민주당 대통령선거 중앙선거대책위원회(위원장 정대철·조순형·정동영, 이하 선대위)가 출범했다. 출범식에는 당내 현역의원 절반에 미치지 못하는 숫자인 51명이 참석했다. 이날 노사모 회원들은 8월부터 모금한 희망돼지 저금통 1천

570개(6천500여만 원)를 전달했다. 10월 7일에는 선대위 산하 국민 참여운동본부(본부장 정동영·추미애)가 발족했다.

　　노풍 재점화의 단초는 6·13 지방선거 당시 민주당 서울시장 후보로 나섰던 김민석의 정몽준 신당 합류였다. 10월 17일 김민석 탈당 소식이 전해지자 노무현에 대한 온라인 후원이 급증했다. 모금을 시작한 10월 1일부터 16일까지 1천132명이 960만 원을 후원했으나 탈당 직후부터 후원이 쇄도, 20일까지 1만 4천여 명이 참여해 후원금 4억 원을 돌파했다. 20일은 유시민을 필두로 한 개혁국민정당 창당 발기인대회 날이기도 했다. 서울 여의도 63빌딩에서 열린 이날 행사에서 문성근의 후보지지 연설을 듣고 흘린 '노무현의 눈물'은 이후 CF로도 활용돼 많은 사람에게 깊은 인상을 남겼다. 다음 날인 21일 후원금은 5억 7천만 원을 넘어섰다.

　　일련의 과정에서 노사모는 내내 노무현 후보 지키기, 국민 참여의 중심에 섰다. 8월부터 시작한 '희망돼지 저금통 분양사업'이 계속해서 이어졌고 같은 달, 광주를 시작으로 '희망 포장마차'가 전국을 순회했다.

　　계속된 당 안팎의 후보 단일화 요구 속에 11월 3일 서울국민 참여운동본부 발대식 연설에서 노무현은 정몽준에게 국민경선을 통한 단일화를 공식 제안한다. 바로 다음 날인 4일, 후단협 소속

의원 11명이 집단 탈당을 선언했다. 11월 5일 국민통합21은 창당 대회를 열고 정몽준을 당 대표와 대선 후보로 추대했다. 7일 민주당과 국민통합21은 후보 단일화 협상단을 구성, 8일부터 단일화 방식을 둘러싼 본격 협상에 착수했으나 논의는 답보를 거듭했다. 그러던 중 10일 전남 지역을 방문 중이던 후보로부터 충격적인 소식이 날아들었다. 정몽준 측이 주장한 여론조사 방식을 받아들이겠다는 내용이었다. 선대위도 예상하지 못한 일이었다. 11일 여론조사를 통한 단일화 방식 수용을 공식적으로 밝힌 노무현은 15일 밤 10시 30분부터 국회 귀빈식당에서 정몽준과 단독회담을 가졌다. 두 시간 남짓 진행된 회담 결과 'TV토론과 국민 여론조사를 통한 단일후보 결정'에 합의를 이뤘다. 16일 새벽 1시경 기자회견을 열어 합의 결과를 발표한 두 사람은 서울 여의도 인근 포장마차에서 '러브샷'을 연출하기도 했다.

합의 이틀 뒤인 18일, 국민통합21은 '민주당이 여론조사 방식을 언론에 유출했다'고 주장하며 전면 재협상을 요구했다. 공교롭게도 월요일이던 이날 아침 조간신문들은 일제히 노무현에게 우세한 여론조사 결과를 내보냈다. 이후 협상단 재구성, 재협상 등 진통이 이어지자 11월 22일 노무현은 다시 결단을 내린다. 오전 10시 민주당사에서 긴급 기자회견을 연 노무현은 여론조사 방식, 문항 등 '후보 단일화 협상의 걸림돌이 되어 온 마지막 쟁점에 대해 국민통합21 쪽의 주장을 전격 수용하겠다'고 밝힌다. 거센 내부 반발을 무릅쓴 이 같은 결정은 당일 오후 3시 30분 양당재협상대표단의 '후보 단일화 합의문' 발표로 이어진다. 그날 오후 7시부터 9시까지 서울 양천구 목동 방송회관에서 KBS·MBC·SBS·YTN 방송4사가 생중계하는 TV토론이 진행됐다. 24일 일요일 '리서치 앤 리서치'와 '월드리서치' 두 개 전문기관에서 각 2천 명을 대상으로 후보 단일화 여론조사를 실시했다. 양측이 마지막까지 줄다리기를 벌였던 여론조사 설문은 출마 선언자 6명 가운데 누구에게 투표할지 먼저 묻고, 이회창 후보를 택하지 않은 사람을 대상으로 '한나라당의 이회창 후보와 경쟁할 단일후보로서 노무현 후보와 정몽준 후보 중 누구를 지지하십니까'를 묻는 방식으로 이루어졌다.

25일 새벽 0시 15분경 발표된 여론조사 결과는 노무현의 1승 1무였다. 리서치 앤 리서치 조사에서 노무현은 46.8퍼센트로 42.2퍼센트였던 정몽준을 4.6퍼센트 앞섰다. 월드리서치의 경우, 노무현 38.8퍼센트, 정몽준 37.0퍼센트로 노무현이 앞섰지만 한나라당 이회창 지지도가 28.7퍼센트로, 지난 2주간 이 후보의 최저 지지도인 30.4퍼센트보다 낮게 나와 무효 처리됐다. 노무현의 단일후보 확정이었다. 단일화 성사 직후 한국갤럽이 KBS와 실시한 지지도 전화조사 결과는 노무현 43.5퍼센트, 이회창 37.0퍼센트였다.

노무현은 공식 선거운동 시작일인 27일 중앙선거관리위원회 후보 등록을 마치고 부산역 광장에서 첫 공식 유세를 가졌다.

단일화가 이루어진 뒤에도 정몽준은 한동안 유세에 동참하지 않았다. 공동정부 운영에 대한 구체적인 내용을 서면으로 요구했기 때문이었다. 노무현은 '국가권력을 물건 거래하듯 나눌 수 없다'며 이를 거부했다. 결국 두 사람은 12월 13일 '단일화 정신에 따라 당선되면 국정동반자로서 함께 국가를 운영하고 국민통합과 정치개혁을 추진하기로 합의한다'는 원칙적인 발표로 입장을 정리했다. 그날 오후 서대전공원에서 첫 공동 유세가 이루어졌다. 대선을 엿새 남긴 때였다.

닷새 뒤 정몽준으로부터 단일화 파기 선언이 나왔다. 투표를 여덟 시간 정도 앞둔 12월 18일 밤 10시경, 종로유세 직후였다. 국민통합21 측은 노무현의 종로유세 발언을 문제 삼아 '양당 간 정책공조 정신을 위배했다'며 지지철회를 공식 발표했다. 노무현은 참모들의 거듭된 설득에 정몽준의 서울 평창동 자택을 찾았지만, 굳게 닫힌 문은 끝내 열리지 않았다. 19일 오전 5시 30분, 노무현은 선대위 의견에 따라 긴급 기자회견을 열어 '공조를 유지하는 방향으로 협의할 것'을 밝혔다.

12월 19일 투표 당일 조선일보 사설 제목은 '정몽준, 노무현을 버렸다'였다. 정몽준의 일방적 단일화 파기는 곳곳에서 투표 독려 움직임을 낳았다. 이미 지지 철회 보도가 나온 18일 밤부터 투표 참여를 호소하는 문자와 전화가, 인터넷 글들이 봇물 터지듯 쏟아졌다. 투표 당일도 마찬가지였다.

　오후 6시에 발표된 출구조사 결과는 모두 노무현이 앞서는 것으로 나왔다(KBS 노무현 49.1%, 이회창 46.8% / MBC 노무현 48.4%, 이회창 46.9% / SBS 노무현 48.2%, 이회창 46.7%). 하지만 개표 초기에는 이회창의 우세였다. 승기가 보인 건 서울 개표함이 열리면서부터였다. 오후 8시 42분 첫 역전을 시작으로, 9시 10분 '당선 유력', 9시 30분에는 '당선 확실' 자막이 떴다. 마침내 밤 11시 30분, 노무현의 당선이 확정됐다. 최종 투표율 70.8퍼센트로 새천년민주당 노무현 1천201만 4천277표(48.9%), 한나라당 이회창 1천144만 3천297표(46.6%)였다. 대한민국 제16대 대통령 선거 결과를 가른 57만 980표 차의 승리였다.

_사료번호 16444

새천년민주당 국민경선 행사장에서

주먹을 쥐고 환호에 답하는

노무현 경선후보.

1장

정치인이 말하다

김원기　　　이해찬　　　이재정

김원기

오직 그 한 사람, 노무현

구술자 김원기는 1937년 전라북도 정읍에서 태어났다. 동아일보 기자생활 후 신민당 소속으로 1979년 10대 국회의원에 당선되며 정치를 시작한다. 3선 의원으로, 김대중 총재가 이끄는 평화민주당 원내총무로 있던 13대 국회에서 통일민주당 초선의원 노무현과 처음 만난다. 1990년 3당합당은 이듬해 신민당과 꼬마민주당의 통합으로 이어져 두 사람이 사무총장과 대변인으로 같은 정당에 몸담는 계기가 된다. 이후 국민통합추진회의 결성(1996년), 새정치국민회의 동반 입당(1997년), 16대 대선(2002년), 열린우리당 창당(2003년) 등에 이르기까지 거센 정치적 파고를 함께 헤쳤다.

2002년 노무현이 새천년민주당 국민참여경선에 나서자 당내 중진으로는 유일하게 지지를 선언한다. 후보의 정치 고문, 선거 캠프의 실질적 좌장으로 대선 승리를 이끌었다. 2004년 노무현 대통령 정치특보, 17대 국회의장을 역임했다. 2016년 노 대통령 7주기 추도식에 추도사를 맡았다. 현재 더불어민주당 상임고문이다.

노무현 자서전《운명이다》는 구술자를 "대통령 선거를 할 때도 대통령을 하는 동안에도, 그는 나의 정치 고문이었다(138쪽)"고 기록하고 있다.

"자리 약속하는 짓 하고 대통령 할 생각 없습니다"

선거를 열흘 앞둔 2002년 12월 9일, 노무현을 찾아간 김원기에게 돌아온 말이다. 한 표가 절실한 상황, '구두로라도 정권 분할을 약속하라'는 정몽준 측 요구를 노심초사 끝에 전달한 직후였다. 원칙을 중시하는 노무현 특유의 고집은 잘 알고 있었지만, 당시 받은 충격은 상당했다. 지금까지와는 다른 정치인, 어떤 괴로움과 손해가 있어도 끝까지 소신을 지키는 정치인이 그에게 각인된 노무현의 모습이다. 결국 그런 면모가 국민들의 마음을 움직였다고 생각한다.

김원기의 구술에서는 선거캠프에 국회의원이 한 명도 없던 비주류 원외 정치인 노무현이 '이인제 대세론'을 깨고 정몽준과 단일화를 거쳐 마침내 본선에서 이회창에 승리해 대통령이 되기까지 일련의 난관과 대처과정을 접할 수 있다. 정치적 스승으로 줄곧 노무현을 지켜본 '정치 거목'의 이야기에는 국민을 향한 애정과 시대에 대한 소명 의식이 함께 배어 있다.

김원기와 구술면담은 모두 여덟 차례에 걸쳐 진행했다. 수록 내용은 서울 여의도 한백정치경제연구소에서 가진 2011년 10월 10일 4차, 같은 해 11월 3일 5차 면담 내용을 발췌·정리한 것이다.

2001년 9월 부산 후원회 행사에서 대선 출마 의사를 밝히시죠.

김원기　나도 그 행사에 갔었지. 부산 후원회에 가서 나도 축사를 하고, 아마 (공식 발표는) 그때 처음이었던 것 같아.

대선 출마 문제를 따로 상의하지는 않으셨나요?

김원기　이야기했었지. 했었는데 경선을 하는 데 내가 직접 관여한 것은 김근태하고 노무현하고 둘 다 나온다고 그래서 김근태를 포기시키는 노력을 했었어요. 2001년 4월 3일, 김근태 당시 민주당 최고위원은 서울 여의도 63빌딩에서 '한반도재단'을 창립하고 본격적인 차기 대권 행보에 돌입했다. 이 자리에는 김원기·정동영·노무현·이부영 등 여야 의원 30여 명과 관계 인사 2천여 명이 참석했다. 근데 그게 잘 안됐어. 그때 이인제가 제일 유력했는데 여하튼 노무현과 김근태는 같은 개혁세력이라고 봐야 한단 말이야. 겹친단 말이야. 그때 당내의 여러 가지 세력 판도로 봐서 그나마 둘이 갈려 버리면 1등을 할 가능성이 전혀 없는 거 아니야?

그래서 내가 의원회관에 가서 김근태한테 여러 차례 이야기를 하고, 오라고 해서도 이야기하고 그랬지. 제일 처음에는 '너희 둘이 나와 가지고는 희망이 없는 거 아니냐. 그러니까 둘은 어떻든 단일화를 해라. 개혁세력 둘이 단일화를 해야 한판 해볼 수가 있지 둘 다 나와 가지고는 안 된다' 한데 나중에는 내가 김근태한테 '학생운동 경력이나 그동안의 많은 민주화투쟁 과정이 네가 앞서 선다는 걸 내가 안다. 그러나 정치는 현실인데 지금 당내 여론 속에서는 또 (당선) 가능성에 있어서 아무리 인정하기 싫어도 너보다 노무현이 앞서고 있는 건 사실 아니냐' 그렇게 노무현으로 단일화하도록 내가 부탁을 했는데, 조금 더 생각할 여유를 달라고 하고 (단일화를) 안 했어요.

근데 이제 첫 번째 제주경선 전에 그걸 해야 했단 말이야.2002년 새천년민주당의 대선 후보를 선출하는 국민참여경선은 3월 9일 제주를 시작으로 마지막인 4월 27일 서울 경선까지 전국 열여섯 개 지역을 순회하며 토·일 주말마다 실시됐다. 노무현, 이인제, 정동영, 한화갑, 김중권, 김근태, 유종근 7명이 후보로 나와 경쟁했다. 그때 김근태 후원회장이 이재정 신부였어요. 내가 이재정 신부당시 새천년민주당 국회의원이었다.를 오라고 해서 '빨리 설득을 해서 (단일화) 해라. 내가 볼 때 제주도 선거에서 개표 결과가 나와서 표 차이가 나 버리면 그때는 양보하는 게 빛나지 않는다. 내가 여러 차례 이야기했는데도 안 한다. 네가 마지막으로 내려가라. 내려가서 설득을 해라' 했는데 기회를 놓쳤어. 거기서 김근태가 끝에서 두 번째였던가, 그렇게 됐어요.첫 경선인 제주·울산에서 전체 유표 투표의 1.5%(26표)를 득표한 김근태 당시 민주당 상임고문은 2002년 3월 12일 기자회견을 열고 후보 중 가장 먼저 경선 사퇴를 선언한다. 김근태가 그때 (내가 얘기할 때) 했더라면 좋았는데.

_사료번호 54775
2002년 2월 24일,
서울 여의도 당사에서 새천년민주당 대통령후보경선 출마 기자회견 후
풍선을 날리는 노무현 후보와 지지자들.

공식적으로는 2002년 5월 달에 노무현 대통령 후보 정치 고문 직함을 가지시는데, 실제로는 그 이전부터 쭉 지켜보셨네요.

김원기   내가 밖으로는 안 했지만 (안으로는) 노무현 경선 운동할 때 사람들한테 모두 뒷받침을 해 주도록 했고, 내가 (지지) 선언을 하는 시기를 어느 때로 하느냐. 그때는 사실 경기도가 (선거인단) 숫자가 제일 많거든. 경기도에 와서 결판이 나지 않겠느냐, 그러니 내가 (지지 선언) 하는 시기가 상당히 중요할 것이다 해서 그렇게 조정을 했어요. 그런데 그거보단 좀 앞서서 광주에서 이게 뒤집어졌어요. 김원기 새천년민주당 고문은 광주경선 후 나흘째인 2002년 3월 20일 기자회견에서 대선 후보 경선에 출마한 노무현에 대한 지지의사를 공개적으로 표명한다. 김 고문은 "노무현 고문은 민주주의 원칙과 중산층·서민 중심의 당 기본 노선에 충실한 인사"이며 "그의 당선에 전적으로 헌신하기 위해 그동안 고려해 온 최고위원 출마를 포기한다"고 밝혔다. 노무현 후보가 향상이 되리라는 것은 알았지만 그렇게 극적인 변화로, 이것은 예상을 한 사람이 그렇게 많지 않았을 거예요. 광주 민심이, 특히 젊은 사람이랄지 운동권이랄지 또는 광주 민주화운동 세력 있지? 그쪽을 중심으로 해서 지식인 사회에 노무현한테 (지지가) 상당하다고 하는 것은 알았지. 국민참여경선을 앞둔 2002년 2월 18일, 광주전남 각계인사 501명은 "노무현 후보의 승리가 바로 개혁을 바라고, 참된 복지사회를 열망하는 사람들의 승리"라며 지지 입장을 밝혔다. 당시 노무현에 대한 공개 지지선언은 부산 경남, 제주에 이어 세 번째였다. 광주경선을 하루 앞둔 3월 15일에도 광주전남 교수·지식인 266명이 노무현 후보 지지 선언서를 발표했다. **왜냐면 내가 광주특위** 정식명칭은 '광주민주화운동진상조사특별위원회'. 여소야대 정국으로 시작한 13대 국회는 1988년 6월 27일 '광주특위'와 '5공특위'를 설치하고, 그해 11월에 헌정사상 처음으로 국회 청문회를 실시한다. 고 정주영 현대그룹 회장, 전두환 전 대통령 등을 증인석에 끌어낸 청문회 생중계의 시청률은 60%에 이르렀다. 이때 통일민주당 소속 초선의원 노무현이 청문회 스타로 부상한다. 김원기는 당시 제1야당인 평화민주당의 원내총무로서 청문회 정국 전반을 주도했고, 1993년 민주당 최고위원 시절에는 '5.18광주민주화운동진상조사특위' 위원장을 맡아 광주 사건의 진실 규명을 위해 노력했다. **위원장을 오래 했고, 김대중 총재 때 광주 쪽 재야하고 접촉을 내가 맡아서 쭉했기 때문에. 개혁세력이라고 할까, 그쪽 움직임은 알았고 운동한 사람들도 많이 변한다는 건 알았는데 그러나 그때는 또 민주당의 과거 동교동계 뿌리들 있잖어? 그런 뿌리들이 극적으로 변화하는 그런 것도 겉으로 나타나지 않아서 노무현 후보에 대한 지지가 상당히 많이 있으리라는 건 알았지만은 예상 밖으로 더 나온 거지.**

노무현 후보가 선출이 되고 나서 이제 세를 좀 구축을 해야겠는데 아무도 가담을 안 하려고 그래요. 그래서 참 외로웠어요. 김근태하고 정동영 그 사람들을 내가 만나 가지고 적극적으로 합류하도록 설득을 많이 했어요. '당내 경선에 의해서 뽑혔는데 너희들을 위해서 적극적으로 협력하는 자세를 가져야 된다' 내가 똑같은 얘기를 했어요. '너그들이 협력한다고 당선 안 될 것이 되고, 너그들이 반대한다고 당선될 사람이 안 되고 절대 그것하곤 상관

이 없어. 기왕에 방석이 펼쳐져 있는데 그것을 충분히 이용해서 너그 일을 해라. 열심히 나서서 연설하고 도와주고 하는 것이 너그들 일이여. 노무현이 이번에 당선 안 되면은 다시 나오는 것도 아니지 않냐. 이때 너희가 국민들과 당원들한테 어떤 자세를 보이느냐에 따라서 이게 너그들 일도 되는 것이여. 그러니까 펼쳐 놓은 마당을 이용해라' 여하간 대통령선거에서 나는 그렇게 막후에서 역할을 했죠. 사실 노무현 주변에 그렇게 정치를 아는 사람이 없었으니까.

경선 끝나자마자 상도동을 방문하시잖아요? 이른바 YS 손목시계 사건2002년 4월 27일 새천년민주당 대선 후보가 된 노무현은 30일 김영삼(YS) 전 대통령을 예방한다. 1990년 3당합당으로 김 전 대통령과 갈라선 지 12년 만의 만남이었다. 1988년 통일민주당 총재이던 김 전 대통령의 권유로 13대 총선에 출마해 정계에 입문한 노 후보는 "총재님이 생각날 때 꼭 차고 다녔다"며 YS가 1989년 일본을 다녀올 때 선물한 손목시계를 내보였다. 지지자들은 이것을 '3당합당은 야합', '3김시대 청산'을 외쳐 온 노무현이 자기 이미지를 부정하는 사건으로 받아들였다. 또 6월에 치를 지방선거를 앞두고 YS에게 도움을 요청한 것이라는 분석이 뒤따르면서 '지역주의를 부활시킨다'는 역풍을 맞았다. **등등 해 가지고 상승일로였던 지지율이 그때부터 완전히 반 토막 나기 시작하지 않습니까?**

김원기 　　그때 사실은 상도동김영삼 전 대통령의 자택이 서울 상도동에 있는 사실에 빗대어 김 전 대통령 또는 그를 따르는 정치세력을 이르는 말이다. 쪽 가장 측근이라고 할 수 있는 사람들이 협력의 뜻을 이야기했었어요. 과거에 야당을 하다가 민정당하고 합칠 때1990년 1월 22일, 통일민주당 총재 김영삼, 민주정의당 총재 노태우, 신민주공화당 총재 김종필은 민주자유당을 창당하는 '3당 합당'을 선언한다. 통일민주당 소속 의원 노무현은 이를 '밀실야합'이라고 강력히 규탄, 민자당 합류를 거부한다. 1990년 6월 15일 합류를 거부한 다른 의원들과 같이 '젊은 야당'과 '정치권 세대교체'를 내걸고 '(꼬마) 민주당'을 창당한다. 거기로 들어갔던 세력들, 김영삼 대통령의 직계들 일부가 '한번 방문해서 예의를 갖추면 좋겠다. 그럼 그다음 문제는 자기들이 하마' 그런 것이 있었어요. 과거에 야당을 하던 김영삼 대통령 아래에 있던 사람들이 이회창 쪽에서 떠나 가지고 이쪽 민주 진영으로 합류하겠다는 움직임이 있었고, 자기들은 그렇게 하는 것이 옳다고 생각하는데 김영삼 대통령이 반대하지 않도록만 해 주면 바로 합류하겠다 그랬었어요. 그 양반(김영삼 전 대통령)이 자기들 움직임에 제동을 걸지 않도록 해 달라는 아랫사람들의 요구가 있었기 때문에 그렇게 된 거예요.

노 대통령께서 가서 인사하면서 되도록이면 그 진영이 이쪽으로 움직이도록 해야겠다는 의지가 있었기 때문에 그 양반의 호감을 사겠다는 것이 언론에 안 좋게 비쳐 가지고 여론이 확 하니 반전되어 버리는 불행을 낳았지. 김영삼 대통령하고 야당을 하다가 그쪽으로 간 사람들이 이쪽으로 합류해 주는 것은 지역 득표력에서 굉장히 주요한 변수가 될 수 있거든. 그래서 사실 더 가게 됐지. 누가 대통령 후보더라도 아랫사람들이 다시 민주 진영으로 원대 복귀하겠다고 하는데 이렇게 가서 (김영삼) 대통령이 반대 않도록, 자기들 이해하도록 해 달라고 하면은 그렇게 할 수밖에 없었어.

그 후로 당내 상황이 힘들었잖아요. 국민경선을 통해서 뽑은 후보인데 끊임없이 밖으로 겉도는, 그런 과정들을 어떻게 겪으셨어요?

김원기   대통령 후보가 제일 괴로웠을 테고 그다음에 내가 괴롭고 그랬지. 선거대책위원회를 만들기가 퍽 어려웠어요. 민주적인 경선 절차를 밟아서 후보가 탄생했으면 당연히 당 차원에서 전부 다 협력을 해야 되는데 그게 전혀 안 됐어요. 또 자기 나름대로 욕심을 가진 사람은 대통령 후보의 인기가 저렇게 하락해서 새로운 상황이 전개되면 없어졌던 기회가 자기한테 다시 올 수 있다는 이런 망상들도 있었고.

무엇보다도 노무현 대통령이 사실 민주당이라는 당에 뿌리를 깊이 오래 내린 처지가 아니었고, 민주당 본류들이 볼 때는 노 대통령이 주류가 아니란 말이야. 합류한 세력이지. 그래서 동질감이나 친근감이 없었어요. 본류에 속하는 주요한 사람으로서는 나 한 사람이 노 대통령하고 깊은 관계를 맺고 그 진영에 있었고 내가 대부분의 사람들을 만나서 설득하고 이쪽으로 합류하도록 권고하

는 역할을 했는데 우선 선대위원장부터 마땅치가 않았어. 내가 해
버리면 되지만 나는 이미 노 대통령하고 가까운 처지에 있고 하니
까 지원세력을 넓히려면 나 아닌 딴 사람이 하도록 하는 것이 더
좋은데 마땅한 사람이 없고. 나중에 최종적으로 정대철도 끌어들
이는 데 내가 애를 많이 먹었지. 국정감사 하는데 외국까지 가 가
지고 설득해 가지고 합류를 시켰고2002년 9월 17일 당시 정대철 최고위원이
선거대책위원장에 우선 내정됐다. 9월 29일 조순형·정동영 의원 등 2명을 추가 임명해
공동 위원장단을 구성한 데 이어 다음 날인 9월 30일 '새천년민주당 대통령선거 중앙선
거대책위원회'가 정식 출범했다. 그 사람을 또 가지 못하게 하는 세력도 있
었고 그래요. 당에서 선대위가 발족하면 전직 의장한 분이 고문은
당연히 최종적으로 맡아 줘야 하는데 그걸 거절하고 그랬다니까.
분위기가 그때 심각한 상황이었어요. 노 후보도 견디기 어려운 것
을 견뎠어. 심적인 고통이 말할 수 없었는데 잘 견뎌 줬고.

그러한 속에서도 사람들을 달래기 위해서 원칙에 어긋나는 약
속을 하는 일은 없었어요. 그런 일은 일절 하지 않는 노무현 대통
령 특유의 고집이 있어요. 선거를 치르려면 필요하겠다 해서 내
가 추천한 사람들이 있어요. 그중에 결국 배신한 사람들이 있었
어. 모든 것이 그렇게 유리하지 않을 때니까. 근데 그렇게 외로울
때는 어지간하면 약속도 하고, 헛웃음이라도 치면서 끌어들여야
하는데 자기가 생각할 때 '아니다' 하는 사람에 대해서는 절대 노
(No)야.

한번은 전직 기관장도 했고, 발도 넓은 현역 중진을 내가 이야기해 가지고 약속을 하고 끌어들였는데 후보는 그 사람의 여러 가지에 대해서 잘 알지도 못하는 처지고 (그것이) 바람직한 정치라고 생각은 안 했던 것 같애. 그 사람이 후보를 만나서 자기하고 핫라인으로 (연락하자고) 핸드폰을 하나 주면서 '이걸로 자기한테 연락하면은 아무 때라도 자기가 역할을 할 거고, 나도 후보한테 꼭 드릴 말씀이 있으면 이 전화로 합니다'라고 한 모양이야. 이 사람이 그랬는지 난 몰랐어요. 근데 대통령이 그걸 버려 버렸어. 어? 전화를 해도 되지도 않고 받지도 않고. 그러니까 결국 그 사람이 떨어져 나갔어요. 왜 그랬냐고 대통령한테 물어봤어요. 그랬더니 '뭘 음모하는 것처럼 전화를 주면서 그런 얘기를 하는데 내가 어떻게 쓰냐'고. [웃음] 그런 일이 있었어요. 보통 정치인들이 선거 치르는 데는 저 사람이 좀 마땅치 않은 점이 있더라도 다독거리면서 하나라도 진영으로 끌어들이는 노력을 하거든. 헌데 노 대통령은 그렇게 불리한 상황에서도 그런 것을 단호히 배격하더라고. 나중에 결국 그 사람이 한나라당으로 갔어. [웃음]

투표 전날까지 후보 단일화가 가장 큰 변수였죠.

김원기　단일화 문제에 있어서 큰 방향은 여론조사를 통해서, 여론조사 상의 우위에 있는 사람이 후보가 되는 방법 말고 딴 방법이 없었는데 여론조사 문항을 어떻게 할 것이냐, 문항 내용에 따라서 여론조사의 결과가 달라지지 않습니까? 그래서 단일화를 위한 여론조사 방법에 있어서 양 진영 간에 상당히 여러 차례 우여곡절이 있었고 줄다리기가 있었어요. 있었는데, 최종적으로 그것을 매듭지어 버린 것은 노무현 대통령이었어요. 그때 최종적으로 여론조사를 실시할 때의 문항은 우리가 원하던 문항이 아니고 정몽준 쪽의 뜻을 수용하는 내용으로 됐어요. 노무현 후보가 '끝내 버립시다. 좌우간 모든 것은 하늘에 맡기고 그냥 받아 버립시다' 하고 그걸 받아 버리는 결정을 했어요. 정몽준 쪽에서 주장하는 대로 하면은 이쪽이 불리하다고. 응답 결과가 어떻게 되는지 이쪽 여론 전문가들도 여러 경로로 (조사)했는데, 그런데 노무현 대통령이 불리한 걸 감수하고 받아들여 버리자고 그렇게 해 가지고 내부에서 반발이 많았어요. 노무현 캠프에 어느 정도 충격이 컸냐면 '그렇게 할 테면 그냥 줘 버리는 게 낫지 여론조사를 할 필요가 뭐 있냐' 하는 이야기까지 나오고 어떤 사람은 화를 못 견뎌서 눈물까지 흘리고 그랬다니까. 지금까지 다 만들어 가지고 정몽준이한테 줘 버린다는 그런 생각 때문에. 노무현 후보는 2002년 11월 22일 오전 10시 서울 여의도 민주당사에서 긴급 기자회견을 열고 "후보 단일화 협상의 걸림돌이 되어 온 마지막 쟁점에 대해 국민통합21 쪽의 주장을 전격 수용하겠다"고 밝힌다. 이로써 정몽준 후보와의 단일화 협상이 극적 타결된다. 이해찬, 이재정의 구술에도 단일화 여론조사에 관해 정몽준 후보 측 요구사항 수용 여부를 두고 오전 8시 30분부터 시작된 선대위의 긴박한 회의 모습과 분위기가 등장한다.

　대통령이 그런 대목이 있어요. 이해타산에 그렇게 얽매이지 않고 그냥 떡하니 결단을 해 버리는 것이. 대통령 된 다음에도 많이 나타나지만은 그때 불리할 가능성이 많다는 걸 그야말로 뻔히 예상하면서도 그렇게 해 버렸어요. 그건 후보 아니면 결단하기가 어렵지. 딴 사람이 그런 소리하면은 역적 되지. 그런데 결과가 결국 아슬아슬하게 좋게 나왔지요. (정몽준 후보와) 러브샷도 하고 그 랬는데 노무현·정몽준 후보는 2002년 11월 15일 밤 10시 30분부터 국회 귀빈식당에서 심야 회동을 갖고, 16일 새벽 1시경 TV토론과 국민 여론조사를 통한 후보 단일화에 합의 했다고 발표한다. 발표 후 '소주 한잔 하자'는 정 후보의 제안에 따라 여의도 인근 포장마 차로 이동, 기자들의 요청에 따라 서로 팔을 낀 채 술을 마시는 러브샷 장면을 세 차례 연 출했다. 그 이후에 정몽준 씨가 이 핑계 저 핑계로 협력을 안 했어요. 그래 가지고 결국 정몽준이 외면해 버리고 실질적인 단일화는 깨져 버리는 게 아니냐는 우려가 많았어요. 그래서 각 채널을 통해서 정몽준 쪽에 협조를 구하는 노력을 많이 했는데 그것이 많이 성과를 못 거두고 있었고.

　그런 중에 그쪽 진영과 우리 진영 간에 어떻게 협력을 하고 그쪽이 또 요구하는 사항이 있지 않겠어요? 참으로 상식적으로 납득하지 못하는 요구가 정몽준 쪽에서 있었어. 뭐냐 하면은 대통령 고유 권한에 속하는 외교·안보·국방, 그리고 경제 쪽을 자기들 달라고 하더라고. 정몽준이 직접 나서서 한 건 아니라도 그쪽 진영

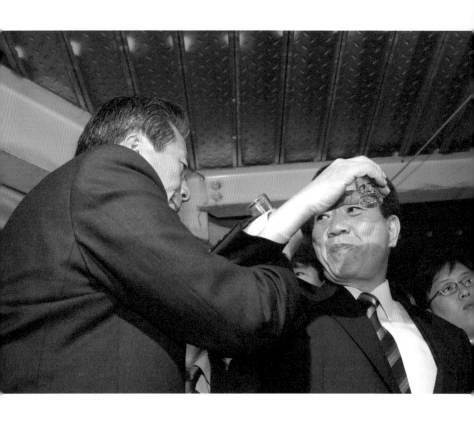

_사료번호 15942
2002년 11월 16일 새벽,
대통령후보 단일화 방식에 합의한 후
축하주를 나누는 노무현 후보와 정몽준 후보.

을 대표하는 사람하고 우리 진영의 협상 대표들하고 만나는 과정에서 그러한 무리한 요구가 있었어요. 그런 요구가 있었던 배경에는 정몽준 쪽에서 적극적으로 협력을 해 주면 당선 가능성이 있고 정몽준 쪽에서 외면하면은 당선 가능성이 없다는 조사(결과)가 많았어요. 나한테도 모든 사람들이 이야기하기를 '정몽준이가 적극적으로 나서 주면은 이회창이하고 싸움에서 이길 공산이 있고 그렇지 않으면 전혀 이길 공산이 없다. 그러니까 대통령만 말고 딴거 다 준다는 각오로 그쪽 요구를 들어주고 참여를 시켜라' 후보가 된 쪽에서는 조급함이 있을 수밖에 없었지요. 그런 약점을 잡고 무리한 요구가 많았어요. 줄다리기가 참 심하게 벌어졌어.

　제일 처음에는 그쪽에서 어느 자리를 준다고 하는 것을 서면으로 달라는 요구가 있었어요. 총리하고 또 외교·안보·국방 쪽하고. 자기들이 외교 쪽의 전문가다, 그런 걸 내세워 가지고. 또 경제 쪽하고. 그 요구를 다 수용하면은 실질적으로 대통령을 그쪽이 하겠다는 것하고 똑같거든. 그전에 김대중, 김종필 연합이른바 DJP연합으로 김대중(DJ)·김종필(JP)의 이니셜 조합에서 따왔다. 1997년 대선에 출마한 김대중 새정치국민회의 총재는 김종필 자유민주연합 총재와 내각제 추진을 비롯해 '대통령 후보는 김대중 총재로 하고 초대 국무총리는 김종필 총재로 한다. 경제부처 임명권은 총리가 가지며 지방선거 수도권 광역단체장 중 한 명을 자민련 소속으로 한다'는 등의 내용에 합의한다. 김대중 후보는 총 40.3%의 표를 얻어 이회창 한나라당 후보(38.7%)와 이인제 국민신당 후보(19.2%)를 누르고 15대 대통령에 당선됐다. DJP연합은 최초의 평화적 정권 교체라는 성과를 이뤘으나 정치 이념이 다른 두 세력의 연대는 1999년 양당 공조 균열, 내각제 추진 약속 파기 등으로 이어졌다.에 있어서도 경제 쪽은 김종필 쪽에서 다 가져갔었거든. 그보다 더 요구가 심했어요. 상식과 원칙에 어긋나는 내용이기 때문에 이쪽에서도 도저히 해 줄 수 없다고 버티고 나갔고. 그러나 완전히 정몽준이 등 돌리게 하면은 선거를 망치게 생겨서 한쪽으로는 더 논의하자고 붙들고 이런 것이 심하게 전개됐는데. 최종에 가서 이제 정몽준이 선거에 협력하고 나서는 것이 거의 불가능하지 않느냐 이런 지경까지 갔을 때 정몽준 쪽에서 나를 긴급하게 좀 만나자 그래서 맨하탄호텔현재 서울 여의도 국회 인근에 위치한 켄싱턴호텔을 말한다.에서 만났어요.

만났더니, 서로들 지칠 대로 지쳤지. 이제 깨지는 마지막 고비에서 '노무현 후보가 정몽준 의원하고 두 사람만 비밀로 만났으면 좋겠다' '만나서 뭐 하냐' '대통령에 당선되면 어떤 것을 보장해 주겠다는 말을 서면이 아니고 말로라도 해 주면 좋겠다' 결국 단둘이 만나서 자리를 어떻게 배려하겠다는 것을 말로써 해 달라 그거지. 서류로써는 아니고. 그러면서 나한테 한 얘기를 내가 지금도 기억하는데 '아무도 없는 데서 단둘이 대통령 당선되었을 때 어떻게 배려하겠다는 이야기는 덕담에 속하는 것 아니냐. 법적인 약속은 지켜야겠지만 정치적인 약속이라고 하는 것은 정치 상황이 바뀌면 안 지킬 수도 있는 거지. 그렇기 때문에 이게 사실상 덕담 수준이다. 그것만 해 주면 참여하겠다. 내가 오늘 정몽준이 보내서 김원기 의원을 만나러 왔다' 하는 식으로 이야기하더라고. 그것은 지금까지 그 사람들 요구에서 대폭 후퇴한 것이기 때문에 선거가 지고 이기는데 굉장히 중요한 것이었고 그래서 내 생각에는 그건 상관없겠다는 생각을 해서 '알았다. 그럼 후보하고 이야기를 하고 통보를 해 주마' 그리고 노 후보도 고비였기 때문에 나는 사실 그렇게 해 줄 수도 있다는 생각을 했어요.

그래, 노 후보를 만났어요. '오늘 아무개를 만났는데 정몽준 쪽에서 이런 것이 왔다. 정몽준하고 한번 만나서 대통령이 되었을 때 배려를 잘 해 주겠다고 약속하는 이야기를 하면은 그걸로써 적극 참여한다고 한다' 그런데 노 대통령이 '저는 그런 식으로 해 가지고 대통령 할 생각이 없습니다' 그러더라고. '정몽준도 그렇고 나도 그렇고 단일화하는데 자리 가지고 뒷거래는 안 한다고 국민 앞에 몇 차례나 이야기했는데 그건 국민을 속이는 것 아니겠습니까. 아무리 단둘이 만나서 덕담으로 한 이야기라도 그걸 근거로 해서, 당신이 그전에 이런 얘기한 적이 있지 않느냐고, 그걸 실천하라고 요구할 때 약속한 걸 어떻게 안 했다고 합니까. 그대로 지켜야 하는 것 아니냐' 그래요. 그래서 자기는 그 사람들 요구를 들어줄 수 없다면서 '그런 식으로 자리 약속하고 그 사람 협조로 대통령 하는 것보다는 차라리 깨끗하게 소신을 지키다가 낙선하는 걸 통해서 정치 발전에 기여하는 것이 낫겠습니다' 그렇게 얘기하더라고. 나도 두 번 이야기할 수가 없더만. '말인즉슨 후보 이야기가 옳기 때문에 내가 거기에 반론을 이야기할 수 없다. 내가 그쪽한테 그렇게 통보하겠다' 그러고 후보가 한 이야기를 그대로 전했어. 그쪽에서 떡하니 반발을 하고 달라질 줄 알았더니 결국 굽히고 들어왔어요. 대권을 잡고 권력을 차지하기 위해서 별 짓을 다하는 것이 그동안의 정치였는데, 그 사람이 협력하면은 대통령 될 가능성이 많고 그렇지 않으면 낙선할 것이 십중팔구인 상황에서 '자리 약속하는 짓하고 대통령은 안 되겠다'라는 결심을 해서 단호히 거절할 수 있는 정치인은 노무현밖에 없을 거예요. 나는 그것이 노무현이라는 정치인의 남다른 면모를 웅변해 주는 좋은 일화라고 생각해요. 사실 내가 가장 감동받은 것의 하나가 그 사건이었어요.

그때가 12월 막바지였겠네요. 그러다 결국 선거 전날 지지를 철회하잖아요. 김행 국민통합21 대변인은 12월 18일 밤 10시30분경 당사에서 가진 기자회견에서 "정몽준 국민통합21 대표가 노무현 후보에 대한 지지를 철회했다"고 발표했다. 당시 김행 대변인은 "18일 명동합동유세에서 노무현 후보의 연설을 들었다. 노무현 후보가 미국과 북한이 싸우면 우리가 말린다고 했다. 이 발언은 매우 부적절하다. 민주당과 통합21의 정책공조 정신에도 어긋난다. 미국은 우리의 우방이다"라고 밝혔다.

김원기   사실 정몽준 쪽에서 긴급하게 중요한 연락을 나한테 했었는데 내가 부재한 상황에서 그런 일이 벌어졌어요. 그때 쭉 여론조사를 하는데 전북 쪽 투표율이 평균보단 상당히 적을 거라고 하는 결과가 들어왔어요. 그쪽에서 투표율이 높아져야 당선 가능성이 더 있는 거 아니야? (이회창 후보와) 아주 근소한 차이로 당락이 결정되지 않겠느냐 생각할 때니까. 투표율 높이는 운동에 당락이 달려있다, 어떻든 빠짐없이 나가서 투표해야 한다고 도민들한테 호소하기 위해서 긴급하게 호남 쪽에 내려가 있는데 전화가 왔더라고. 정몽준 쪽에 있으면서 나하고 맥을 통하는 역할을 하던 사람이 지금 정몽준이 이런 반발을 하고 그 진영이 어디에 있는데 내가 올라오지 않으면 자기들 수습하기가 어렵겠다고 그래서 급히 올라왔는데 내가 왔을 때는 그쪽 대변인이 이미 (지지 철회) 발표를 해 버렸을 때야. 그래서 그쪽을 설득하고 어쩌고 할 상황이 아니었어요.

노무현 후보는 절대 그 짓을 않겠다고 완강히 거절했는데 '정몽준 집에 찾아가는 게 좋겠다' 그렇게 후보를 설득해 가지고, 거의 강제하다시피 해 가지고 정몽준 집으로 가서 문전박대를 당한 거지. 그때는 그런 상황이었고 그 모든 것이 전화위복이 됐지. 후보 단일화하고 그렇게 협력하자던 정몽준이 마지막 고비에서 말하자면 배신을 하고, 또 노무현 후보가 자기 집에 찾아와서 그렇게 만나 주기를 원하는데 문도 안 열어 주고 박대하는 모습이 국민 앞에 전해진 것이 사실은 오히려 표를 보태는 결과가 됐어요. 그러니까 세상일이라는 게 사람이 꾸민 것들이 그대로 되는 게 아니야. 그래서 대통령 당선이라고 하는 건 하늘의 뜻이 있다, 그런 생각을 할 수 있어요.

대통령은 당선되려면 어떻게 해야 된다는 후보 나름의 전략이나 생각들이 있으셨을까요?

김원기　어떻게 보면 담이 좀 큰 사람이야. 선거운동 과정에서 내가 안 잊어버리는 건 소위 세종시, 행정수도 문제에 대해서 논란이 된 다음에 표가 엄청 빠져나가는 것이 역력하게 나타났어. 서울을 그쪽으로 옮긴다고 하니까 특히 중산층 여성들 중심으로 너무 이탈 현상이 일어나 가지고 상당히 당황했어요. 이러다가는 큰일 나겠다 그래서 대통령보고 그 공약을 취소하라는 소리는 (차마) 못하고 너무 나가지는 말고 멈췄으면 좋겠다(고 했어요). 그런데 거기에서도 노 대통령의 독특한 성격이 나타나더라고. 표는 물밀듯 빠져나가는데 선대위의 모든 사람들은 큰일 났다고, 이거 선거 망치는 거 아니냐 해서 이 정도로 멈췄으면 좋겠다 했는데도 말을 듣는 게 아니고 한발 더 나가 버렸어요. 더 강공해 버렸어. 단일화 이후 노무현 후보에 대한 지지도가 큰 폭으로 상승. 이회창 한나라당 후보를 6~7% 앞지른다. 이에 한나라당은 행정수도가 들어서면 수도권 집값이 폭락할 것이라고 주장하는 등 '충청권 행정수도' 공약에 대한 공세를 강화한다. 노 후보는 선거일을 나흘 앞둔 12월 15일 긴급기자회견을 열어 "한나라당 주장은 가능성이 전혀 없는 소리"라고 일축하며 "행정수도 건설로 수도권의 비만을 줄이고 서울은 동북아 금융·비즈니스 중심 도시, 경기도는 미래형 첨단산업과 국제교역·기술개발의 중심지로 육성해 수도권을 물류·금융·IT 황금 삼각지대로 새롭게 개발하겠다"라고 약속했다. 그래 가지고 나는 망했다 생각했는데 빠져나가는 것이 또 때가 되니까 멈춰졌어요. 행정수도 공약이 예상보단 해가 적었어.

정몽준하고 단일화 여론조사 할 때도, 내일 여론조사를 하면은 그 몇 표 차이로 후보가 되고 안 되고 하는데. 그날 직전 저녁이던가, 나하고 전화를 했어요. 사실 우리는 긴박하고 초조하고 그랬어요. 근데 전혀 그런 걸 안 보이더라고. 또 잘 됐을 때 어떻게 행동을 하느냐, 잘못됐을 때 어떻게 하느냐 그런 것에 대해서 심각하게 생각해야 되거든. (후보도) 혹시 잘못될 것에 대해서 염려를 않기야 왜 않겠어. 그런데 전혀 그런 데 대해서 마음의 동요가 없더라고.

지금도 내가 정치하면서 제일 감회가 깊었던 순간이 있어요. 단일화 여론조사가 실시됐는데 다들 초조하니까 선대위 사무실 방에 모여 가지고 같이 기도하자고 그랬어들. 그래 급하니까 하나님한테 호소하더만. [웃음] 그래서 이재정 신부가 기도를 하는데 지금 생각하면 내가 들었던 기도 중에 그렇게 절실하고 호소력 있는 기도가 없었어요. 모두 눈물이 났었어. 나도 눈물이 좀 나더라고. 그래서 '야, 내가 기자실로 가서 기자회견을 해야겠다' 사실상 내가 노무현 선대위 진영의 좌장이었으니까 솔직하게 이야기하면은, 내가 눈물을 보이는 것이 도움이 되겠다고 생각을 한 거야. [웃음] 그래, 내가 기자실로 갔어. 노무현이 돼야 되지 않겠느냐 하는 절실한 심정을 이야기하는데 (기도할 때) 그 정서가 그대로 있는 상황이었으니까 눈물이 좀 나더라고. 사실은 그때 진정을 가지고도 이야기했지만 내가 심각하게 그런 어조로 이야기할 때 그 모습을 보고 내 말에 감동해 가지고 여론조사에 응답할 사람들 마음이 극히 일부라도 이쪽으로 바뀐다면, 그것이 당락을 결정할지 모른다는 생각을 했어요. 그런데 옆에서 돕는 사람들이 그렇게 절박한 때 정작 대통령 후보는 그러한 절박함이 보이진 않았어요. 그거야 본인이 더했을 텐데 그런 의연하고 담대한 점이 있더라고.

보좌진 말 들어 보면 결과가 나올 때까지 호텔에서 주무셨다고 하더라고요. 깨워서 이겼다고 말씀드리고 그랬다고. 결국에 57만 980표 차이로 대통령에 당선되셨죠. 1988년 초선의원 시절 때 처음 본 후배 정치인이 대통령까지 되는 걸 보셨으니까 감회가 깊으셨겠습니다.

김원기　일반적으로 국민들이 보는 정치인상(像)과 구별되는 노무현 대통령의 독특한 개성이 정치를 할 때 여러 가지 고달픈 길을 걷는 원인이 됐지만은, 결국 그것이 국민들한테 어필해 가지고 큰 성취를 하는 원동력이 됐다고 봐요. 이해관계를 쫓아서 이리저리 움직이는 그런 정치인이 아니고 엄청난 괴로움과 정치적인 손해가 있다는 걸 뻔히 알면서도 희생하면서 끝까지 소신을 지키는 그런, 정치인으로서 찾아보기 힘든 면모. 이것이 결국 노 대통령이 국민 전체에 정치가로서 인식되는 원동력이었고 결국 그걸 통해서 대통령까지 당선됐던 거고.

또 광주에서 승리도 어떤 조직으로서 그런 승리를 거둔 것이 아니고, 노무현이라고 하는 정치인이 자기의 출신 지역인 경상도에서 싫어하는 김대중 대통령 후보 당선을 위해서 별 핍박을 다 받으면서도 끝까지 지조를 지키고 거듭해서 희생하는 걸 보면서 호남 민심이 감동을 느꼈지. 노 대통령이 그동안 정치인으로서 소신을 지키고 걸어왔기 때문에, 자기 지역에서 뿌리를 깊이 내리고 또 상당히 성공했다는 후보들 다 버리고 경상도 출신인 노무현한테 표를 몰아주게 된 거지. 노무현 대통령이 일반적으로는 대통령 감으로 평가되기 미흡한 경력을 갖고 있음에도 불구하고 바로 그런 정치가로서의 남다른 면모가 국민의 마음을 움직여서 대통령이 되게 했다고 봐요.

이해찬

숨 막히는 단일화 막전막후

구술자 이해찬은 1952년 충청남도 청양에서 태어났다. 전국민주청년학생총연맹 (민청학련)사건, 김대중 내란음모사건으로 투옥되는 등 박정희·전두환 군사독재 에 맞서 민주화 운동을 주도했다. 1988년 평화민주당 초선의원으로 13대 국회에 입문해 같은 당 이상수, 통일민주당 노무현과 '노동위 3총사'로 활약했다.

3당합당 이후 신민당과 통합한 민주당에 함께 있었으나 1995년 김대중 총재가 새 정치국민회의를 창당하며 다시 당적이 갈렸다. 노무현이 1997년 대선을 앞두고 새정치국민회의로 입당한 이후로는 줄곧 같은 당에서 활동했다. 2002년 대선에 서 새천년민주당 중앙선거대책위원회 기획본부장으로 노무현의 당선을 도왔다. 문민정부 시절 서울시 정무부시장, 국민의정부에서 38대 교육부장관(1998년), 참여 정부에서 36대 국무총리(2004년)를 역임했다. 2016년 20대 총선에서 당선된 7선 의 세종시 국회의원이다. 2014년부터 2016년 현재까지 노무현재단 4대 이사장 을 맡고 있다.

●

전혀 가능성이 없다고 생각했다.

노무현이 이인제를 누르고 민주당의 대선 후보가 되는 것도, 정몽준을 이기고 야권 단일후보가 되는 것도.

정몽준이 단일화 파기를 선언한 선거 전야에는 온몸에 기운을 잃었다. '짜장면 배달하다 아주 망가뜨렸구나' 탄식이 흘렀다.

2002년 12월 19일 노무현이 승리했다. 3월 광주의 기적, 11월 여론조사의 기적, 그리고 선거일 젊은 층이 만들어 낸 투표율의 기적이 그를 대통령으로 만들었다. 이해찬은 '대통령이 되는 길은 정해져 있구나. 운명이구나' 생각했다.

기적은 믿지 않았지만 섣불리 포기하지도 않았다. 이해찬은 어려운 고비마다 팔을 걷어붙이고 나선 해결사였다. 선대위 기획본부장, 단일화 협상단장으로 활약한 그의 구술에는 16대 대선의 백미로 손꼽히는 국민통합21 정몽준 후보와의 단일화 성사과정, 양측 협상단의 치열한 샅바 싸움이 생생하게 펼쳐진다. 단일화 파기로 혼돈에 빠진 선거 전야, 정몽준을 만나라고 노무현을 설득하다 언성을 높인 일도 회자되는 일화다.

이해찬과 구술면담은 모두 세 차례에 걸쳐 진행했다. 수록 내용은 2011년 12월 15일 서울 여의도 재단법인 광장 사무실에서 가진 2차 면담 내용을 발췌·정리한 것이다.

대선 출마의 뜻은 개인적으로 언제쯤 접하셨어요?

이해찬   나는 선언하고 나서. 그 전부터 출마할 마음을 가지고 있다는 건 알았었지. 어차피 낙선은 하셨지만 해수부 장관을 하겠다, 행정 경험을 가져야 되겠다는 의지를 보이실 때부터 노무현은 2000년 4·13 16대 총선에서 부산 북강서을에 출마해 네 번째 낙선을 경험하고, 그해 8월 7일 김대중 정부 2기 내각의 해양수산부 장관으로 취임, 2001년 3월 26일까지 재직한다. 2002년 이때 얻은 8개월간의 행정 경험을 《노무현의 리더십 이야기》로 펴냈다. '아 2002년에 대선에 나가든가 서울시장이나 부산시장에 나가려고 하시는구나' 하는 느낌은 받았었죠. 공식적으로 본인이 얘기한 거는 2001년 9월 노무현은 2001년 9월 6일 부산 롯데호텔에서 후원회를 열고 대권을 향한 뜻을 표명했다. 새천년민주당 장태완 고문을 비롯, 김근태·김기재 최고위원, 천정배 의원 등 30명이 참석했다. 노사모 회장인 영화배우 명계남 씨와 문성근 씨, 영화감독 이창동·정지영 씨 등도 자리를 함께했다. 그쯤인 거지.

선거를 많이 치러 보셨잖아요? 한나라당은 이회창 대세론, 새천년민주당은 이인제 대세론이었는데 초기에 승산이 있다고 생각하셨어요?

이해찬   안 된다고 봤지. [웃음] 시장 후보는 충분히 된다고 봤고. 그때 대세로는 이인제가 훨씬 앞질렀는데 2001년 가을에 본인이 이인제하고 한판 겨루겠다는 마음을 먹고 시장 선거 쪽은 아예 관심을 안 둔 거지. 이인제는 3당합당 따라갔잖아요? 그러고 나서 경기지사도 하고 또 민주당으로 왔잖아요. (정당을) 막 왔다 갔다 한 거거든. 그러면서 또 이인제가 앞서가고 있잖아. 자신은 원칙을 지키느라 계속 떨어지고 이인제는 요리조리 다니면서 말하자면 해 먹을 거 다 해 먹는단 말이에요? 그거에 대해서 노 대통령이 아주 못마땅하게 생각을 하신 거지. 아마 내가 보기에 2002년 대선 출마 결심의 배경에는 본인도 본인이 꼭 당선된다고 생각한 게 아니고, 저렇게 원칙 없이 정치하는 사람이 대선 후보가 되는 거는 용납하지 못하겠다. 그런 것도 많이 작용한 게 아닌가 싶어요.

당시 새천년민주당이 '당 발전과 쇄신을 위한 특별대책위원회(특대위)'를 구성하는데 여기서 경선 방식 등이 다 정해진 거죠?

이해찬　　경선 당시 김영배 의원이 위원장이고 내가 부위원장이었어요. 각각 새천년민주당 국민참여경선 선거관리위원장, 부위원장을 맡았다. 특대위에서 오픈프라이머리(open primary) 완전국민경선, 국민참여경선이라고도 부른다. 특정 정당의 공직 선거 후보를 정하는 예비선거 참가 자격을 당원으로 제한하지 않고 일반 국민들로 확대하는 방식이다. 를 하는 방안을 처음으로 한 거 아니에요? 당원이 아닌 사람한테 선출직 공직자 후보 경선에 참여할 수 있는 길을 열어 준 거죠. 일일 당원제를 실시한 거지. 국민참여경선에 참가하겠습니까, 일일 당원이 되는데 동의합니까, 동의한다고 클릭을 하면 선거권을 준 거죠. 그렇게 해서 우리나라 선거사상 처음으로 오픈프라이머리를 도입해 가지고 그게 아주 대박을 터트린 거지.

　매주 지역을 돌면서 토론회하고 투표하고 득표 상황이 발표가 되잖아요. 그래서 그때 드라마 보는 거 같다는 얘기가 나올 정도로 흥행하는 선거를 치렀는데 처음에는 완전 이인제가 되는 줄 알았지. 그러다가 광주서부터 바뀐 거지. 광주에서 당연히 한화갑이 1등을 할 줄 알았는데 오히려 노 후보가 1등을 했잖아요? 2등을 한화갑이 하고 이인제가 광주에서 3등인가 했을 거라. 3월 16일 염주종합체육관에서 열린 광주경선에서 노무현은 1,572표 중 595표(37.9%)를 득표해 1위를 차지한다. 이인제 후보는 491표(31.3%)로 2위, 한화갑 후보는 280표(17.3%)로 3위, 김중권 후보가 148표로 4위, 정동영 후보가 54표로 5위를 기록했다. 그러면서 막 파란이 일어나기 시작해 가지고 이인제 대세론이 꺾이고, 호남 쪽이 이인제가 아니고 노무현 쪽으로 기울어지는 걸로 양상이 바뀌면서부터 완전 새로운, 극적인 역전 드라마가 생기기 시작한 거라. 특히 광주 지식인들이 그 전날 성명을 내고 그랬잖아요? 광주경선을 하루 앞둔 15일 광주·전남지역 교수와 지식인 266명이 기자회견을 갖고 노무현 후보를 지지하는 선언서를 발표했다. 이들은 〈역사에 부끄럽지 않는 선택을 위하여〉라는 성명서를 통해 "노무현은 민주·개혁·통일의 정통성을 가지고 국민적 신뢰를 주는 정치를 보여 주었다" 면서 "광주 시민들이 역사적으로 당당한 판단을 할 것이라고 믿고 노 후보의 승리를 위해 최선을 다하겠다"고 밝혔다. 그러면서 광주에서 이변이 일어났는데 어떻게 보면 호남 사람들이 이인제 대세론에 어쩔 수 없이 끌려 다니다가 정권을 재창출하려면 영남 쪽 후보를 택해야 되겠다는 표심이 나와 버린 거 아니에요? 그게 경선 과정에서 제일 인상 깊었던 거고.

4월 27일에 경선이 끝났고 우리 장인이 5월 초에 돌아가셨어요, 부산에서. 내가 장례 치르느라고 갔는데 거기에 문상을 오셨더구만. 대선 후보가 되고 나서 처음 만난 거지. 상당히 기가 막 이렇게 살으셨더구만. [웃음] 이인제를 물리쳤다는 것만으로도 굉장히 기가 사신 거예요. 그러고선 얼마 안 있어서 YS를 방문했잖아요. 그래 가지고 YS시계 보여 주면서부터 또 확 이렇게 (지지도가) 꺾여 버린 거지. 우리 정서가 YS한테 시계 보여 줬다고 확 꺾일 일이 아니잖아요? 근데 그걸 가지고 조중동종합일간지 조선일보, 중앙일보, 동아일보의 줄임말. 2001년 8월 AC닐슨코리아 조사에 따르면 당시 조중동의 시장점유율은 76.6%였다. 이 막 장난을 치니까 그런 거에 사람들이 또 불안하게 느끼는 거지. 지지도가 확 내려가니까 나도 그때 걱정을 좀 했어요. 경선 끝나고 나서 보니까 캠프가 안 꾸려지는 거라. 난 그때 이제 정책위의장 그만두고 평의원으로 있었는데 당의 주요 지도부들이 후보 캠프에 가세를 안 하는 거야. 안 하고 오히려 자꾸 딴 얘기가 나오는 거라. 지지도가 10 몇 프로밖에 안 되니까 후보로서 전망이 없지 않느냐, 이렇게 딴 얘기가 나와 가지고 한 6, 7월 됐는데 후보하고 당하고 결합이 안 되는 거라.

2002년 월드컵 대한민국과 일본이 공동 개최한 제17회 한일 월드컵. 5월 31일부터 6월 30일까지 개최했다. 대한민국은 사상 최초로 4강에 오르며 4위를 차지했다. 끝나고 나서 서울시장 선거를 졌어요. 김민석이 떨어졌잖아요? 2002년 제3회 전국동시지방선거(6·13)를 말한다. 서울시장 선거에서 김민석 후보는 한나라당 이명박 후보에게 패배했다. 열여섯 개 시도지사 가운데 새천년민주당은 광주, 전남, 전북, 제주 네 곳에서 당선자를 내는 데 그친 반면 한나라당은 서울시장을 포함한 열한 곳에서 승리했다. 기초단체장도 한나라당은 140명, 새천년민주당은 44명이 당선됐다. 대통령 후보 자격으로 시장 선거를 굉장히 많이 지원했는데 김민석이 지고, 노 후보는 지지도가 10 몇 프로로 떨어지고 그러니까 당이 굉장히 침체돼 버렸단 말이에요. 그러고 나서는 정몽준이 월드컵에서 성과를 내니까 갑자스럽게 정몽준 쪽으로 자꾸 얘기가 모아지는 거지. 더더구나 정몽준 지지도가 앞서가기 시작하니까 당 주류하고 노 후보하고 결합이 안 되는 거라. 나는 이렇게 생각했어요. '노 후보가 대통령이 될지 안 될지는 모르겠다, 그러나 우리 당에서 이렇게 민주적인 절차를 거쳐서 후보를 확정했는데 다른 사람을 데려와 후보를 대체하려 들면 앞으로 경선 못한다, 이런 사례가 생기면 경선해 봐야 아무 의미가 없지 않냐, 경선해 놓고 그 후보를 당의 후보로 인정하지 않으려고 하면 앞으로 당이 경선을 어떡할 거냐, 이건 우리 정당사에 말하자면 큰 악례를 만드는 거다' 노 후보를 지키는 것도 중요하지만 당의 민주적 질서를 지키는 것도 굉장히 중요한 일이기 때문에 그때 재야 출신 의원들하고 상의를 했어요. 어떻게 할 거냐 그래 가지고 '개혁정치모임'이라고 임채정, 장영달, 나, 이미경 이렇게 의원들 모임을 만들었어요. 우리라도 노 후보 선거 캠프를 꾸려야 되겠다. 당에 맡겨 둘 수가 없겠다. 그래 가지고 그 모임을 만들어서 처음으로 선거 캠프를 꾸리기 시작한 거예요. 그땐 거기 정동영, 천정배, 추미애, 신기남도 다 들어왔어요. 당의 대표라든가 사무총장이라든가 이 사람들로 선거 캠프를 꾸린 게 아니고 개별 의원들이 모여 가지고 캠프를 꾸린 거라니까요? 7월 2일 새천년민주당 재야 출신 의원들은 민주당의 개혁 노선을 안정화하고 노 후보를 뒷받침하겠다는 기치를 내걸고 '개혁정치모임'을 발족한다. 김근태 상임고문과 이상수, 이재정, 이해찬, 임채정, 장영달 의원 등이 참여했다. 이들 의원 대부분은 9월 30일 공식 출범한 민주당 중앙선거대책위원회의 요직을 맡는다. 그래 가지고 선거를 이제 치르기 시작한 거예요.

8월 달 되니까 뭐가 되느냐면 후단협 '대통령후보단일화추진협의회'의 줄임말. 10월 4일 새천년민주당 소속 의원 34명이 주축이 되어 발족했다. 정몽준 후보와 단일화를 추진하며 국민통합21 창당 시점을 즈음해 집단 탈당 사태를 주도했다. 이라고, 이름은 후단협이지만 내용상으로 정몽준을 지지하는 쪽으로 이미 가고 있는 거라. 그러다가 나중에 보니까 김민석이 맨 먼저 탈당해서 그리 가고 그다음에 신낙균이 그리 가고 막 그러더구만. 정몽준 의원의 대선 출마 선언 이후 한 달여 만인 10월 17일, 김민석·신낙균 전 의원은 정 의원에 대한 지지를 선언하며 민주당을 탈당, 창당 준비 중이던 국민통합21에 합류한다. 그렇게 해서 오히려 당의 주류는 내용상으론 정몽준하고 결

_사료번호 14135

2002년 8월 9일,

8·8 재보선 참패에 따른 대통령후보의 거취 및 신당논란에 대한

기자회견 중 물을 마시는 노무현 후보.

합하는 쪽으로 가고 이쪽은 말하자면 별도의 캠프를 꾸린 거지. 대선 후보가 되면 당에 관한 운영권을 넘겨줘야 되는데 그걸 안 넘겨주는 거라. 그러면서부터 갈등을 빚기 시작한 거죠. 9, 10월 달에 본격적인 선거운동에 들어가야 되는데 단일화 문제 가지고 자꾸 흔들고, 언론에서도 계속 흔들어서 그때 굉장히 애를 먹었죠. 돈도 없고 그래 가지고. 당사를 선대위 사무실로 못 쓰고 여의도 대하빌딩인가 어디를 빌려서 선대본부 사무실을 따로 만들었다니까요.

노무현 후보는 당시에 그런 상황들을 어떻게 받아들였나요?

이해찬　본인도 이제 지지도가 낮으니까 당이 그렇게 해도 뭐라고 항변을 할 수가 없는 거지. 3등을 하니까 크게 항변하기도 좀 어려운 처지야, 처지가. 그리고 기가 막히지. 본인으로서는 자기가 후보가 된 건데 당이 그걸 인정을 안 할라고 하니까. 아까 말한 그런 재야 출신 사람들을 중심으로 따로 선대본부를 만드니까 이게 돈도 없지, 명분도 많이 뺏겼지. 실제로 개혁당이라고 하는 사람들이 있지만은 젊은 친구들이니까 지역에 뿌리를 내린 건 아니지. 그래 가지고 본인도 굉장히 마음고생을 하면서 선거운동에 착수했어요. 9월에 선거대책본부를 꾸리면서 이상수 총무본부장, 내가 기획본부장 이렇게 아까 말한 의원들이 다 본부를 하나씩 맡았죠.

그래 가지고 선거를 치르는데 10월 중순까지도 (지지율) 회복이 안 돼. 정몽준은 한 23, 24퍼센트쯤 되고 노 후보는 한 17퍼센트 됐는데 이게 회복이 안 되는 거라.

10월 말쯤인데 하루는 아침에 조선일보를 보니까 어떤 기자가 큰 칼럼을 썼는데 '왜 노무현은 단일화를 거부하는가' 그러면서 양김보다 더 나쁜 사람으로 쓴 거라. '양김이 그때 단일화 안 돼 가지고 정권 교체를 못 한 것1987년 13대 대선 당시 통일민주당 김영삼. 평화민주당 김대중 두 후보가 단일화를 이루지 못함에 따라 민주정의당 노태우 후보가 당선되고 정권 교체에 실패한 것을 말한다. 두 후보의 득표율 합계는 55%(김영삼 28%, 김대중 27%)로 36.6%를 얻은 노태우 후보보다 높았다.을 구시대 정치라고 그랬는데 노무현은 구태 정치 청산한다고 하면서 왜 DJ의 길을 따라 가는가' 이런 식으로 칼럼을 썼어요. (후보) 등록하기 전에 단일화를 완전히 거부해 가지고 제2의 DJ가 되는 걸로 논조가 딱 그렇게 돼 있어. 그렇게 한 일주일 두들겨 맞으면 이게 회복 불능이겠다 싶은 생각이 들어 가지고 안희정을 불렀어요. '오늘 신문에 이렇게 났는데 이걸로 한 일주일을 내리 두들겨 맞아 갖고는 도저히 정몽준을 따라잡을 수가 없을 거 같다' 오히려 정몽준은 단일화를 하자는 쪽이고, 노무현은 안 하자는 쪽으로 세팅이 돼 있었던 말이에요. '내가 보기에는 역으로 단일화를 제안할 수밖에 없을 거 같은데 후보 뜻이 나하고 맞닥뜨려서 서로 엇박자가 나면 수습이 안 되니까 미리 알아 오는 게 낫겠다. 어느 정도 단일화를 할 뜻이 있으면 점심 때 나하고 만나서 방향을 빨리 잡아야 되겠다'고 한 거죠. 대통령이 그럴 뜻이 없으면 내가 설득해도 안 될 거 같고. 그래서 안희정을 아침에 불러 가지고 확인을 좀 해 보라고 했고. 갔다 오더니 (후보한테) 뜻이 있다는 거야. 점심 때 한번 만나 보시면 되겠다고 그래 가지고 여의도에 있는 지하 복집에서 만났는데 기운이 쫙 빠져 있더구만. 본인도 지쳤어 보니까. 어떻게 보면 좀 안됐다 싶기도 하고 나도 마음이 짠하더라고. 여택수당시 후보의 수행비서였다. 혼자 수행하고 있는 거야. 만나 가지고 점심을 먹으면서 '지금 내 생각으로는 단일화를 시도할 수밖에 없을 것 같다. 정몽준이 23퍼센트쯤 되고 한 6, 7퍼센트 지고 있는데 여기서 단일화를 안 해서 정몽준이 후보가 되고 우리가 3등으로 떨어지면 정말 DJ처럼 모든 걸 다 뒤집어쓰는 그런 상황이 올 것 같다.2002년 10월 19일 조선일보와 한국갤럽이 실시한 전화 여론조사에서 5자 대결시 대통령 지지도는 한나라당 이회창 후보가 33.4%, 국민통합21 정몽준 의원이 27%, 노무현 후보가 17.1%인 것으로 나타났다. 우리가 여기서 이렇게 무너질 수는 없는 거 아니냐. 정몽준으로 단일화하면 정몽준이 이길 수도 있는 거니까 차라리 이회창을 떨어뜨리는 게 낫지 DJ처럼 단일화 안 된 걸 다 뒤집어쓰는 것은 당을 위해서도 안 좋고, 당신을 위해서도 안 좋겠다. 그러니까 단일화를 역제의해서 우리가 결과에 승복하자. 이회창을 떨어뜨려 놓고 나서, 그다음에 정몽준은 정치세력이 아니니까 정몽준이 집권하면 우리가 또 당을 하면 될 거 아니냐. 당을 해서 다시 한 번 나라를 추슬러 나가면 되는 거라고 생각한다' 이렇게 말씀드렸어요. 그랬더니 자기도 며칠 전부터 그 생각을 해 왔다고 그러더구만. 근데 하도 민감한 사안이니까 8월부터 지금까지 쭉 석 달간 기조를 유지해 왔는데 이제 와서 바꾼다는 것도 좀 어려운 일이고. 그래서 자기도 혼자 고민만 해 왔는데 내가 그렇게 생각하면 자기도 그렇게 하는 게 좋겠다고 생각을 한다고 그래서 그날 확인이 됐어요. (후보 뜻은) 확인이 됐는데 정작 선거대책본부장들이 동의를 못하는 거라. 선거대책본부장들이 그때 열여섯 명인가 있고, 김원기 의장이 고문을 맡고 계시고 그런데. 대부분이 말도 안 된다는 소리라. 단일화하면 진다 이거지. 지금까지 취해 왔던 원칙도 버리게 되는 것이고, 실리도 잃어버리니까 안 된다.

그날이 부산선대본부 출정식이 있는 날이었어요. 2002년 11월 2일 부산 전시컨벤션센터(BEXCO)에서 부산선대위 출범식 및 국민참여운동본부 부산본부 발대식이 열렸다. 서울에서 후보하고 선대본부장들이 다 같이 부산으로 내려가는데 한두 명씩하고 얘기해 보니까 열여섯 명 중에서 반대가 열 명이 넘어요. 나를 완전히 원칙이 없는 사람처럼 막 몰아세우더구만. 김원기 의장하고 임채정 의장하고 한 네다섯 명? 그런 정도만 찬성을 하고 나머진 다 반대라. 그래서 인제 밤 10시인가에 서울에 돌아와서 '그러면 공식적으로 회의를 하자' 하고서 (내가) 한 사람씩, 한 사람씩 설득을 하는 거야. '후보의 뜻이 실린 거다. 나 혼자 생각이 아니다. 내가 후보하고 점심 때 조정한 얘기다.

후보가 이걸 추진할 수는 없는 거 아니냐' 하고 설득을 해 나가니까 '우리가 후보를 위해서 선거운동 하는 건데 후보의 뜻이라면 자기는 동의하겠다' 그렇게 하나씩 바뀌는 거야. 그래도 한 10 대 6 정도로 열세라. 그래 가지고 한참 회의를 했어요. 정식으로 긴급 의제를 만들어 가지고 단일화 제안을 할 거냐 안 할 거냐, 토론을 한참 했어요. 한 세 시간쯤 했나? 그런 과정에서 조금씩 조금씩 바뀌었어. 그럼 표결하자, 그러니까 반대했던 사람들이 '그렇게 다 바꿔 놓고 뭐 하러 표결을 하냐. 차라리 만장일치로 하는 게 낫지. 누가 반대했다고 할 이유가 뭐가 있냐' '그럼 만장일치로 단일화 제안하는 걸로 하자' 해서 밤 12시인가 새벽 1시쯤 돼 가지고 만장일치로 내일 발표하기로 어렵사리 정했어요. 11월 3일이 서울 본부 출정식을 하는 날인데 당사 앞마당에서 했거든. 후보가 출정식 연설을 하면서 공식적으로 발표를 했어요. 노무현 후보는 11월 3일 오후 서울 여의도 중앙당사 앞마당에서 열린 서울선대위 출범식 및 국민참여운동본부 서울본부 발대식에서 정몽준 의원에게 '국민경선을 통한 후보단일화'를 공식 제안한다. 노 후보는 "선대위가 확실한 검증을 거친다는 조건으로 국민경선을 통해 후보를 결정하기로 결정했다"면서 "철학, 사고방식이 다르고 정책이 많이 달라 단일화하는 것이 원칙에 맞지는 않지만 이회창 한나라당 후보의 집권을 두려워하는 많은 국민들이 단일화 압력을 행사하고 있다"고 제안 배경을 설명했다. 후보 단일화 방법으로는 "철저한 검증을 위해 반드시 TV토론과 국민경선을 거쳐야 한다"고 말했다.

한편, 이날 발표된 각 언론사들의 대선 관련 여론조사를 보면 조선일보와 한국갤럽이 실시한 전화 여론조사에서 이회창 후보 34%, 정몽준 의원 22.6%, 노무현 후보가 19% 지지를 얻었고, 한겨레신문 조사에서는 이회창 후보 35.9%, 정몽준 의원 22.3%, 노무현 후보 21.8%를 기록했다. 내가 단상에서 이렇게 보는데, 개혁당 사람들이 와서 쭈욱 보고 있다가 얼굴이 완전히 사색이 되더구만. 문성근 대표는 조금 귀띔을 들었는지 처음 와 있을 때부터 얼굴이 막 굳어 있더구만. 환호하는 분위기가 아니고 완전히 싸늘한 분위기였어요. 그 고비를 참 어렵게 넘긴 거야.

단일화 협상도 직접 맡으셨잖아요?

이해찬　협상에 들어갔는데 두 당 간에 후보 단일화라는 것은 처음 있는 일이니까 방식이 없어요. 해 본 경험이 없으니까. 그럼 뭐로 할 거냐. 당의 구조가 완전히 다르니까 당원들이 모여서 투표할 수도 없는 거 아니에요. 한참 실랑이를 하다가 결국 여론조사 방식으로 하자, 그것밖에 방법이 없다. 그래 가지고 여론조사를 하기로 합의했잖아요. 사실 여론조사 방식으로 후보 단일화하는 것은 좋은 방법은 아니거든? 여론조사 자체도 정확도가 떨어지는 데다가 미세하게 차이가 나면 승복할 명분이 안 생기는 거 아니에요. 당원 투표로 하면 우리가 이기는 상황이고, 여론조사로 하면 우리가 지는 상황이거든. 그러니까 우리는 여론조사로 하자는 걸 받아들이기 곤란한 입장이고, 정몽준은 당원 투표는 안 된다는 거고. 그래 가지고 한참 실랑이를 했었는데 나중에 후보가 어디 지방에서 여론조사 방식을 받아들이겠다고 선대본부하고 상의 없이 얘기해 버린 거야. 2002년 11월 10일 전남 지역을 방문 중이던 노무현 후보는 정몽준 측이 주장한 여론조사 방식을 받아들이겠다고 전격 발표한다. 다음 날인 11일 오전 7시 반 전남 순천 로얄호텔에서 열린 전남지역 종교지도자 조찬 간담회에 참석한 노 후보는 "전국 여덟 개 권역에서 TV토론을 거친 뒤 25일까지 여론조사기관 네다섯 개를 통해 여론조사를 실시해 그 결과에 승복하겠다"고 밝혔다. 이는 그동안 후보 단일화 방법으로 국민참여경선을 주장하던 기존의 입장을 크게 수정한 것이었다. 정몽준 후보 측이 제안한 여론조사 방식을 수용한 배경에 대해서는 "유권자 통합을 위해 불리한 조건이 협상과정에 나타나더라도 대담하게 수용해 후보가 하나로 단일화되는 것을 성취하려고 한다"고 말했다. 선대본부에서는 여론조사 방식 갖고는 안 되겠다 이렇게 협상을 하고 있는데 후보가 여론조사 방법을 수용하겠다고 그냥 기자들한테 먼저 얘기를 해 버린 거야. 그러니까 우리는 황당하지. 안 받을 수도 없게 돼 버린 거 아니에요. 여론조사 하는 걸로 협상이 돼 버린 거지.

그래 가지고 내가 협상단 단장을 맡았어요. 여론조사 하는데 어떤 방식으로 할 거냐, 여론조사기관 몇 개를 쓸 거냐. 여론조사기관 수는 세 개로 해서 두 군데에서 이기는 후보를 단일 후보로 하자고 쉽게 합의가 됐는데 그럼 질문 방식을 어떻게 할 거냐. 김행 여론조사전문가로 2002년 국민통합21 선거대책위원회 대변인을 맡았다. 한국사회개발연구소 조사부장, 중앙일보 여론조사팀장 등을 거쳐 당시 (주)디인포메이션 대표직에 있었다. 2013년 박근혜 정부 초대 청와대 대변인이 된다. 이 자기가 여론조사 전문가니까 설문지를 작성하겠다는 거예요. 그렇게 하라고 (했죠). 보니까 지지도 방식 가령 '노무현 씨와 정몽준 씨 중 한 명의 단일 후보를 뽑는다면 어느 후보를 지지하겠는가?'라고 묻는 방식이다. 11월 24일 일요일에 실제로 실시한 단일화 여론조사 설문 내용은 '한나라당 이회창 후보와 경쟁할 단일후보로 노무현 후보와 정몽준 후보 가운데 누구를 지지하는가'였다. 으로 써 온 거라. 적합도 방식으로 하면 노 후보가 완전히 지는 건데, 지지도 방식으로 하면 그래도 조금 나을 수가 있죠. 왜냐면 여기는 당원들이 있으니까. 저쪽은 결속된 당원이 없잖아. 국민 여론조사지만 그중에는 당원이 많이 있잖아요. 결속도는 이쪽이 더 높은 거거든. 나는 어떤 게 더좋을지 망설이고 있는데 홍석기 새정치국민회의, 새천년민주당에서 정세분석 국장으로 일했다. 당시 노무현 후보 선대위 기획본부 부실장으로 있으며 정몽준 캠프와의 여론조사 협상 실무 대표를 맡았다. 가 이 방식이 좋다는 거야. 받아들이자고 하는데 우리가 어쩔 수 없이 받아들이는 모양새를 취해야지 덜컥 받으면 안 되겠더라고. '이거 못 받는다. 자기들이 이기려고 써온 방식인데 우리가 어떻게 받는단 말이냐' 내가 막 고함을 치고 그랬어. '차라리 깨끗하게 양보하는 게 낫지 무엇하러 이런 요식적인 방식으로 하느냐. 못 받는다' 한 시간쯤 싸웠을 거야. 나중에 '그래 좋다. 우리가 포기할 테니까 니네 방식으로 가라. 이번 선거는 이회창이 떨어뜨리는 게 목적이니까 받아들이겠다' 해 가지고 며칠날 여론조사 하기로 다 합의가 됐어요.

공교롭게 그날, 일요일에 우리가 단일화를 20며친날 여론조사로 하겠다 합의문을 다 발표했는데 신문사들이 월요일 날 보도하려고 (했던) 일요일 오후에 여론조사 한 게 흘러나왔어. 여러 신문사들이 했는데 정몽준 후보가 한두 개만 이기는 거로 나오고 대체적으로 지는 거로 나왔어요. 그러니까 그쪽에서 난리가 난 거야. 그날 오후에 나온 여론조사에서 지는 거로 나와 버리니까 수용할 수 없다는 거지. 다시 협상해야 된다는 거야. 이해찬 민주당 의원과 이철 국민통합21 조직위원장 등 양당 후보단일화추진단은 11월 16일 밤 9시부터 가진 철야 협상 끝에 17일 오전 11시 국회 귀빈식당에서 공동기자회견을 열고 후보단일화를 위한 세부 일정 및 절차에 최종 합의했다고 발표한다.

합의사항은 △20일에서 23일 사이에 TV합동토론을 3~4회 실시하고 25일 이전에 여론조사를 시행한 뒤 후보등록일 이전에 단일후보를 확정 발표 △단일화 후 공동선거대책위를 구성하고 탈락한 후보가 공동선거대책위원회 위원장을 맡아 단일후보의 선거운동을 지원 △여론조사기관 세 곳에서 각각 표본을 1천800명으로 한 여론조사를 하되 두 곳에서 앞선 후보를 단일후보로 선정한다는 내용이다.

하지만 이철 단장은 18일 오전 9시에 긴급기자회견을 열고 비공개하기로 한 여론조사 방식이 언론에 유출돼 여론조사의 공정성과 객관성을 담보할 수 없게 되었다며 재협상을 주장하고, 그날 저녁 7시 국민통합21 추진단 전원이 사퇴를 선언한다. 여론조사 날짜 및 기관 변경, 여론조사 방식 유출자와 책임자(이해찬 단장) 사퇴라는 정 후보 측 요구를 노 후보 측이 수용하면서 20일 협상이 재개된다. 민주당은 신계륜 후보비서실장(단장)·김한길 선대위 미디어본부 단장·홍석기 전 민주당 대선기획단 단장, 국민통합21은 민창기 선대위 유세본부장(단장)·김민석 선대위 총본부장·김행 대변인 등 각 3명으로 협상단을 새로 구성한다. 양측은 20일 오전부터 21일 밤까지 마라톤협상을 벌였으나 정 후보 측에서 "이회창 후보 지지율이 5% 이상 하락한 경우 결과를 인정하지 않는다"는 무효화 조건을 추가로 제기하면서 대화가 중단된다. 다음 날 22일 오전 10시 노무현 후보가 긴급기자회견을 열고 국민통합21 측의 주장을 전격 수용하겠다고 밝히면서 단일화 협상은 극적으로 타결에 이른다. '이해찬한테 속았다' 이렇게 되는 거죠. 핑계 댈 게 없으니까. 근데 실제로 내가 속인 게 하나도 없어요. '질문지도 그쪽 사람이 작성해서 우리가 그렇게 안 받겠다고 했는데 하도 니네가 주장을 해서 받은 거고, 날짜랑 여론조사기관도 같이 협의해서 선정한 거고 우리가 뭘 잘못했다고 재협상하자는 거냐' 한참 실랑이를 했는데 돌아가는 눈치가 그걸로 단일화를 깨겠더구만. 그러면 이도 저도 안 되는 거지. '그래, 재협상을 하자' 했더니 이해찬이 단장으로 나오면 안 한다는 거야. [웃음] 결국 신계륜ᐨ당시 새천년민주당 국회의원. 선거대책본부부터 인수위원회까지 후보 및 당선인 비서실장을 맡았다.으로 단장을 바꿨어요. 내가 '여론조사 날짜를 바꾼다든가 기관을 바꾼다든가(하는 것은) 다 좋은데 설문 방식은 저쪽에서 쓴 거니까 절대로 바꿔서는 안 된다. 그게 제일 중요한 포인트다' 얘기를 해 놨죠. 협상한 얘기를 보고받아 보면 별 억지 주장을 다했더구면. 근데 끝까지 설문지는 바꾸자고 주장을 안 하는 거야. 그 설문지가 자기한테 불리한 건데 모르고 있었던 거야. 여론조사기관을 바꾸자는 거, 언제 여론조사 하는지 날짜를 국민들이 모르게 하자

합 의 문

후보단일화 추진단은 다음과 같이 합의하였다.

양측은 TV합동토론과 관련하여

1. **KBS, MBC, SBS** 등 중앙의 공중파 TV방송사를 대상으로 노무현·정몽준 후보간 **TV합동토론의 특별편성 및 보도를 양측 선대위원장 명의로 17일 중 요청**키로 한다.

2. 양측은 상기 TV방송3사의 고정토론프로그램에 양후보가 출연해 합동토론을 갖는 것도 고려키로 한다.

3. 또는 정치적 중립성이 담보되는 단체가 주최하고 이를 TV방송3사가 중계하는 양후보의 합동토론을 추진키로 한다.

4. 양측은 오는 **11월20일 이후 23일 사이에 TV합동토론**을 갖는 것으로 하되, 이 기간 중에는 **TV합동토론 일정을 최우선으로 한다.**

5. 기타 TV합동토론과 관련한 세부사항은 토론주최측과 양후보측이 함께 협의키로 한다.

6. 양후보의 TV합동토론에 관해서는, 노무현 후보측에서는 김한길 선대위 미디어본부장이, 정몽준 후보측에서는 민창기 선대위 홍보위원장이 양후보를 각각 대리한다.

양측은 공동선거 운동과 관련하여

1. 후보를 맡지 않으신 분이 선거대책위원장을 맡아 단일 후보의 선거 승리를 위해 최선을 다한다.

2. 양측은 공동 선거대책위원회를 구성하여 선거운동을 함께 해 나간다.

3. 공동선거대책위원회는 기획본부와 상황실을 비롯해 통합 가능한 선대위 조직을 공동으로 구성하고, 연설원의 지원, 지역별 공동선거대책위원의 구성 등 가능한 모든 방법을 통해 공동 선거운동을 벌인다

양측은 여론조사와 관련하여, 조사에 영향을 미치지 않게 하기 위하여 합의문을 일체 공개하지 않고, 조사결과 발표 시에 함께 공개하기로 하였다.

2002. 11. 17.

노무현 후보측　　　　정몽준 후보측
후보단일화 추진단　　후보단일화 추진단

2002년 11월 17일,
TV합동토론 및 공동선거 운동과 관련해
후보 양측 후보단일화 추진단이 서명한 합의문.

는 거 다 수용해라. 그리고 여론조사에 들어갔어요. 아니나 다를까 노 대통령이 이겼죠. 그게 아주 기적이지. 말하자면 기적이지. 단일화가 되니까 지지도가 확 올라갔어요. 그래 가지고 이회창을 넘어서기 시작한 거지. 역전이 된 거야 이게. 그니까 대통령이 두 번의 역전극을 펼친 거야. 경선에서 이인제를 꺾고 그다음에 단일화 과정에서 정몽준을 꺾고. 그래 가지고 당선 가능성이 보인 거지, 처음으로.

후보는 무슨 생각으로 덥석 여론조사 방식을 받겠다고 한 걸까요?

이해찬　나중에 나한테도 얘기하는데 그 방식이 아니고는 저 사람들이 받을 방식이 없단 말이에요. 우리는 일반 국민투표를 하자는데 그게 누가 올지도 모르는 거죠. 한나라당이 역선택 단일화 협상에서 정몽준 후보 측은 한나라당 지지자들이 본선에서 쉬운 상대를 고르기 위해 여론조사에서 일부러 노무현 후보를 선택할 수 있다는 우려를 제기하며 역선택을 방지할 수 있는 '안전장치'를 끈질기게 요구한다. 결국 11월 22일 노무현 후보가 "이회창 후보 지지율이 최근 2주간 언론사 조사 결과 최저치(30.4%)보다 낮게 나오면 조사를 무효화한다"는 정몽준 측의 요구를 전격 수용하면서 단일화 협상이 타결된다. 할지도 모르는 것이고. 우리가 주장하면서도 별 설득력이 없지. 근데 저쪽은 자기들이 이길 수 있는 방식이 분명하거든. 그러니까 그걸 자꾸 주장하지만 우리는 받을 수가 없는 방식인데, 후보가 '지고 이기고를 떠나서

(정권을) 이회창한테 넘겨줄 수는 없다. 차라리 내가 지는 게 더 낫다' 이렇게 생각하고 덥석 받아 버린 거거든. 질 각오를 하고 받으신 거거든. 선거 캠프에서는 질 각오를 안 하니까 받으려는 생각을 안 하고 있는데 후보는 질 각오를 하고 그걸 받아 버린 거야.

후보가 협상 과정에서 지시를 하고 그런 것도 없었나 봅니다. 협상단에 다 맡겨 놓으셨다고요.

<u>이해찬</u>　이길 생각이 없으니까. [웃음] 이 본부장이 알아서 하라고, 나는 어떤 결과가 나오더라도 다 받아들이겠다고 그래 버린 거지. 그렇게 단일화해 가지고 지지도가 이회창보다 적게 나왔으면 더 허망했을지도 몰라요. 단일화해도 그랬으면 원칙도 다 잃어버리는 거 아냐. 근데 다행히 이회창보다 (지지도가) 훨씬 앞서 나왔어요. 노무현 후보로 단일화가 성사된 직후인 11월 25일 한국갤럽과 KBS가 실시한 대선 후보 지지도 전화조사 결과 민주당 노무현 후보가 43.5%, 한나라당 이회창 후보가 37.0%로 나타났다. 문화일보와 YTN이 TN소프레스에 의뢰해 실시한 여론조사에서도 노 후보 48.2%로, 39.1%인 이 후보를 9.1% 앞섰다. 아, 당선 가능성이 이제 보이는 거야. 그때까지 돈이 하나도 없어 가지고 쩔쩔매고 있었는데 후보 등록부터 이제 여론조사가 앞서가니까 후원금이 막 들어오기 시작하는 거야.

　근데 정몽준이 설악산으로 가 버렸어요. 단일화를 했으면 자

기가 와서 캠페인에 참여해야 될 거 아니에요? 근데 싫으니까 그냥 산으로 가 버린 거라. 선거를 같이 치러 내야 효과가 있는 건데 말하자면 몽니를 부리니까 단일화 효과가 반감되는 거 아니에요? 나중에 한참 만에 내려와 가지고 연립정부 내각을 어떻게 꾸릴 거냐, 이 얘기를 하는데 뭘 요구하냐면 우선 총리, 그다음에 외교·국방 장관 그다음에 경제부처 몇 군데 이렇게 해서 반반씩 하자고 요구하는데 내가 생각해 보니까 참 큰일났더구만. DJP연합 때 총리를 JP가 했잖아요. JP는 다음 선거에 나가서 대통령이 될 생각이 없는 사람인데도 같이 연립정부를 해 보니까 무지하게 힘든 거야. 만약에 총리를 정몽준에게 주면 이 양반은 이다음 대선에 나갈 사람이니까 모든 행정을 자기 대선에 나가는 걸 목표로 운영할 거 아니에요? 그러니까 이게 과연 정부가 되겠나 싶은 생각이 들고. 외교·국방은 대통령의 고유 권한인데 그걸 달라고 고집하는 거라. 특히 외교 권한은 줘야 된다는 거야. 정몽준이 FIFA(국제축구연맹) 같은 것도 하니까 외교 쪽을 자기가 맡아야 된다고 생각하는 거예요. 김원기 의장님이 대화를 많이 하셨는데 뭐, 안 되는 일 아니에요? 그래도 저 사람들 참여를 시키기 위해서 어느 정도는 해 줘야 될 거 아니냐, 그래서 후보하고 만나서 얘기했더니 약속하지 말라는 거예요. 자기가 인격을 걸고 신의를 가지고 예우해 주겠다는 거야. 사전에 어느 어느 부처를 주겠다는 거래를 하지 말라는 거예요. 단호하게, 거래는 안 된다는 거예요. 대통령 후보가 그렇게 얘길 하니까 우리가 뭘 주겠다고 확답을 해 줄 수가 없는 거지. 그러니까 나도 답답하고, 김원기 의장도 답답한 거지.

정몽준 후보를 내가 한번 만났어요. '대통령하고 오랫동안 같이 정치를 해 와서 내가 성격을 잘 안다. 자기 인격을 걸고 예우해 주겠다고 하는데 구태여 뭐뭐뭐 내놓으라 하면은 안 될 거 같다. 충분히 예우를 해 준다는 언질까지 우리가 받았다. 그러니까 믿고 하자. 믿고 선거 끝내자' 그래서 나중에 정몽준이 그렇게 하기로 했어. 대선 며칠 안 남겨 놓고 캠프에 합류를 했어요. 노무현 후보와 정몽준 국민통합21 대표는 2002년 12월 13일 오전 국회 귀빈식당에서 회동을 갖고 4개 항으로 된 합의문을 통해 "후보 단일화 정신에 입각해 선거·정책 공조와 국정운영 공조를 해 나가며 노 후보가 대통령에 당선되면 5년 동안 국정 동반자로서 끝까지 손잡고 국정 전반에 대해 책임지겠다"고 밝혔다. 이날 오후 대전에서 정 대표는 처음으로 노 후보와 공동유세를 가졌다. 그때만 해도 거의 이기는 흐름이었으니까. 여론조사도 많이 이기는 거로 나오고. 1997년도 김대중 대통령 대선을 내가 기획본부장을 맡아서 치러 봤기 때문에 흐름을 보니까 그때보다 훨씬 많이 이기겠더라고.

마지막까지 순탄하게 흘러가지 않았죠.

이해찬　선거 마지막 날이지, 12월 18일에 정몽준 후보하고 아침에 회의를 끝내고 내가 '오늘이 마지막 유세인데 선거는 다 이겼으니까 걱정하지 말고 국민들에게 예의를 표하는 차원에서 가벼운 마음으로 하시라'고. 노 후보의 마지막 유세가 저녁 7시에 서울 신림동에서 있었어. 신림동 개천변 공영주차장 있는 데서. 후보는 마지막 연설을 끝내고 먼저 떠나시고 나도 연설을 끝내고 캠프로 돌아오는데 전화가 왔어요. 정몽준이 단일화 철회하겠다고 저녁 자리에서 술 마시다 얘기했다는 거야. 그거를 김행 대변인이 기자들한테 얘기했다는 거예요. 김행 국민통합21 대변인은 12월 18일 밤 10시 30분 경 당사에서 지지 철회를 발표한다. 기자들이 우리한테 '그런 얘기가 있는데 당신들한테 정식으로 통보한 거냐' 확인한다는 거야. 이게 진짜 큰일났더구만. 선거 다 끝났는데 그게 9시 뉴스에 나가면 야단나겠더구만. 대변인실에다가 '절대로 확인해 주지 마라. 있을 수 없는 일이고 우리는 들은 바가 없다' 실제로 우리한테 공식 통보한 게 아니니까. 밖에서 저녁을 먹고 차를 (타고) 빙빙 돌다가 한 9시 반인가 10시쯤 해서 캠프로 들어갔지. 후보도 그때 들어오시고. (그쪽에서) 이제 통보가 온 거야. 단일화 취소한다. 이유도 없어. 그냥 단일화 취소한다고 하고서 또 연락이 안 되는 거야. 정몽준 후보하고 연락이 안 돼. 자러 집으로 들어갔다는 거야. 나중에 들어 보니까 종로 유세에서 정동영, 추미애를 단상에 올라오라고 해 가지고 거기서 정몽준이 비윗장을 상하게 한 무슨 표현이 있었다더라구. 그렇다면 가서 사과하면 될 거 같아.

근데 후보가 설득해도 안 가려고 그래. 내가 들어가서 '지금 선거 다 이겼는데 이렇게 해서 내일 파탄이 나면 무슨 꼴이 나겠느냐. 가셔야 되고 이건 노 후보 개인만의 일이 아니다. 국가의 명운이 걸려 있는 선거인데 그렇게 하시면 안 된다' 설득해도 영 안돼. 그렇게 나하고 언성을 좀 높였어. 그리고 한참 생각하더니 가시겠다 해 가지고 정대철 의원이 모시고 갔어요. 근데 가다가 차가 유턴을 한다는 거야. [웃음] 유턴하는 차를 또 막아 세워 가지고 겨우 설득해서 정몽준 집까지 갔는데 문전박대를 당하고 돌아가서 주무셨지. 그렇게 해 가지고 선거가 치러진 거예요.

나도 녹초가 돼 가지고, 여의도 맨하탄호텔에서 새벽 2시가 돼서 잤어요. 단일화가 깨지니까 완전히 기운을 잃어버렸어. 한 10시쯤 일어나서 출구 조사한 거를 보니까 지고 있는 분위기라. 안 되겠어 선거가. '아, 이거 짜장면 배달하다 아주 망가뜨렸구나' (싶었지.) [웃음] 한 12시쯤 되니까 분위기가 바뀌는 거라. 1시, 2시가 되니까 젊은 사람들이 투표장에 막 대거 나오기 시작하고 출구 조사에서 지지율이 자꾸 올라가더구만. 각종 인터넷에 투표하자는 글들이 뜨고. 12시부터 한 3시 사이에 (투표하라고) 엄청나게 전화를 하고. 그게 순전히 국민들 자발적으로 이뤄진 거거든. 3시, 4시가 되니까 확실히 이기는 선거다, 라는 느낌이 탁 잡히더구만.

전날 단일화 파기 여파가 컸을까요.

이해찬 그렇지. 그것만 안 했으면 훨씬 더 많이 이겼지. 근데 철회한다는 말 때문에 사람들이 적게 나온 것도 있고, 또 안 나올 사람들이 오히려 적극적으로 나온 것도 있고. 여론조사 상으로 단일화한다고 할 때는 한 80만 표 이기는 걸로 나왔었거든. 근데 결과는 50 몇 만 표 이겼잖아요? 한 20만 표는 달아난 거지. 마지막에 인터넷이나 젊은 사람들 전화가 안 터졌으면 질 뻔했지. 나중에 들어 보니까 그날 하루에만 2천만 통화가 이뤄졌다고 하더만. KT 역사상 최고라고 그러더구만. 그게 전부 투표 독려하는 전화인 거지. 2002년 대선은 선거전에서 인터넷과 휴대전화라는 신병기가 위력을 발휘한 최초의 선거였다. 젊은 세대는 정보통신 기술을 활용, 선거 판세에 대한 정보를 실시간으로 주고받으며 긴밀하게 움직였다. 정몽준 후보의 지지 철회 직후 포털 네이버(Naver) 뉴스 코너에는 밤 11시부터 수십만 명이 몰려들었고, 페이지뷰 역시 평소의 대여섯 배 수준인 300만 건에 달했다. 선거일인 19일 오전 11시, 투표율이 낮다는 소식이 전해지자 젊은 층은 주변 사람들에게 전화를 걸어 투표를 독려했다. SK텔레콤 집계에 따르면 이날 오전 11시부터 오후 1시까지 두 시간 동안 통화량은 1천800만 건에 달했다. KT는 18일 밤 11시부터 다음 날 새벽 3시까지 시외 통화량이 1천만 통에 달해 평상시보다 30%이상 증가했고, 서울 시내 통화량까지 합하면 총 통화량이 2천만 건에 이른다고 밝혔다. 그게 이루어지는 바람에 승리까지 간 거지. 그래 가지고 선거를 기적적으로 이긴 거죠. 대통령은 자기가 되고 싶다고 되는 게 아니고, 되는 길을 점지 받는 거라. 김대중 대통령 때도 그렇고 노무현 대통령 때도 그렇고 처음부터 전혀 안 된다고 생각했던 길이거든? 이렇게 가면 안 되는데 안 되는데 했는데 결국 그게 되고 되고 노 대통령이 곱이곱이 길을 넘어오는 과정을 통해서 보면 경선 때부터 안 됐다고 생각했던 일이 광주에서 무너져서 되고, 후보 단일화해서 또 되고, 단일화 취소해서 또 무너졌다가 인터넷·모바일로 또 되는 걸 내가 보니까 '아 대통령이 되는 길은 정해져 있구나, 운명이구나' 그런 생각이 들어요.

이재정

눈물의 기도로 하늘에 닿다

구술자 이재정은 1944년 충청북도 진천에서 태어났다. 고려대 독문과를 졸업하고 캐나다에서 신학박사 학위를 취득했다. 1972년 대한성공회 서울교구에서 사제서품을 받았다. 대한성공회 서울대성당 주임사제, 성공회신학대 학장을 거쳐 성공회대 초대 및 2대 총장을 지냈다. 2000년 16대 국회 새천년민주당 전국구 의원으로 정계에 진출했다.

2000년 12월부터 2001년 11월까지 새천년민주당 연수원장 시절 16대 총선에서 낙선하고 당원 교육 강사로 활동하던 노무현과 인연을 맺었다. 2002년 대선에서 후보 교육특보, 중앙선거대책위 유세본부장을 맡아 노무현을 도왔다. 참여정부 들어 민주평화통일자문회의 수석부의장을 거쳐 2006년 12월부터 통일부장관을 역임, 제2차 남북정상회담 과정에 참여했다. 2014년 16대 경기도교육감에 당선 됐다. 노무현재단 이사를 맡고 있다.

저서로 《한반도 평화의 길》(2013, 공저), 《한국교회 운동과 신학적 실천》(2000), 《사이와 사이에서》(2000) 등이 있다.

모아 잡은 손 위로 눈물이 떨어졌다. 한두 사람이 훌쩍이기 시작하더니 울음소리가 곧 방안 가득 퍼졌다. 민주당 선거캠프 사람들이 모두 기억하는 2002년 11월 24일 아침 '눈물의 기도' 풍경이다. 노무현과 정몽준 둘 중에 이회창과 맞설 후보를 결정하는 여론조사를 하는 날, 이재정이 할 수 있는 일은 기도뿐이었다.

도와 달라 소리를 못 하는 노무현이 유독 이재정에게는 삼고초려를 마다하지 않았다. 국민참여경선부터 수행한 유일한 국회의원, 유세본부장으로 방방곡곡 선거의 최전방을 뛰어다닌 그의 노정은 12월 19일 새벽 정몽준 후보의 집 앞을 거쳐 노무현의 서울 명륜동 자택에서 끝난다. 유세 마지막 날 벌어진 정몽준의 지지 철회, 그에 따른 당내 분위기와 대책회의, 자택에서 만난 노무현의 모습에 대한 이야기가 긴박한 다큐멘터리처럼 이어진다.

유세 일정을 함께하며 순간순간 곁에 있는 그를 경탄케 하거나 가슴 졸이게 만들었던 후보 노무현의 면모도 담겨 있다.

이재정과 구술면담은 모두 네 차례에 걸쳐 진행했다. 수록 내용은 2012년 4월 27일 서울 구로구 성공회대학교에서 진행한 1차 면담 내용을 발췌·정리한 것이다.

노무현 후보 캠프에 참여하신 과정에 대해 얘기해 주시죠.

이재정 1999년 1월경에 김근태 의원을 위한 지원 세력이 국민정치연구회로 출발했는데 제가 초대 이사장을 맡고 있었기 때문에 자연스럽게 어떤 의미에서는 김근태 사단의 좌장 같은 역할을 했고. 노무현 대통령도 당시에 여러 번 만나면서 제가 '양쪽이 같이 가는 게 어떻겠냐'(했어요.) 난 끊임없이 노 대통령과 김근태는 같이 가야 된다는 입장이었고, 가장 맞을 수 있는 사람이라고 해석을 했기 때문에 그랬거든요. 이건 좀 후의 일이지만 대통령 후보 경선에 들어갈 때 제가 노무현 후보에게 얘기를 했죠. '김근태와 단일화를 하면 어떻겠느냐' 내가 김근태 쪽에 있으니까. 그랬더니 노무현 대통령이 한마디로 '지금은 그걸 할 때가 아니고, 또 해도 대세에 별 영향을 못 미칩니다' 그 얘기를 들으면서 사실 참 놀랐습니다. 아니, 당신이 지금 대통령 되기 위해서는 대세에 영향을 못 주는 적은 영향이라도 받아들여야 되지 않겠습니까? 그런데 '대세에 별 영향이 없다, 그러니까 무리하게 단일화를 추진한다는 것도 별로 좋지 않다' 단일화 자체가 전체 선거 국면을 끌고 가는 데 별 도움이 되지 않는다는 얘기였겠죠. 근데 나는 그렇게 정확하게 문제를 파악하고 이해한다는 데 대해서 그때 정말 놀랐었어요.

하루는 제 의원실로 찾아오셨어요. 그래 가지고 '이 의원 날 좀 도와 달라' 말씀하시길래 '난 김근태와 쭉 같이 동지로 함께해 왔기 때문에 김근태가 대선 후보로 나가는 생각을 가지고 있는 한 노무현 최고위원을 도와 드릴 수 없습니다' 결국 그날 얘기가 그걸로 끝났죠. 그럴 수밖에 없지 않습니까? 한 일주일 후에 또 오셨어요. 그 얘기를 또 하시길래 '누구 도와 드리는 국회의원이 없습니까?' 그러니까 한 명도 없다는 거예요. 그래, 내 속마음으로는 '아니 국회의원 한 명 없이 어떻게 대선 후보를 하신다고 저러시나' 한편으로는 딱하기도 하고, 한편으로는 '야 그것 참 대단한 용기다' 하는 생각도 들고. 아무튼 내가 뭐까지 약속을 했냐면 '김근태가 후보를 그만두면 최고위원님을 내가 성원해 드리겠습니다' 그리고 (제주경선 시작하고) 광주를 가기 전에 결국 김근태 본인이 사퇴하지 않았습니까? 사퇴하고 나서 바로 우리 캠프 회의를 열고 '나하고 임종석 두 사람은 오늘부터 노무현 캠프에 가서 선거를 돕는다' 공식적으로 결의를 하고 우리가 온 겁니다. 광주경선 다음부터 완전히 결합을 하기 시작했죠. 어떻든 그때부터 직접 옆에 서서 같이 따라다닌 국회의원이 제가 처음인 셈이에요.

대통령은 하늘이 낸다고 그러지만 본인의 열정적인 의지와 준비가 있어야 돼요. 노무현 대통령님은 굉장히 열심히 준비를 한 겁니다. 대통령이 되기 위해서는 어떻게 살아야 된다는 것부터 참 치밀하게 준비를 해 오신 분이기 때문에 역사를 만들었다고 생각해요. 김대중 대통령도 마찬가지죠. 개인의 욕심이나 영예를 위한 것이 아니고, 역사에 대한 책임의식이 바로 준비라고 봅니다. 역사에 대한 책임의식. 김대중 대통령께서도 그렇고 노무현 대통령께서도 그렇고 누가 뭐라고 해도 이건 내가 해 나가야 될 과제고 그걸 해 나가기 위해선 내가 어떤 역할을 해야 하는지, 다른 누구보다도 역사의식 속에서 책임을 느낀 분들이 아니었느냐. 두 분의 공통점이 거기에 있는 거죠. 노무현 대통령은 그런 면에서 우리가 높이 평가해야 될 분입니다. 나는 노무현 대통령보다 김대중 대통령과 훨씬 더 오래 인간적으로 지내 온 입장인데, 김대중 대통령의 그 일들을 계승해 갈 수 있는 사람이 누구냐는 것에 대해 나는 노무현이란 분이 탁월하게 거기에 맞아떨어질 수 있다고 봅니다.

경선 과정에 대해 말씀해 주시죠. 인상 깊게 기억하는 바가 있으실 텐데요.

이재정　광주경선 이후 결정적인 터닝 포인트가 어디였냐 하면 강원 경선이었습니다. 강원도 경선을 이인제 측에서 올인 하다시피 하면서 그때 그쪽 관계자가 나보고 '한 표라도 좀 져 줬으면 좋겠다. 강원도에서 자기들이 지면 더 이상 경선 못 한다. 어떻게 그렇게 해 줄 수 없겠냐?' 해요. 정색을 한 건 아닌데, 자기들이 꼭 이긴다 하는 신념을 얘기한 거 같아요. '어떻게 이기고 지는 걸 만들어 낼 수가 있나? 서로가 최선을 다하는 건데. 내가 알기로 이인제 캠프 쪽에서 너무 열심히 하고 사모님이 너무 열심히 해서 요번에는 아무래도 우리가 질 것 같다' 그렇게 얘기했지만 내심으로 '반드시 우리가 이긴다' 그 생각을 했지요. 그게 터닝 포인트입니다, 강원도가. 결국 강원도에서 7표 차이로 이기죠. 3월 24일 여섯 번째로 치러진 강원경선에서 노무현은 전체 유효투표수 1,483표 가운데 630표(42.5%)를 득표해 623표를 얻은 이인제 후보를 7표차로 누르고 1위에 오른다. 누적득표에서는 대전 · 충남 경선에서 몰표를 얻은 이인제 후보보다 1,690표가 모자라 2위에 머물렀다. 그날 노 대통령께서 굉장히 기분이 좋으셨습니다. 그래서 끝나고 노사모 멤버들과 아래위층으로 되어 있는 식당에 가서 전부 다 차지하고서 다 같이 저녁을 먹으면서 술도 몇 잔 나누시고 노래도 부르고 했는데 거기서 내가 잊을 수 없는 얘기 가운데 하나가 국가보안법 얘기였습니다. 그때 이미 노무현 대통령께서는 국가보안법을 폐지해야 된다는 굳건한 생각을 가졌는데 옆에 참모들은 그렇게 얘기하면 안 된다고 강력하게 건의를 하더라고요. 그때도 내 마음으로는 '국가보안법 폐지가 결국 분단을 해소시킬 수 있는 우리 측의 노력이고, 우리 측의 가장 중요한 과제인데 노 대통령이 가장 정확하게 당신 마음에 그걸 갖고 있구나. 그러나 폐지라는 용어보다 좀 더 부드럽게 다가갈 수 있는 다른 용어가 없을까?' 그런 얘기를 하고 서울로 돌아오던 기억이 나는데. 하여튼 그날 승기를 잡은 게 대단히 중요한 거였죠.

그리고 기억나는 게 인천인가요, 그게? 마지막에 한 권양숙 여사의 부친에 대한 얘기는 원고에 없는 애드립입니다. 이분이 자꾸

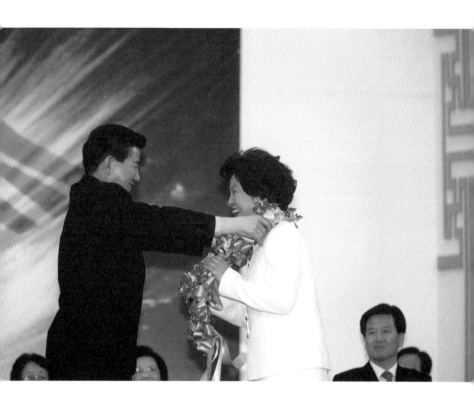

_사료번호 16342

2002년 4월 27일,
마지막 경선지인 서울 잠실 실내체육관에서 새천년민주당 대통령 후보로 선출된 후
부인 권양숙 여사의 목에 꽃다발을 걸어 주는 노무현 후보.

하고 싶은 얘기를 막 하다 보면 실수가 나올 수 있으니까 연설팀에서 노무현 대통령께 항상 '원고에 있는 것만 하셔라' 근데 그 연설 마지막은 정말 애드립이었습니다. '내가 아내를 버리고 대통령이 되는 게 옳으냐?' 4월 6일 인천경선 당시 노무현의 연설 중 일부다. "음모론, 색깔론 그리고 근거 없는 모략 이제 중단해 주십시오. 한나라당과 조선일보가 합창해서 입을 맞추어서 저를 헐뜯는 것을 방어하기도 참 힘이 듭니다. 제 장인은 좌익 활동을 하다 돌아가셨습니다. 그러나 해방되는 해에 실명을 하셔서 앞을 보지 못했기 때문에 무슨 일을 얼마나 했는지는 모르겠습니다. 제가 결혼하기 훨씬 전에 돌아가셨는데, 저는 이 사실을 알고 아내와 결혼했습니다. 그리고 아이들 잘 키우고 지금까지 서로 사랑하면서 잘 살고 있습니다. 뭐가 잘못됐습니까? 이런 아내를 제가 버려야 합니까? 그렇게 하면 대통령 자격 있고, 이 아내를 그대로 사랑하면 대통령 자격이 없다는 것입니까? 여러분, 이 자리에서 여러분들께서 심판해 주십시오. 여러분이 그런 아내를 가지고 있는 사람은 대통령 자격이 없다고 판단하신다면 저 대통령 후보 그만두겠습니다. 여러분이 하라고 하면 열심히 하겠습니다."는 얘기가 청중들에게 아주 대단한 감동을 주었던 거죠. 나는 노무현 대통령의 승리에 몇 가지 요인이 있다고 생각하는데 노 대통령의 그 신념과 원칙이라는 것에 대한, 이제까지 어떤 정치인에게도 볼 수 없는 그런 단호한 의지가 있었다고 하는 것, 그 당시 정치사회 맥락에서 노무현과 같은 원칙을 주장하는 정치인이 너무나 사람들에게 필요했던 시절이죠. 다른 후보들에 비해서 그런 점에서 탁월했죠.

경선 과정에서 (기억하는) 또 하나는 김중권1981년 민주정의당에 입당해 전두환 정권에서 청와대 정무수석을 역임했다. 1996년 당시 김대중 총재의 영입 케이스로 새정치국민회의에 입당했다. 영남(TK) 정치인으로 1997년 15대 대선에서 김대중 후보의 선대위원장을 맡으며 정권 교체에 기여. 국민의정부 초대 비서실장을 지낸다. 씨에 대한 발언이었습니다. 김중권 씨에 대해서 노무현 대통령은 기회주의자라고 비판을 했는데2000년 12월 21일 노무현 당시 해양수산부 장관은 기자들과 송년모임에서 김중권 민주당 신임 대표에 대해 '기회주의자는 포섭대상이긴 해도 지도자로는 모시지 않는다는 것이 나의 철학'이라고 발언해 논란이 됐다. 식사를 하면서 경상북도 대의원·지역위원장들과 같이 모였어요. 이 사람들은 다 김중권 씨 수하의 사람들 아닙니까? '어떻게 우리 김중권 씨에 대해서 그렇게 얘기할 수가 있느냐?' 노무현 대통령을 공격하는 거예요. '김중권 씨에 대해 좀 칭찬하는 얘기를 하고 이 사람들을 다 끌어안고 가야 당선될 수가 있는데' 내심 걱정하고 있는데 아니나 다를까 내 기대와는 정반대로 '김중권 씨에 대해선 그런 사람이니까 내가 그렇게 얘기하는 거지. 다르게 얘기할 수 없다' 하니까 분위기가 아주 썰렁해졌습니다. 그럴 수밖에 없잖아요? 이 사람들이 다 표인데 사람들을 설득해 낼 수 있는 좋은 얘기는 하지 않고 김중권 씨에 대해서 더 강력한 비판을 해 댄 거예요. 그래서 그 자리가 그렇게 썰렁했는데 노무현 후보가 사람에 대해서 참 냉정하시더라고요. 정말 냉정하게 평가하는 걸 보면서 그 당시에 참 대단한 분이구나 하는 생각도 가졌었죠.

그렇게 민주당 후보로 확정이 되고 오히려 사정이 더 어려워집니다.

이재정　노무현 대통령께서 후보 시절에 완전히 비주류였기 때문에 경험할 수 있는 모든 불이익은 다 당하신 거죠. 우선 지역적으로 영남이라는 게 민주당 내에서 비주류 아닙니까? 국회의원이 아니시니까 또 비주류 아니겠어요? 동교동계가 아니니까 또 비주류 아니에요? 거기다가 유신시대 때 여러 가지 활동도 하셨지만 실제 반(反)유신 운동을 하고 민주화 운동을 했던 건 서울 중심이었으니까 서울에 있는 사람들이 주류지 절대 노무현 대통령이 주류가 될 수 없는 거 아니겠습니까? 여러 면에서 노무현 대통령께서 비주류로서 경선을 이긴다는 게 보통 어려운 일이 아니었던 거죠. 그건 지금도 기적이었다고 생각해요.

제일 큰 문제는 비주류가 (당의 후보가) 되니까 주류 전체가 들고 나서서 경선 자체를 뒤엎을 생각들을 했던 거죠. '노무현 후보가 (대통령)감이 아니다'라는 말부터 시작해 가지고 가지가지 얘기를 다 들어서 비난하고 비판하지 않았습니까? 심지어는 후보가 되고 나서부터 오히려 지지율이 하락하기 시작하니까 이건 분명히 떨어진다. 이회창 씨가 엄청난 기세로 앞서가고 있었고 (노무현 후보는) 떨어지는 길로 간다고 생각하고 있었어요. 그러니까 민주당 내 주류들이 가만히 있습니까? 정권 빼앗기는 상황을 어떻게 눈 뜨고 볼 수가 있겠어요? 그러니까 정말 난리가 난 거죠. 신당추진설도 나오고, 후단협도 나오고. 무엇보다 결국 당권을 쥐고 있던 세력들이 아주 치밀하고 조직적으로 방해를 한 겁니다. 하나가 노무현 후보 선거대책본부를 창설하는 것도 문제 삼아서 방도 안 만들어 주고, 동시에 전혀 (선거) 자금이 없는 거예요. 당이 공식적인 역할을 제대로 못하고 후단협은 정몽준 세력과 같이 내통하면서 그쪽으로 다 몰려가고. 돈 없는 노무현 쪽에는 사람들이 자꾸 빠져나가고 돈 많은 정몽준 쪽에는 몰리고 그랬던 시절이죠. 노무현 후보는 어떻게 보면 기댈 언덕이 없는 상황이었죠. 당에서 후보를 자꾸 격려하고 돋보이게 만들고 해야 될 텐데 후보를 뽑아 놓고 당내에서 자꾸 까 내리니까 어떤 언론이 그렇지 않다고 써 주겠습니까? 오히려 잘됐다 싶어서 조중동 이하 싸그리 갈겨쓰는 거죠. '노무현 가지고는 안 된다'고. 제일 어려웠고, 비극이었습니다. 정말 비극이었죠.

그래서 결국 선대위 만들 때 우리들이 제일 먼저 생각한 것은 돈 쓰지 말자, 다른 선거와는 절대적으로 다른 선거를 하자. 또 하나가 인터넷을 통한 새로운 방법의 선거를 하자. 그런 얘기들이 우리들 속에 공감대를 만들게 됐는데요. 후보 측과 당권파 간에 전혀 협력 없이 시작하니까 우리 스스로도 정말 이렇게 해 가지고 당선이 될 거냐는 회의감을 안 가질 수가 없었죠. 아니, 당내에 힘을 모아도 될까 말까 한데 한쪽에서 끌어내리고 앉아 있으니 될 가능성이 어디 있겠습니까? 그런 상황에서 선거를 치렀다는 게 정말 기적이죠.

한번은 가을에 전국의 큰 교회 목사님들을 한 700명 모셔다가 강습회를 하는 모임이 있었습니다. 그 교회에서 우리 당의 노무현 후보, 한나라당의 이회창 후보를 다 초청해서 일종의 청문회 비슷하게 이분이 누구신가, 하는 걸 알아보기 위한 프로그램을 만든 거죠. 여당이니까 우리를 먼저 불렀습니다. 노무현 후보를 붙들고 내가 세 가지 부탁을 드렸죠. '교회 가서 말씀하시는 거니까 한국 교회가 지난 역사 발전에 기여한 바가 크다는 것 하나하고, 두 번째 기도하는 그 열정에 대해서도 평가를 해 줬으면 좋겠고, 세 번째로는 당신이 세례를 받았으니까 그걸로 해서 기독교와 우호적인 관계로 가는 걸 분명히 얘기했으면 좋겠습니다' 하고요. 그런데 올라가서 그런 데에 대해서 한마디도 안 하시는 거예요. 마지막 단계에 가서 (진행자가) '여기 계신 목사님들이 전국적으로 대단히 영향력을 가지고 있는 분들이고 아마 이분들이 가진 표를 얘기하면 상당한 표가 될 겁니다' 그러면서 하는 말이 '교회를 다니시겠습니까?' 이게 정말 어려운 질문이죠. 사실 그런 거에 대해 세세한 연습을 하거나 미리 시나리오를 짠 것도 아니었거든요. 우리는 밑에서 어떤 대답을 하시나, 어떻게 하나 생각을 하는데 딱 기가 막히게 대답을 하시는 거예요. '교회를 다니시겠습니까?' '청와대에서 물러난 다음에 생각해 보겠습니다' 하여간 노무현 대통령의 가식 없는, 솔직히 자기가 할 수 있는 범위 내에서의 얘기죠. 대통령 재임하는 동안에는 할 수 없고 대통령 그만둔 다음에는 생각해 보겠다. 그건 결국 당신들이 표를 안 줘도 대통령을 하려면 할 수 있는 것이고, 교회를 다니면 대통령 시켜 주고 교회 안 다니면 안 되느냐. 그런 말이 성립이 안 되는 거 아니겠어요? 나는 성직자인데 그런 게 다 오히려 감동적인 일이었죠.

단일화 얘기를 빼놓을 수 없을 텐데요.

이재정 우리 당 후보로 확정이 되고 선대본부를 출범시켰는데 아시다시피 국민통합21이 뜨면서 우리 쪽 당원들 상당수가 거기로 넘어가고, 여러 가지 어렵게 되지 않았습니까? 그러니까 당연히 단일화 요구가 안 나올 수 없었고요. 단일화를 할 거냐 안 할 거냐는 원칙적인 얘기보다 단일화를 해서 나올 결과에 우리가 훨씬 더 관심을 두고 검토했는데 사실은 노무현 대통령의 여론 지지도가 상당히 좋지 않은 상태여서 어떻든 단일화를 하지 않으면 안 되는 상황이었죠. 국민통합21도 상당히 높은 평가를 받고 있었고요.

여론조사 방법 때문에 그쪽 김행이라는 대변인과 우리 쪽 신계륜 둘이 양쪽에 왔다 갔다 하면서 논의를 했는데. 여러 차례 논의 끝에 마침내 결정된 여론조사 방안과 여론조사의 문항들 속에서 '이렇게 하는 경우에는 (한나라당) 역투표 비율을 어느 정도 두느냐'라는 것 때문에 다시 논의를 시작해 가지고, 그때 저쪽이 다시 제안한 것이 '한나라당 쪽 역투표가 몇 프로가 되면 전부 다 무효로 한다' 였어요. 우리가 그 방법으로 계산해 보니까 이거 해 봤자 무효가 될 것 같단 말이에요.

1번부터 12번까지 (양쪽이) 좋다고 하는 순위를 해서 물어서 (여론조사) 회사를 정하고, 두 개의 회사가 각각 2,000샘플씩 조사해서 이걸 합산한 걸로 하고, 그럴 때 둘 다 무효가 되면 안 되지만 하나라도 유효하면 유효하다 판단을 해 가지고 이제 두 개를 하는 걸로 정했는데 내용을 볼 때 이렇게 해서는 무효가 될 가능성이 거의 90프로 이상 된다고 생각하니까 우리가 받을 수가 없었던 거죠. 정몽준 측에서 수정 제안한 걸 받느냐 안 받느냐에 따라서 (단일화) 하느냐 못 하느냐가 걸려 있는 겁니다. 이걸 받느냐 안 받느냐 논란이 굉장히 많았습니다. 왜냐하면 후보 등록 시한2002년 11월 27일~28일을 말한다. 때문에 더 이상 하루라도 늦으면 못 하는 거거든요.

그 결정을 한 날이 11월 22일 금요일일 겁니다. 그날 아침에 캠프에서 전체 본부장 회의를 열고 발표를 해야 될 그 시점이었는데 2, 3주 전에 준비한 게 목사님들 한 300명 모시고 조찬 기도회를 하면서 노무현 후보를 모시자, 이렇게 계획을 짜 놓아 가지고 그날 아침 7시에 세종문화회관 모임에 가는 겁니다. 그날 노무현 후보 얼굴이 참 초췌했어요. 퍽 어두웠습니다. 노무현 후보가 함께 앉으셔서 식사를 하시고 한 말씀하는 순서가 됐는데 '평소에 존경하는 민주화 운동의 대선배님 되시는 목사님들하고 같이 아침 식사를 하면서 이번 단일화를 꼭 해야 되느냐 그랬더니 단일화 해야 된다 (하시고). 내가 안 돼도 단일화를 해야 되겠느냐 그랬더니 니가 안 돼도 단일화해야 된다는 말씀을 듣고 참 섭섭했습니다. 아니 당연히 내가 되는 단일화지 어떻게 그럴 수가 있습니까? 그런데 그 말씀을 듣고 누가 되든 확실히 단일화를 하는 게 옳다는 걸로 오늘 내 마음을 잡았습니다'는 얘기를 쭉 하셨고.

돌아와서 본부장 회의를 하는데 노무현 후보는 말씀을 듣고 계시고 여러 사람들이 쭉 발언했어요. 대부분 부정적이었습니다. 부정적인 이유가 '역사의 죄인이 되는 거다. 선거도 못 해 보고 이렇게 물러난다는 건 있을 수가 없다. 여당의 맥을 잇고 권위를 지키기 위해서라도 있을 수가 없는 얘기다. 그냥 간다. 정몽준하고 단일화는 없는 일로 하고 가자' 그 얘기가 대세였죠. 몇 사람 막 눈물 흘리고 그러면서도 어떻든 갈 수 밖에 없다는 걸 얘기했는데 그때 노무현 후보께서 딱 일어나서 '단일화는 국민과의 약속이다. 단일화를 안 하고 당선되는 것보다 단일화를 하고 떨어지는 편을 택하겠다' 하시고 바로 가서 텔레비전 인터뷰에서 그 얘기를 발표하신 거죠. 그때 참 비장한 상황이었습니다.

그리고 단일화 투표를 하는데, 그 전날 여론조사 결과가 보고되는데 우리가 지는 겁니다. 근데 방법이 있나요? 전국에 2천 셈플이면 만 명 가운데 한 명 아니겠습니까? 어디다 선거운동을 하고 누구한테 전화를 걸어서 얘기한들 그게 의미가 있겠어요. 사람들이 다 힘이 쭉 빠져 가지고 있는데 내가 제안을 했죠. 주일이니까 우리가 교회도 못 가는데 올라가서 예배나 봅시다. 그때 몇 층이던가, 회의실에 모여 가지고 예배를 하자. 그때 성경을 뭘 읽었는지 모르겠어요. 성경 구절을 한 구절 읽고, 내가 설교의 얘기를 좀 하고 기도를 했죠.

구약에 나오는 아론과 모세를 비교하면서 설교를 하셨다고.

이재정　네, 그때 얘기가 그거였어요. '아론의 경우는 자기 개인의 목적을 가지고 살았다면 모세는 민족의 해방, 민족의 미래를 꿈꿨던 사람이 아니냐. 정몽준은 마치 아론과 같은 세계(世系)고 노무현은 모세와 같은 해방자다. 그리고 민족사를 돌아봐라. 이승만 때부터 시작해서 여기까지 비극적인 역사 속에서 바로 모세와 같은 지도자가 우리에게 지금 필요한 게 아니냐' 그런 얘기를 했을 거예요. 비장한 각오를 가지고 얘기를 하고 기도를 하는데 한 사람이 훌쩍거리기 시작하더니 모두가 우는 겁니다, 거기서. 그 현장이 정말 눈물의 기도가 됐어. 그래 (예배가) 끝났는데 이낙연 대변인인가 들어오더니 소리를 지르더라고. '아니 지금 초상집이냐'고 말이야. '투표가 이제 시작됐는데 다들 울고 있으면 어떻게 하냐'고. 아 눈물이 나는데 어떻게 안 울 수가 있냐. 당시에는 그게 감동적인 순간이었다고 해요. 김원기 의장도 그 얘기를 하세요.

그리고 밤 11시 반에 우리가 대략 통보를 받았죠. 쌍방 캠프에서 공식 발표를 25일 12시인가에 하기로 해서 그때도 노무현 후보는 어디 가 계신지 잘 찾을 수가 없었고, 아무튼 우리가 단일화를 성공하게 된 거죠. 결과를 놓고 볼 때 하나는 우리가 이기고 하나는 무효가 되지 않았습니까? 정말 꿈 같은 일이었어요. 11월 25일 새벽 0시 15분 서울 라마다 르네상스 호텔에서 신계륜 민주당 후보비서실장과 민창기 국민통합21 선대위 유세본부장은 노무현 후보가 단일후보로 확정됐다고 발표한다. 24일 오후 1시부터 7시까지 두 개 전문기관에서 각각 2천 명씩을 상대로 실시한 단일화 여론조사 결과에 따르면 노 후보는 리서치 앤 리서치 조사에서 46.8% 대 42.9%, 월드리서치 조사에서 38.8% 대 37.6%로 정 후보를 앞섰다. 월드리서치 조사는 이회창 후보 지지율이 최근 2주간 최저치보다 낮은 28.7%로 나와 무효 처리되었다.

이렇게 돼서 우리가 저쪽하고 통합선거본부를 만들고 선거운동을 시작하게 되지 않습니까? 나는 유세본부장이었기 때문에 유세에 있어서 정몽준 대표가 노무현 후보와 같은 예우를 받도록 자동차도 똑같이, 국회의원 수를 배정하는 것도 똑같이 해서 지원했죠. 끊임없는 유세 진행 과정에서 원칙 하나가 정몽준 대표에게 우리 후보와 같은 예우를 한다. 두 번째, (사람을) 동원하지 않는다. 그리고 세 번째는 각 지역별로 유세 책임자를 다 두고 중앙이 운영하는 것 이외에 지역 단위에서 움직이는 결과가 어떻게 되고 있나 취합해서 그거에 대한 적절한 보완을 해 나갔던 거죠. 그런

데 유세 마지막 날 사고가 터지지 않았습니까? 그날 점심도 제대로 못 먹고 하도 배가 고파 가지고 나는 인사동으로 밥을 먹으러 가고 팀들은 동대문으로 갔는데, 아니 지지 철회했다는 얘기가 나왔다는 거예요. 동대문 가서 딱 보니까 이게 난리가 났다는 말이에요. 할 수 없이 정대철하고 둘이서 결정한 게 '당사로 철수한다. 다음 유세 취소' 그래 가지고 다 여의도 중앙당사로 들어오고, 그때 후보도 다시 들어오시고.

이건 초상집이죠 뭐. 난리 법석이 나고, 이 사람 저 사람 논쟁이 벌어지고. 주류는 정몽준을 만나서 다시 설득해야 된다, 지지 철회를 철회시켜야 된다 그러고. 노무현 후보만 아무 소리 않고 가만있다가 벌떡 일어나시는 거예요. '왜 일어나십니까?' 그러니까 집으로 가시겠다는 거예요. 사람들이 '아니 지금 집으로 갈 상황입니까? 말이 됩니까?' 참, 가끔가다 노 대통령의 그 모진 마음이 거기에 있는 거예요. '아니 떨어지면 내가 떨어지는 거지' 그얘기가 나오는데 나는 등이 다 오싹하더라니까요. 사람들이 '이게 노 후보 혼자 일이냐. 국민의 미래, 역사의 미래가 달려 있는 건데 무슨 소리를 그렇게 하느냐'고 얘기하고. 내가 그때 그 발언을 했을 거예요. '지도자가 될 사람은 국민의 눈에서 흐르는 눈물을 닦아 주는 게 책임인데 정몽준의 행위를 보면 지금 가서 뭔가를 해야 되지 않겠느냐. 노 후보가 가야 된다'

정대철하고 나하고 둘이 노 후보를 모시고 가기로 결정하고

(차에) 후보 앉으시고, 정대철 그 옆에 앉고, 수행 앞에 앉고, 기사 앉으니까 자리가 없잖아요. 그리고 차는 붕 떠난 거예요. 나는 정몽준 집이 어딘지도 모르고 '아이, 저렇게 갔으니까 난 안 가도 되겠지' 생각하고 당사에 올라왔더니 YTN 뉴스에 자막으로 노 후보와 정대철, 이재정이 정몽준 자택으로 떠났다고 나오는 거예요. '오보를 만들면 안 되는데' 그래 가지고 서둘러서 재촉을 해 가지고 간 거 아니겠습니까? 부지런히 갔더니 노 후보님이 차를 타고 막 떠나시는 거예요. 집으로. 그리고 정대철만 남은 거예요. '어떻게 됐냐' 그랬더니 '아이, 못 만나고 노 후보 그냥 간 거다' '못 만나면 어떡하냐. 어떻게든 만나서 이야기를 하고 끝내야지 못 만났다고 그냥 가면 되냐. 다시 올라가자' 그래서 둘이 그때부터 12시 반인가 새벽 1시까지 문 앞에 딱 버티고 서 가지고 얼굴이 퍼래져 가지고 그쪽의 대답이 나오길 기다린 게 심야 방송으로 다 나가고. 그게 어떤 의미에서 사람들에게 감동을 주고 노 후보에 대한 연민의 정을 만든 것이 아닌가 생각해요.

결국 못 만나고 당사로 돌아와 가지고, 라면 하나씩 끓여 먹으면서 선거대책본부의 본부장들이 밤새워 (회의해도) 길이 있어야지. 내일이 투표인데. 그래 낸 결론이 투표 날 아침이지만 '노무현 후보의 입장'으로 방송 인터뷰를 하자. 정몽준 후보의 지지 철회에 대한 진위는 모르지만 방송 인터뷰를 하자. 이 안을 가지고 대통령 댁을 간 겁니다. 아마 새벽 4시쯤 도착했을 거예요. 그때 김

_사료번호 16299
2002년 12월 18일,
서울 명동에서 정몽준 국민통합21 대표와 함께
선거유세하는 노무현 후보와 유권자들.

원기, 유재건, 조순형, 정대철도 갔죠. 그래 가지고 갔더니 (후보가) 주무시고 계시는 겁니다. 주무시고 계신 거예요. 속으로 '야, 참 대단하신 분이구나. 우린 다 잠도 못 자고 밤새워서 고민을 했는데 저러실 수가 있나' 이 어른이 이제 가운을 입은 채 탁 등장하셔서 앉자마자 폭탄선언을 하는 겁니다. '여러분들하고 정치 못 하겠네요' 김근태와 단일화가 대세에 영향이 없다는 판단을 하신 것과 그때 그 얘기에 내가 정말 놀랐습니다. 정말 대단한 분이구나. 그게 다른 얘기가 아니거든요. 어떤 이유에서건 (정몽준 후보가) 공식적으로 지지 철회를 했는데 지금 와서 (우리가) 어떻게 할 거냐 그거죠. 이거는 직접 얘기하신 게 아닙니다. 우리 얘기를 듣고 뒤집으면 그게 정치적으로 그쪽도 부담되는 거고 이쪽은 이쪽대로. 아니 일단 정치가 하는 대로 받는 거지 서로 간에 가서 압력을 가하거나, 호소를 하거나, 무릎 굽힐 일이 아니잖아요. 지지 철회를 했는데 정치적으로 어떻게 뒤집을 거냐 하는 의미죠. 국민들 의혹은 풀어야지 않겠느냐, 이런 얘기를 쭉 늘어놨지만 노 대통령은 흔들림이 없었어요. 그러나 마지막에 가서 '여러분들이 그렇게까지 간곡히 얘기하니 (당사로) 가서 간단하게 얘기합시다'라고 결론을 내고, 한 한 시간 동안 얘기한 거죠. 후보는 (댁에서) 5시쯤 일어나서 당사로 와서 기자회견 하시고 이제 각자 그날 선거에 들어간 거죠.

결국 대통령에 당선되시죠.

이재정   나는 꿈 같아요. 한 편의 드라마 같애. 명동 유세부터 시작해서 그다음 날 새벽 대국민 기자회견까지 정말 나는 한 편의 드라마 같고. 그런 것이 사람들 마음을 움직여서 젊은이들이 다 문자 메시지를 보내고, 그 문자 메시지를 받고 오후에 정말 전국적으로 불길처럼 퍼져 나가면서 투표를 하고 결국 1시 반부터 뒤집어지기 시작한 거 아닙니까? 생각해 보면 그건 각본 없는 드라마였죠. 그때 보십시오. 100프로 이회창이지요. 어느 면으로 노무현 대통령이 이길 수 있다고 생각했겠어요? 결국 지난 대선에 있었던 우리의 경험을 놓고 보면 노 대통령이 갖고 있는 상황에 대한 판단력과 분석력이 개인적으로 출중했기 때문에 그때그때 결단하는 데 원칙이 흔들리지 않았던 거죠. 대개 사람들은 위기를 당하면 흔들립니다. 아무리 위기가 왔어도 장수로서 흔들리지 않는 모습을 보여 줬다는 게 굉장히 중요한 거죠.

그리고 위기의 상황에서 모든 사람들이 자기 자리에서 최선을 다했다, 후보부터 후보를 조력하는 선거본부의 임원들까지 할 수 있는 모든 일을 다 한 거 아니냐. 그것이 국민적 감동을 일으켰고. 결국 선거는 감동이 있어야 된다, 나는 늘 그렇게 생각합니다. 굽이굽이 그런 감동의 이야기들이 새로운 역사를 만들고, 가슴으로 감동을 받은 사람들이 결국 새로운 역사를 만드는 동력이 되는 것이지 그냥 통상적인 보통의 생각으로는 역사를 뒤집어 낼 수 없다고 생각해요. 대통령선거, 국회의원선거가 기본적으로는 정책 선거죠. 정책은 분명히 있어야 됩니다. 그러나 결정적으로 당선자를 만드는 요인은 감동입니다. 감동적인 상황이 있어야 되는 거죠.

| 2002년 12월 18일 노무현 후보의 종로 유세 주요 발언 |

우리의 새로운 정치는 완성될 수 있겠습니까. 그렇습니다. 여러분이 시작했습니다. 우리가 마무리해야 합니다. 여러분 우리도 할 수 있습니다. 여러분 보십시오. 여기 그 증거가 있지 않습니까. 정몽준 대표가 있지 않습니까.

이제 지난 수십 년 동안 우리의 정치선배들이 해내지 못했던 후보 단일화 그리고 승복 그리고 혁명, 하고 있지 않습니까? 우리는 해낼 것입니다. 그런데 여러분, 너무 속도위반 하지 마십시오.(군중웃음)

여러분 우리 추미애 최고위원을 기억하십니까. 기억 못해선 안 되지요. 여성의 시대가 온다는 거 아닙니까. 대찬 여자, 대찬 여성. 대찬 여자 추미애 의원이 있습니다. 제가 새로운 정치하지 않고 약간의 기득권에 만족하고 어물어물하면 제 먹살 잡아 흔들 우리의 여성 지도자 추미애가 있습니다.

국민경선을 끝까지 지켜 주시고 제가 흔들리면서 벼랑 끝에 이제 떨어질 상황에 처했음에도, 도저히 가망 없다는 순간에 저를 제 등을 받치면서, 내 모든 것을 포기하더라도 나는 올바른 정신을 살려 내겠다. 민주주의 정통성을 살려 내겠다. 이렇게 하시면서 저를 지켜주셨던 정동영 최고의원, 어떻습니까?

여러분들은 행복하십니다. 한 사람밖에 없으면 얼마나 걱정되겠습니까? 몇 사람이 있으니까 경쟁하면서 점점 더 잘하려고 하지 않겠습니까? 무엇을 잘하려고 하겠습니까. 원칙을 더 잘 지키려고 할 것입니다. 좀 더 능력 있는 지도자가 되려 할 것입니다. 보다 더 국민 여러분들께 봉사하는 지도자가 되기 위해서 이분들이 경쟁할 것입니다. 여러분을 위해서 일할 것입니다.

행복이 시작됩니다. 여러분.

자~ 제가, 제가 여보세요. 어이 죄송합니다. 여러분 제가 은 근히 싸움을 붙였나요. 여러분들께 제가 드리고 싶은 말씀은 우리 한국에 희망이 있다는 걸 말씀드리고 싶었던 것입니다. 저는 우리 한국의 미래를 말씀드리고 싶었던 것입니다.

누구 싸움 붙일 생각이 없습니다. 여러분들이 믿고 신뢰하고 우리 정치를 맡길 만한 많은 인재들이 있다는 것, 그것은 여 러분의 행복입니다.

| 2002년 12월 19일 새벽 5시 35분에 열린 긴급기자회견문 |

뜻하지 않은 일로 국민 여러분께 혼란과 심려를 끼쳐 드려 송구스럽게 생각합니다. 오늘의 사태에 대해 대단히 유감스 럽게 생각합니다.

솔직히 말해, 저는 사태가 이와 같이 된 데 대해, 아직까지

영문을 잘 모르겠습니다. 과정과 경위에 관해서 지금도 영문을 잘 알 수 없고, 이해할 수 없습니다.

저의 대북 관련 발언은 이틀 이상 계속한 발언이고, 정몽준 대표나 취재하는 분들이나, 그 누구로부터도 문제 제기를 받은 적이 없는데, 왜 선거 막바지에 문제가 됐는지 이해할 수 없습니다.

정동영 고문과 추미애 최고위원에 대한 발언도 그분들의 노고에 대해 격려하고 덕담을 했을 뿐입니다. 당시 현장에서도 많은 사람들이 박수로 격려하는 등 분위기에도 문제가 없었습니다. 저는 정 대표와 헤어지면서도 동대문에서 만나자며 악수하고 헤어져 정 대표께서 마음 상하신 줄 몰랐습니다. 그렇지만 마음이 상하셨다면, 송구스럽고 이해를 구할 생각입니다.

정몽준 대표와 저의 공조 합의는 국민에 대한 약속입니다. 기분 나쁘다고 금방 깨 버릴 수 있는 단순한 문제가 아닙니다. 앞으로 이 문제를 놓고 정몽준 대표와 대화를 통해 오해가 있었다면 풀고, 되도록 공조를 유지하는 방향으로 협의해 나가겠습니다.

국민과의 약속은 지켜져야 하며, 그러리라고 봅니다.

2장

보좌진이 말하다

안희정　　　이광재　　　김병준

안희정

패배보다 원칙을 고민한 바보의 승리

구술자 안희정은 1964년 충청남도 논산에서 태어났다. 1989년 통일민주당 김덕룡 국회의원 비서관으로 정계 입문했다. 1990년 3당합당을 거부한 의원, 당직자들과 함께 이른바 꼬마 민주당 출범에 참여했다. 이후 현실정치에 대한 실망으로 출판사 영업에 뛰어들기도 했다.

1994년 지방자치실무연구소 사무국장을 맡으며 노무현과 본격적인 인연을 시작했다. 1995년 부산시장 선거, 1996년 총선, 1998년 종로 보궐선거, 2000년 총선 등 내내 노무현의 선거를 지원했다.

2001년 노무현 대통령후보 경선캠프 사무국장, 2002년 새천년민주당 대통령후보 비서실 및 대통령당선자 비서실 정무팀장으로 대선과정을 함께했다. 2003년 대선자금 문제로 구속, 1년 후 만기 출소했다. 2007년 참여정부평가포럼 상임집행위원장, 2008년 더좋은민주주의연구소 소장, 민주당 최고위원을 거쳐 2010년과 2014년 충남도지사에 당선됐다.

노무현은 그를 '정치적 동지', '동업자'라 표현했다.

안희정은 2001년 당내 경선 출마를 놓고 노무현과 나눴던 대화를 인상 깊게 기억한다. 당시 노무현은 자신이 인정할 수 없는 후보에게 패했을 경우에도 원칙을 지킬 수 있을 것인지 진지하게 고민했다. 정치공학의 논리를 넘어선 민주주의자의 모습이었다.

'사면구가(四面舊歌)'도 잊히지 않는 노무현의 말이다. 새로운 정치에 대한 열망과 현실정치의 구태 사이에서 느낀 답답함의 토로였다. 2002년 대선은 승리했지만 안타까움과 아픔이 많은 선거이기도 했다. 특히 단일화를 둘러싼 일련의 상황이 그러했다. 안희정은 이를 '오랫동안 수절했던 어머니 시집가는 날', '평생 모은 전재산을 가지고 하는 베팅' 등으로 표현한다. 단일화 TV토론을 앞두고 노무현과 함께한 '눈물의 식사' 이야기도 가슴 시리다.

노무현이 자신을 향해 버럭 화를 냈던 사연과 광주경선에서의 극적 승리 후 후보에게 농담 삼아 사퇴를 제안했던 이유 등도 구술 내용에 담겼다.

안희정과 구술면담은 모두 다섯 차례에 걸쳐 진행했다. 수록 내용은 2015년 12월 11일 서울 노무현재단 사무처에서 진행한 4차와 2016년 6월 23일 충청남도 서울사무소에서 가진 5차 면담 내용을 발췌·정리한 것이다.

'대통령 출마하겠다'는 뜻을 접한 시기와 상황을 어떻게 기억하시나요?

안희정 2001년 3월에 장관 그만두시고 해양수산부 장관직을 말한다. 2000
년 8월 7일부터 2001년 3월 26일까지 7개월여간 재직했다. 우리가 금강빌딩 당
시 보좌진인 이광재 전 강원도지사는 2000년 10월경 서울 여의도 금강빌딩에 사무실을
마련한다. 이 사무실이 뒤에 국민참여경선에 이르기까지 노무현 후보의 선거캠프가 됐
다. 이를 '금강캠프'라 지칭하기도 한다. 으로 대통령을 모시고 가니까 대통
령이 광재랑 나한테 '이 사무실 왜 얻었나?' 그러더라고. 그때 그
큰 사무실에 한 대여섯 명 정도밖에 없었어요. 그래서 '경선 준비
해야죠' 그랬더니 가만히 생각을 하시다가 '난 아직 마음을, 결심
을 다 못 했네' 그러더라고. '왜요?' 그랬더니 '이인제 후보한테 졌
을 때 자네들 이인제 후보 운동해 줄 수 있겠나?' 이래. '이기면 되
죠' 그랬더니 '아, 내가 질 수도 있는 거지. 같이 경선해서 이기는
것만 생각하고, 졌을 때 그 사람 선거운동 도와줘야 된다는 생각
은 안 하나?' 그때 내가 굉장히 깨달았죠. 맞다, 그거 맞는 얘기네.
'경선에서 졌을 때 이인제 후보의 포스터를 들고 다니면서 어깨띠
를 두르고 선거운동을 해 줄 자신이 없다, 그래서 경선에 지금 참
여해야 되는 건지 말아야 되는 건지 고민이다' 이런 얘기를 하셨
어요. 그 당시 대선에 도전하겠다는 생각은 분명했었는데 경선에
참여할 거냐, 이거에 대해서 고민을 했었고 두 번째로는 이인제가
막 대세론으로 (지지율이) 18~20퍼센트씩 나오는데 우리는 2~4퍼

센트 이거밖에 안 나왔거든. 많이 오를 때 한 7~8퍼센트까지 올라온 적이 있었나? 근데 문제는 김근태, 한화갑 등과 단일화하라고 사람들이, 그래야 이인제랑 경선에서 게임이라도 해 보지 않겠냐고. 그러니까 김근태 후보와 단일화를 해서 그 힘으로 이인제 대세론이랑 붙어서 싸워 봐야 되겠는데 그 단일화가 뜻대로 안되니까 2001년 10월, 11월 이때쯤에는 노무현 대통령이 굉장히 너버스(nervous)해졌지. 그래서 하루는 '안 되면 가위바위보라도 하든지, 동전 던지기라도 해서 우리가 결론을 내야 되는 건데 결론도 못 내고 이 상태에서 도토리 키 재기 식으로 다들 참여해 가지고 경선을 붙으면 이인제 후보한테 질 건데 이게 되겠냐' (그럴 정도로) 단일화 주제 때문에 2001년 12월까지 굉장히 마음고생을 했어요.

그러니까 2001년도 3월 달에 장관을 그만두고 그때쯤 금강빌딩을 첫 방문했을 때 노무현 후보의 문제 제기는 딱 두 개였어. 졌을 경우에 이인제 후보의 선거운동을 해 줄 자신이 있느냐라는 질문 하나와, 두 번째는 김근태 후보 및 이쪽 민주진영의 단일화를 해야 되는데 연말쯤 가서 김근태 후보가 지지율이 자기보다 확 높으면 김근태 후보를 도와서 경선운동을 하면 되는데 김근태 후보가 지지율도 안 올라오면서 자기를 지지하지 않을 땐 그러면 어떻게 할 거냐, 그럼 그 상태에서 그냥 도토리 키 재기 식으로 다 덤벼서 해보나 마나한 경선을 해야 되는 거냐, 이 두 가지가 노무현 대통령의 고민이었어요. 그리고 2001년 12월까지 두 번째 고민은 해소가 안 됐었지. 이인제 후보를 도울 수 있느냐, 이 문제에 대해서는 경선에 참여했을 때 이미 노무현 후보는 '경선에 참여했으면 패자로서 승자를 응원해야 된다'라는 입장을 정하고 들어가셨죠. 그때 나 같은 경우는 '이기면 된다' 아주 쉽게 생각했었고, '이기면 되지 왜 그런 고민하세요?' 이랬는데 사실상 이인제 씨는 1990년 통일민주당 의원으로 민주자유당(민주정의당·통일민주당·신민주공화당의 3당합당으로 탄생)에 합류했다. 1997년 제15대 대통령선거 출마를 선언하고 신한국당(1995년 12월 민주자유당에서 재출범) 경선에 참가했으나 낙선하자 그해 9월 탈당했다. 이후 국민신당을 창당, 대통령선거에 출마해 낙선했다. 1998년 여당인 새정치국민회의와 합당해 2002년 새천년민주당 대통령 후보 경선에 참가했다. 우리가 인정하기가 너무 어려운 후보였거든. 노무현의 정치 원칙으로 보면 경선하다가 정당 원칙을 파기하고 깨 버린, 경선결과에 승복하지 않고 당을 깨 버린, 아주 민주주의자로서는 용서받기 어려운 사람이었고. 3당합당에 쫓아갔다가, 그러다가 경선했다가, 지니까 또 탈당했다가, 또 우리당에 와 가지고 그런 후보와 맞서서 (본인이) 졌을 때, 그 후보의 선거운동을 한다는 게 그게 민주주의자로서 과연 가당한 일이냐. 이거에 대한 고민이 굉장히 깊었죠.

그런 고민을 정말로 그렇게 진지하게 하는 노무현 후보의 모습을 통해서 난 굉장히 많이 배웠어요. '그냥 붙었다가 내가 지면 또 기회 봐 가지고…' 이렇게 쉽게 생각할 수 있었던 정치공학의 논리가 아닌 민주주의자라는 원칙에서 경선과 규칙, 원칙에 대한

준수 이런 것들에 대한 태도를 그 당시 노무현 후보가 보여 줬죠. 그래서 2001년도 3월 해수부장관 그만두고 나서 한 4월쯤에 금강빌딩에서 나눴던 그 대화가 나한테는 굉장히 오래갔어요.

대통령직에 대한 고민은 사실 오래 전부터 하시지 않았나요?

안희정 그럼요. 본인은 옛날부터 고민했어요. 그런데 그게 대통령을 위한 것인지, 직업 정치인으로서 자기 직업적 충실성 때문에 한 당연한 결과인지. 나는 후자라고 봐요. 왜냐면 정의든 민주주의 가치든 이 사회의 변화를 위해서 정치가 어떤 역할을 해야 되는가에 대해서 고민하는 정치인이라면 그 눈높이는 다 대통령의 눈높이에 가 있어야 돼요. 차남과 막내의 눈높이를 가지고 정치하면 안 돼요. 항상 집안의 장손과 맏이 입장에서 고민을 해야만 좋은 정치를 할 수 있다고 봐요. 어떤 의제든 간에 '내가 저 결정을 한다면' (하고) 늘 환원시켜서 고민을 해야 되거든요. 그래야 좋은 정치를 할 수 있는데, 노무현 대통령은 항상 그랬어요. 김영삼 대통령의 많은 개혁조치들을 놓고도 그는 늘 그런 고민을 했어요.

1994년도 말인가 1995년 초엔가 술집 영업금지 12시 제한조치 1990년 노태우정부는 '범죄와의 전쟁' 일환으로 유흥업소 심야영업 제한조치를 시행했다. 이후 1995년 1월. 김영삼정부는 정부규제 완화 차원에서 추진키로 했던 심야영업 자율화 방안을 철회하고 제한조치를 유지할 것을 발표했다. 유흥업소 심야영업 제한은

1999년에 들어서 전면 해제됐다.를 취한 적이 있어요. 우리가 지방자치실무연구소에 있던 때였는데 사무실이 여의도 중소기업중앙회관에 있어요. 맞은편 지하에 칼국수 집으로 밥 먹으러 같이 가는데 걸어가다가 그 이야기를 하더라고. '술집 영업금지 12시 어떻게 생각하나?' 이렇게 나한테 물어보시는 거예요. '많은 찬성과 지지를 받고 있고 사람들도 긍정적으로 평가하는 거 같은데요' 그렇게 얘기를 했더니 '근데 그러면 12시 이후에 영업을 해서 먹고사는 사람들은 어떻게 될까? 우리가 어떤 개혁이라는 기치를 들 때는 그 개혁이 가져오는 여파, 선의의 피해자들의 문제까지 고려하지 않으면 안 되는 거 아닐까' 이런 취지의 이야기를 하시더라고. 여하튼간에 어떤 정책이든 계속해서 그렇게 고민하는 태도는 굉장히 훌륭한 자질이라고 저는 생각하고 있었고, 옛날부터 그랬어요. 그것이 꼭 대통령 되기 위한 목적이 있기 때문에 그런 고민을 했다, 그건 아니지 않을까요? 오히려 그 사람이 가지고 있는 자기 직업과 노동에 대한 성실성이 가져온 거라고 나는 그렇게 봐요.

지도자의 눈높이 같은 걸까요?

안희정　그럼요. 그건 그만의 굉장히 좋은 텔런트(talent)예요. 자질이라고 봐야 되겠죠? 그만한 자질이, 그만큼의 그릇이 되니까 그렇게 고민을 하시는 거죠.

국민경선 결과는 예상한 대로 갔나요?

안희정　뭐 기적이죠, 다. 예상이라고 하는 게 뭐 있어요. 다만 우리는 도전을 한 것이고 그리고 민심이라고 하는 신의 부름을 받은 것이고 그런 것이죠. 기적이 뭐 예상한 대로, 공학적으로 되나.

그래서 대선 후보로 확정이 됐죠. 2002년 4월 27일이었습니다.

안희정　(승부는) 광주경선으로 끝났어요. 광주경선으로 이미 끝난 거고, 내가 광주경선 끝나고 대전으로 올라오는 차 안에서 대통령한테 그랬어. '우리 내일 기자회견하면 어때요?' '뭐?' '우리가 그토록 얘기했던 영호남의 지역주의 극복을 광주의 시민정신으로 보여 주셨습니다. 제 역할은 다 했기 때문에 저는 이제 사퇴하고 집에 갑니다. 그러고 그냥 (사퇴)합시다. 좋을 때 떠나야지' [웃음] 그랬더니 대통령님이 웃기만 하시더라고. 나도 농담으로, 정말 사퇴하자고 제안드린 말씀은 아니고 그만큼 감동적이었던 거예요. 왜냐면 부산에서 1995년 선거 떨어졌지1995년 제1회 전국동시지방선거(6·27)에서 부산시장 후보로 출마해 낙선한 것을 말한다., 1998년 서울에서 이기긴 하지만1998년 서울 종로구 보궐선거(7·21)에서 당선된 것을 말한다. 그 틀 내에서 3김정치 틀, 지역주의 틀 내에서 2000년 부산 북강서 가서 또 깨졌지2000년 제16대 국회의원선거(4·13)에서 부산 북강서을에 출마해 낙선한 것을 말한다., 깨진 것도 '김대중이 똘마니 아니가?' 이러면서 시장에 서든 어디서든 간에 명함 주면 사람들이 찢고 정말로 고통스러웠 거든. 또 그렇게 노력했던 노무현의 눈물을 알기 때문에… 그랬는데. 그랬던 후보가 호남의 정당이라고 하는 이 민주당 내에서, 광주에서, 지지율도 여론조사 상 압도적 1위인 이인제를 제치고 우리를 뽑아 줬으면 이미 민심에서 우리는 승리한 것 아니냐, 그럼이 감동 하나로도 우리가 역할을 다 한 것 아니냐. 지역주의 극복과 국민통합을 내건 우리의 정치적 목표는 사실상 이것으로 실현된 거니까 우리 이제 그만두십시다. [웃음]

농담이지만 농담 속에 내 마음의 아픔이 있었어요. 정치라고하는 것은 어떠한 것을 기정사실화 하면 그 사실은 현실이 되기때문에 더 이상 이상(理想)이 아니에요. 또 다른 요구가 올라오게돼 있거든. 한겨울에 춥다가 '아이고 따뜻한 바람 불어와서 이놈의 추위가 가셨으면 좋겠다' 하지. 따뜻한 봄날 봄바람 불면 좋지. 그러나 금방 더워지거든. 그때부터는 이 따뜻함이란 개념은 없어져 버려요. 더움이라는 과제가 나오죠. 그렇기 때문에 따뜻한 계절이 오면 그동안 혹한을 극복하고 따뜻함을 위해서 노력했던 사람은 곧바로 더위라는 시대과제를 맞게 되는 거거든. 그때 내 느낌이 그랬어. 지금 내가 이렇게 뭔가 멋있게 표현을 하지만, 그 당시에는 그렇게 멋있는 사고체계를 가지고 한 건 아니고. 그 농담을 왜 했는가 생각해 보면 가장 행복할 때 떠나는 게 좋은 거 아닌가 싶었던 거죠. 어쨌든 우리는 후보가 되었고 후보가 되자마자 역시 흔들리기 시작했죠.

도리어 당의 정식 대선 후보로 확정된 이후부터는 계속 내리막길이었죠.

안희정 그 당시에 특히 한화갑 대표로 대표되는 동교동계가 당의 주류였기 때문에, 이 당의 주류 또는 이 당의 주류가 밀었던 이인제를 제치고 등장한 노무현이라고 하는 인물은 광주 민심에서는 이겼지만 여의도와 당 질서 내에서는 여전히 마이너리티(minority)거든. 그리고 이 마이너리티 후보에 대해서 사람들은 승자로 결정된 후보로서 권위를 존중해서, 그 틀 내에서 어떤 흐름들을 만들어 내기보다는 후보로 선출된 노무현에게 기존의 정당과 정치질서의 틀에 당신이 맞춰서 이 당의 후보가 되라고 요구를 하니 그런 불안은 예정된 것이지.

후보가 되자마자 그다음 날 아침에 출근길에 들어오시는 현관에서 나한테 그랬나, 인터뷰에서 그랬나 모르겠는데 내 기억에는 나한테 현관에서 올라가시면서 그랬던 기억이 나. '사면(四面)이 구가(舊歌)라고 했네' 그래. 아, 얘기(인터뷰)를 하고 들어오시는 참이었는가보다. '사면이 구가여' '뭔 얘기세요?' 그랬더니 '내가 새로운 정치를 얘기하고 후보가 됐지만 새로운 정치를 이끌어야 될 정치인으로서 내가 딛고 서있는 현실은 온통 다 옛날 노래들

_사료번호 38205

2002년,
서울 여의도에서 구술자 안희정과
환담을 나누며 이동하는 노무현.

뿐이다. 집권 여당의 대선 후보가 이래야 된다고 하는 어떤 기대, 요구, 문화 행태 이런 것들. 그런 면에서 결과적으로 친인척을 포함한 내 가족들의 말이 이미 옛날 노래인 거고 대선 후보가 이래야 된다고 하는 당의 요구가 또한 옛날 노래인 거고 이렇게 해서 사면이 다 구가다, 옛날 노래다' 그 얘기를 했어요. 내가 오랫동안 대통령 모시고 일하는 과정에서 아까 말한 대로 '자네들 경선에서 지면 이인제 후보 선거운동 할 수 있겠는가?'라고 물어봤던 질문이나 '사면이 구가여' 이렇게 얘기를 했던, 사면구가(四面舊歌)라는 단어가 조금은 낯선 단어거든요. 그래서 잊히지 않는 노무현의 말이에요. '사면이 구가'라고 했던 그 말이 사실은 대통령 되시고 나서도 여전히 그분의 현실이 됐지. 새로운 정치와 새로운 희망을 듬뿍 받으면서 정말로 눈물 어린 감동의 지지를 받으면서 출발을 하고 그래서 새로운 정치라고 하는 새로운 미래를 만들어야 되는 후보 입장에서 이제 새롭게 시작해야 될 모든 살림살이가 다 헌 그릇들이다 했을 때 그게 얼마나 난감할까….

그러고 나서, 후보 되고 나서 당에 들어가야 되는데 당에서 후보의 스태프들과 캠프의 스태프들을 당직자로 받아들여서 소화를 해 줘야 되는데 그 처리를 안 해 줬어요. 당에 돈이 없다 이거예요. 그리고 또 정당법 상 당직자 수에 제한이 걸려 가지고 못 받아 준다는 거야. 후보 혼자 들어오라는 얘기지. 근데 그건 좀 말이 안 되는 얘기지. 사실상 당의 대선 후보로 지명되면, 그리고 그렇게 해서 선거대책본부(선대본)가 꾸려지게 되면 일상적인 당대표 체계는 선대본 체계로 전환하도록 돼 있는데, 물론 그 당시 선대본이 안 꾸려져 있지. 안 꾸려져 있지만 선대본에 준하는 준비 단계를 만들어서 후보 진영이 선대본을 통해 대선을 지휘할 수 있도록 해줘야 되죠. 근데 그 지위를 안 주고 당에 돈이 없고 그러니까 못한다 이거야. 그러면 후보를 도왔던 금강캠프에 있었던 수십 명의 사람들은 4월 27일 후보 경선이 끝난 그다음 날부터 실질적으로 모든 재정활동을 못하게 돼 있는 거예요. 왜냐면 그때부터 뭐 하다가 걸리면 다 불법정치자금이거든. 그러니까 이대로 가면 사무실 운영하는 것 자체가 이미 불법이 돼 버린단 말이에요. 경선 때까지는 경선이라고 하는 제도라도 그나마 있어서 운영한다고 치고 그 후에는 당에다가 '최소한의 사람들을 들어가게 할 테니까 이 사람들을 당직자로 받아라, 임시 당직자로. 그리고 그 당에서 회계 처리를 좀 해 줘라' 해도 당에서 그걸 안 받는 거야, 자꾸. 그래 가지고 내가 사무총장님한테 가서 말씀을 드렸더니 '돈도 없고' 뭐 이렇게 얘기를 하죠. 그래 가지고 내가 경선자금 중 남은 것들을 가지고 돈을 좀 전달했어요, 당에다가 당비로. 그랬더니 딱 그만큼만 해서 회계 급여 처리를 하고는 또 신분 처리를 안 해 주는 거야. 그게 한두 달, 두세 달 가 버렸어요. 4월 27일 (후보가) 되고 나서 우리 팀들이 들어간 것이 6월이나 돼서 들어갔나? 사실, 수모도 그런 수모가 없었죠.

그러니까 후보가 되었어도 당으로부터 그렇게, 적극적으로 지지를 받고 체제를 지휘하거나 서포트(support) 받기 어려운 구조가 있었고 이건 뒤에 대통령이 되고도 마찬가지예요. 대통령이 되어도 대한민국 대통령으로서 이 사회의 지지 내지는 협조, 응원 이런 구조가 노사모나 시민들한테는 있었지만 우리 사회의 기본 기관과 힘 있는 조직들로부터는 그런 존중을 못 받았죠. 그게 노무현 대통령을 기억할 때마다 늘 가슴 아픈 대목이에요. 상고 나오고 변변한 대학 교육을 받지 못했다라고 하는 그 구조가 만들어낸, 이 사회의 비주류라고 낙인찍힌 사람의 험난한 정치역경을 후보가 돼서도 대통령이 돼서도 똑같이 겪는 거.

팔팔(8·8) 재보궐 당시에도 일이 있었죠.

<u>안희정</u>　이때도 장기표2002년 7월 새천년민주당에 입당해 서울 영등포구 을에 출마했으나 낙선, 이후 바로 탈당했다. 씨 공천 때문에 후보랑 김근태 조강특위(조직강화특별위원회) 위원장이랑 굉장히 불편했어요. 8·8 재보선 때. 어느 날 한번은 공천을 앞두고 후보실에 들어갔는데 다짜고짜 나를 보더니 '자네 운동권 집단연고주의자들 아니야?' 아주 시니컬하게 나한테 그러더라고. '아, 이제까지 당신 모시고 있는데 왜 나한테 그래요?' 내가 그랬더니 [웃음] '니들도 지역연고주의랑 다를 것 뭐 있어?' 그러는 거예요. 아, 당신 모셔 왔던 사람한테

갑자기 니들이라고 몰아세우시니 난 마음이 서운해서. 가만히 내 막을 보니까 장기표 씨 입당 문제가 있었던 거죠. 그러니까 노무현 대통령 입장에서는 장기표 씨도 이 당 저 당 왔다 갔다 한 사람인데1990년 민중당을 시작으로 1995년 개혁신당, 1996년 민주당, 2000년 새시대개혁당, 민주국민당, 2002년 푸른정치연합을 거쳐 새천년민주당에 입당했다. '운동권 출신 니들 연고주의로 볼 때는 그건 용서가 되고 다른 쪽의 정당에서 그렇게 했어 봐라. 이 당 저 당 기웃거리고 질 나쁜 사람이라고 껴 주지도 않았을 거면서 장기표는 왜 껴 주냐' 이거야. 그러면서 전날 김근태 조강특위 위원장이랑 언쟁을 좀 하셨는지 그다음 날 분풀이를 나한테 하시더라고. 후보실 들어갔다가 그렇게 막 시니 컬하게 신경질을 내고 뭐라 하시기에 농담으로 받았지, 나야. '아이고 왜 그러셔요, 나한테' 그리고 이제 가만히 문 닫고 나오는데 '그려, 그런 내막이 있으셨구나' 이렇게….

하여튼 8·8 보궐선거 때에도 그런 어떤, 운동권 연고주의라고 하는 것에 대해서 장기표 씨의 공천, 입당을 전후해서 노무현 후보는 굉장히 어려웠고. 자기 원칙으로 봤을 때 그건 해서는 안 되는, 새로운 정치를 바라는 국민들이 봤을 때에도 사실상은 정당정치에 어긋나는 그런 태도였기 때문에 원칙을 고수하고 싶었는데 그럴 때마다 당과 기존 선배 정치인들은 '정치가 그런 게 아니다. 선거는 이겨야 된다' 이런 논리를 가지고 자꾸 후보에 대해서, 후보의 소신에 대해서 나무라는 쪽으로 들어오니 4월 27일 후보가 되고 나서 높았던 지지율과 그 지지율을 통해서 당의 일신과 새로운 변화를 꾀할 것을 기대했던 많은 대중들한테 노무현 후보는 부응하지 못했어요. 그러니까 이제 가라앉죠, 지지율이.

지지율이 가라앉고 지방자치선거2002년 제3회 전국동시지방선거(6·13)를 말한다.도 또한, 우리는 후보가 되자마자 동시에 이런 압박을 받지. '부산 경남 쪽에서 당신을 후보를 뽑아 줬으니까 당신이 부산 경남에서 얼마나 지지율이 있는지 입증해. 우리 호남에서 당신을 지지한 보람이 그거 아니겠어? 그러니까 부산 경남에서 당신 당선자도 내고 좋은 후보자도 끌어오고 당신을 선택한 우리에게 효용을 증명해 봐' 이런 압박을 받는 거죠. 근데 사실은 지방자치선거 때에도 변변한 후보를 우리가 당겨 올 수 있었던 것도 아니고, 선거 결과16개 시도지사 가운데 새천년민주당은 광주, 전남, 전북, 제주 네 곳에서 당선자를 내는 데 그친 반면 한나라당은 서울시장을 비롯해 열한 곳에서 승리했다. 기초단체장도 한나라당은 140명, 새천년민주당은 44명이 당선됐다.도 당연히 좋을 수가 없고, 8·8 보궐선거에서도 안 좋고13석 중 새천년민주당은 2석(광주 북구 갑, 전북 군산)에 그쳤고 한나라당은 11석을 차지했다. 그러니까 당의 전통적 당원들 입장에서는 '후보 잘못 뽑았네' 소리가 나오는 거지. 후보 뽑아 봤자 부산 경남에서 표가 더 나오는 것도 아니고 당선자가 더 나오는 것도 아니고 '뽑힐 효용이 없네' 이렇게 하니까 노무현을 자꾸 버리는 카드로 생각하는 사람들이 늘어나면서 '그럼 누군데?' 이래 가지고 정몽준 씨한테 가고 김민석2002년 서울시장 선거에 한나라당

_사료번호 55989
2002년 6월,
6·13 지방자치선거에서 한이헌 부산시장 후보 지원연설 전
카메라 앞에서 옷매무새를 가다듬는 노무현 후보.

이명박 후보를 상대로 출마했으나 낙선. 그해 10월 17일 새천년민주당을 탈당해 정몽준 신당에 합류했다. 씨도 탈당해서 나가고 하니까 정몽준이 노무현 지지 율보다 높아지기 시작했어요. 그게 한 8, 9월 이쪽저쪽 됐을 거야. 완전히 역전되어서 8, 9월 달 되면 정몽준이 높아지기 시작해.

월드컵이 그해 6월이었으니까 그 시기를 거치면서 달아오르죠.

안희정　　그런 과정에서 노무현 대통령은 새로운 정치를 요구하고 있는 국민들의 기대에 부응하는 사람으로서 당을 어떻게 일신, 새롭게 혁신시키고 대통령 후보로서 새로운 비전을 어떻게 줄 것이냐 하는 과제에 막 그냥 쫓겼죠. 그리고 당면 선거에서도 호남의 지지에 부산 경남의 후보자로서 표를 더해서 승리하는 이런 모양을 만들어 내야 되는데 부산 경남에서는 노무현을 김대중한테 양자로 간 사람이라고 공격을 하고, 호남 쪽에서는 영남 후보를 쓰면 더 표를 많이 얻겠지 싶었는데 뭐 별로, 보궐선거나 지방자치선거에서 별무소득이니까 사람들이 빠지고. 또 한편으로는 당을 확 쥐고서 새로운 정당의 모습을 보여 주길 바랐는데 당내에서 특별히 지도력도 발휘를 못하는 것 같고. 이러니까 노무현 열풍을 만들었던 그 사람들도 마음이 조금 '어, 이거 뭔가 잘못 가나?' 이렇게 되는 거고. 바로 이즈음에서 마포 공덕동 로터리에서 글 쓰고 있던 유시민 씨한테 찾아가죠. 그때가 몇 월 달인가 몰라?

7월쯤으로 기억하시더라고요.

안희정　여름이에요, 그때쯤이야.

서울 마포경찰서 뒤편에 있던 작업실에 찾아오셨다고.

안희정　노무현 후보가 나한테 '유시민 씨한테 갈 건데 같이 가세' 그러기에, 원래 그전에도 서로 한 얘기가 있어서 '그래 가죠. 유시민 씨한테 어떻든 간에 와서 좀 도와 달라고 하죠' '오케이, 그래. 오케이' 그래 가지고 그때 유시민 씨한테 가서 개혁당을 만들어 달라고 요청을 했던 거죠. 그래서 '구명보트를 좀 준비해 달라. 이 배가 난파선이 됐을 때 갈아탈 수 있는 구명보트라도 하나 있어야 될 것 아니냐' 거기 비스듬한 5층짜리 건물의 옥탑방 같은 사무실이야. 경사가 이렇게 있는. 집필방이라고 조그맣게 있는데 거기 가 앉아서 내 기억에 '내가 탈 수 있는 보트 하나는 있어야 되지 않겠나' 이런 정도 얘기를 한참 주고받으면서 유시민 씨한테 그걸 부탁을 했어요. 그때 내가 왜 배석을 하게 되었나 모르겠어. 노무현 대통령은 어떤 자리를 갈 때는 반드시 자기 참모들을 데려가는데 그 업무의 연동성과 연관성이 가장 좋은 사람을 데려가거든요. 그래서 유시민을 끌어들인 개혁당의 출발이 그 여름에 돼요.8월 28일 '정치혁명과 국민통합을 위한 개혁적 국민정당추진위원회' 구성 제안에서 시작해 11월 16일 개혁국민정당 창당대회로 이어진다. 여하튼 6월 지자체선거 끝나고, 8·8 재보선 끝나고 거기서 극심하게 흔들리고, 그러고 나서 선대위를 출발시켜야 되는데 후보 지위를 내려놓으라는 얘기만 나오지 선대본부를 출발시키지 않으려고 하던 찰나에 정대철, 이해찬 의원이 나서가지고 선대본부정식 명칭은 '새천년민주당 대통령선거 중앙선거대책위원회'이다.를 출범시켜요. 그게 언제죠?

9월이에요. 공동위원장에 정대철, 조순형, 정동영, 기획본부장 이해찬, 유세본부장 이재정, 총무본부장 이상수 등등.

<u>안희정</u>   그때 고마운 게, 모든 사람들이 막 후보지위를 흔들 때 이 사람들은 그래도 중심을 잡고 '뭔 얘기냐. 후보 뽑았으면 가야지. 선대본부 빨리 출범시켜라. 왜 이제껏 안 하냐. 빨리 출범시켜라' 이래 가지고 고문그룹으로는 김원기 의장, 임채정 의장, 정대철 고문, 해서 중심을 잡아 주셨어요. 중심을 잡아서 선대본부 체제로 가다가 정몽준과 단일화 협상이 들어가는 거지. (11월 16일 단일화 방식 합의 발표 후) '단일화 합의까지 했으면 그만이지 가서 러브샷까지 해서 사람 염장을 지르냐'고 내가 그랬더니 '아니, 그 친구가 갑자기 손 내밀고 러브샷 하자는데 내가 그럼 거기서 안 할 수 있냐' [웃음] 근데 아, 내가 포장마차 뒤에 있다가 어찌나 속이 상하던지. 하여튼 오랫동안 수절했던 어머니가 시집가는 날 같더라

고. 그다음 날, 내가 기분이 너무 안 좋다고 노무현 대통령한테 한참 푸념을 했어요. 그렇게 단일화 합의까지 오는 과정이, 4월 달 후보가 되고 나서 이 과정까지 가만히 보니 정말 힘들었어요. 4월, 5월, 6월, 7월까지 당에 안착시키는 데까지 그렇게 애를 먹었고 당에 들어오고 나서 선대본부 발대식, 8·8 보궐선거와 보궐선거를 또 전후해서 그렇게.

그러다가 이때 8월인가 7월인가 '새정치와 당 혁신안에 대해서 후보님 생각은 뭡니까?' (물었더니) 아마 후보는 '새정치와 새로운 정당혁신의 안이 없지 않습니까, 당신도?' 이런 힐난조로 들으셨나 봐. 벌컥 화를 내고 '너도 대안 있어?' 이러고 막 퍼붓는 거야. 새로운 정치와 새로운 희망을 안고서 후보가 되고 4월 말에 그렇게 높은 지지율을 보일 때도 6월 달 지방선거에서 지고 그러면서도 새로운 정치의 모습을 보여 달라는 이 압박을 받고 후보는 계속해서 '후보와 대권과 당권이 분리되어 있기 때문에 한화갑 대표를 중심으로 당이 끊임없이 새로운 정치로 쇄신해야 합니다. 혁신해야 합니다'는 얘기를 계속해서 하는데 당에서는 '후보가 얘기하는 당 혁신이 뭐냐?'라고 되묻고. 그러니까 후보도 새로운 정치를 요구하는 흐름으로 봤을 때 정당의 혁신, 바뀌어야 된다는 명령은 받고 있는데 실질적으로 어떻게 바뀌야 될지 어디서부터 손을 써야 될지 난감했던 거지. 이런 상태에서 한 2~3개월 거의 코너에 몰렸겠죠, 심리적으로. 근데 내가 볼 때는 후보도 당을 혁신

해야 한다고 하면 한화갑 대표나 당 쪽을 공격하는 꼴이 되고, 또 당은 후보를 공격하는 이 공방을 계속하니까 이런 구조에서 문제를 어떻게 풀어야 되나 싶어서 후보한테 '계획이 있습니까?' 물었던 건데 후보님이 그렇게 화를 내신 거죠. 내가 모시던 중에 가장 많이 나한테 화를 냈어, 그날. 아주 나한테 막 퍼부었어요. [웃음]

정몽준 후보하고 단일화는 염두에 두셨을까요? 전격 발표하시기 전부터?

안희정　그럼, 그걸 어떻게 피해 가. 물론 정서상으로는 8월 달부터 정몽준 얘기가 나올 때 '당에서 빨리 선대본부를 꾸려서 후보 중심으로 힘을 모아 줘야 후보가 지지율이 올라가든지 말든지 할 것 아니냐. 근데 선대본부도 안 꾸려 주고 후보 중심으로 당이 힘을 안 모아 주면서 후보 지지율 떨어지니까 후보지위를 바꾸자고 하는 게 말이 되느냐'(라고 했지만) 아마 6월 지방자치선거 끝나자마자 얘기가 나왔을 거예요. 내가 노무현 대통령을 모시면서 느꼈던 현실은, 우리는 우승해도 우승컵을 절대로 집에 못 가져가더라고. 내가 내 책에도 썼지만 후보가 되고 대통령이 되는 전 과정을 보면, 대통령이 되고 나서도 보면 우리의 승리에 대해서 사람들이 인정을 안 해. 안 하더라고. '깜이 안 되는 애한테 졌다. 이 승부의 결과를 난 인정할 수 없다' 거의 모든 사람들이 다 그래. 후보가 돼서도 당이 그러지. 그때 6월인가 7월에 나도 하도 힘들어서 후보한테 그랬어요. '내가 광주경선 끝나고 나서 그냥 집에 가자고 하지 않았냐' [웃음] 그리고 나서는 '후보님, 우리가 나중에 이래 가지고 대통령 돼도 국가 제대로 이끌 수 있을까요? 똑같을 텐데?' 그랬더니 후보가 나한테 그러더라고. '대통령은 달라. 그때는 대통령이 실질적인 인사권과 권한이 있기 때문에 이렇게는 흔들리지 않아' 그러셨어요. 근데 뭐, 대통령 돼도 똑같이 흔들리더만. 양상이야 좀 달랐지만. 어쨌든 그게 나로서는 가장 가슴이 아파요, 노무현 대통령을 모시면서. 그리고 그 슬픔은 거의 내 슬픔화 되어 버렸지. 내가 연결하고자 하는 그 많은 현실과 어떤 우리의 계획, 우리가 해야 될 현실과 우리에게 부여된 어떤 의무 이런 것들을 연결하는 중간에 서서 노무현의 고통에 대해서 정말로 많이 보게 되었고.

(단일화에 합의한 이후) 그리고 나서는 TV토론을 한차례 한 다음에 바로 일요일 오전에 여론조사를 돌려서 일요일 저녁에 발표하기로 한 거야. TV토론도 한 두세 번 하고 그래서 서로 진가를 겨뤄 본 다음에 충분히 여론을 숙성시켜서 여론조사를 해야 우리가 승산이 있지 이런 식으로 TV토론 딱 한 번 한 다음에 다음 날 여론조사를 해 버리면 후보 단일화 TV토론은 11월 22일 금요일 오후 7시부터 두 시간 동안 이루어졌으며 이틀 뒤인 11월 24일 일요일 오후 1시께부터 여론조사가 시작됐다. 결과는 25일 새벽 0시 15분께 발표됐다. 이건 그야말로 예측불허의 게임이에요. 우리가 노력할 수 있는 여지가 없어. '후보를 잘못 뽑았다' 이

런 국면에다 대고 '재벌가의 아들이 경제를 잘할 거다' 이렇게 올라온 후보랑 토론 한번 붙어 가지고는. 일요일 날 (여론조사를) 해야 되니까. 그래 가지고 TV토론 하러 가기 전에 광재랑 나랑 후보랑 그때 수행비서 했던 우리 후배 하나랑 하여튼 네 명이서 점심을 먹었어요. 복지리를 시켰는데 식당 사장님이 후보님 오늘 TV토론 나가야 된다고 복튀김도 한 접시 주셨고. 근데 나는 국물밖에 못 먹겠는 거지, 속이 쓰거워서(쓰려서). 도대체 이게 말이 되나, 이런 상황이. 그래서 내가 점심 먹다가 '후보님, 어떻게 결과가 되건 나는 후보님이랑 여기까지 일해서 너무너무 행복했다. 고마웠다. 나한테 행복하게 해 줘서' 근데 그 얘기를 하는데 눈물이 왈칵 나는 거야. 여기까지 와서 기껏 후보 돼 놨더니 트로피 다시 내놓으라 하고, 그러고는 또 싸움을 제대로라도 하게 재경선을 붙여 주는 것도 아니고 거의 우리 손발 묶어 놓고 나서 또 싸우러 들어가야 되니까 이게 너무 기가 막힌 거야. 느낌이, 우리는 평생 모은 전 재산을 가지고 베팅해야 되는데 저 사람은 자기 용돈 정도 가지고 베팅하는 그런 경기를 하러 가야 되는 거야. 그러니까 이 상황이 너무 비참한 거야. 그래서 밥을 먹다가 내가 눈물이 나더라고. 차마 얘기를 못 하겠더라고. 얘기하다가 울컥해서 그랬더니 노무현 후보가 젓가락으로 (복튀김을) 이렇게 집더니 '먹어' 그러더니 자기도 얘기를 못 하는 거야. 접시에 이렇게 하나씩 '자네들 고생했네' 광재 접시에 하나 주고 내 거에 하나 주고. 못 먹었지 뭐.

근데 그날 또 토론도 망쳐 버렸어. 토론 좀 잘 해야 되는데 사실상 그 토론이 어려워요. 논리적으로 정몽준을 세게 공박해도 점수를 잃는 거고 그렇다고 또 너무 밀려도 안 되는 거야. 그러니까 이기지 말면서 이겨야 되는 거야. 이게 아주 웃기는 토론이에요. 왜냐면 우리는 당의 후보지위를 가지고 있었는데 새로운 동생이 나타나서 경합을 해서 새롭게 또 왕좌를 뽑자는 건데 여기다가 표독스럽게 달려 들어 가지고 상대방을 공격한다고 지지가 우리한테 오는 게임이 아니거든. 은근하게, '아, 그래도 처음에 뽑은 후보가 맏이는 맏이네' 이 정도의 인심을 얻어야 되는 토론인 거죠. 그러니 정몽준 후보한테 어떤 문제가 있다고 하거나 당신의 견해가 뭐냐, 그 견해는 가능하지 않은 거 아니냐, 이렇게 너무 공격적으로 해 가지고는 안 되는 거야, 토론이. 어찌 됐든 간에 어려운 콘셉트이기 때문에 배우로 치면 대사와 연기가 될 리가 있나. 토론 망쳤어요, 내가 볼 때는.

그러고 나서 여론조사를 기다려야 되는 거야. 기가 막히잖아요, 상황이. 지금 생각해도 또 눈물 나네. 그래 가지고는 신계륜 당시 비서실장이랑 역삼역 르네상스호텔에 방 잡아 놓고. 거기 2층에서 일요일 오후에 발표한다고 해서 우리는 토요일 날 방 잡아 놓고 어떻게 해야 되나, 어떻게 해야 되나 그러고 있었죠. 그리고 발표를 막 앞두고 2층인가 3층인가 르네상스호텔 프레스룸으로 가는데 신계륜 실장이 복도에서 나를 딱 보더니 이겼다는 거야.

후보단일화토론회

_사료번호 16060
2002년 11월 22일,
서울 목동 방송회관에서 대통령후보 단일화를 위한
TV합동토론을 앞두고 착석한 노무현 후보.

얼른 후보한테 전화를 했지. '우리가 이긴 것 같아요' 그랬더니 '아 그려? 그래, 잘됐네' 끝. [웃음] 그러고서는 그날 봤나 다음 날 봤나. '어쩌셨어요?' 그랬더니 '뭐, 내가 패자가 되면 패자가 어떻게 처신하는지를 보여 주는 게 더 낫지 않았을까 싶은 생각이 들던데?' 그러시더라고. 그래서 속으로 생각했죠. '지금 멋있는 소리 하시려고 그러시나. 이겼으면 좋지 뭘 또 패자 얘기를 하고'. 하여튼 '승자가 이끌어 가는 미래도 있지만 결과적으로 경쟁이라는 것은 반드시 패자가 있기 때문에 패자가 어떠한 태도를 보여 주는가도 민주주의의 굉장히 중요한 과제다. 그걸 내가 보여줄 수 있는 절호의 기회를 놓쳤다'고 얘기를 하시기에 그때는 이긴 거니까, 서로 농담을 뭔들 못 해. [웃음] 그래서 웃었던 기억이 나요.

여론조사 결과 기다릴 때도 주무셨다고 이광재 지사가 그러더라고요.

안희정 몰라, 태평성대야, 늘 자. 실제로 자나 싶어서 보면 실제 자. 눈도 막 부어서 나와. 선거 개표하는 날, 12월 19일 저녁에도 같이 개표방송 보자고 광재랑 나랑 둘이 찾아갔어요, 호텔방에. 그랬더니 같이 앉아서 보다가 9시인가 10시쯤인가 '나 자러 들어 갈게, 이기면 알려 줘' 그래. 맨하탄호텔 19층 방이었는데. 그때도 보니까 실제로 주무시고 나오더라고. 이미 눈이 막, 심각하게 많이 잔 얼굴이야. [웃음] 오히려 12월 18일 그 상황_{선거 전날 정몽준 국민}

통합21 대표의 지지 철회 상황을 말한다.은, 그때는 속이 편해. 솔직히 그 상황은 편했어요. 나는 기세로 봤을 때 그렇게 심각한 상황이 아니었다고 봤어. 정몽준 후보의 그 태도는 내가 볼 때는 상식적으로 납득하기 어려운 일이어서 어차피 우리가 민심과 시민의식을 믿고 시작한 일이었기 때문에 우리한테 귀책사유가 없는 것이죠.

되돌아보면 (선거 기간 내내) 다들 너무 후보를 가르치려고 그랬어. 훈수하려고 그랬고. 근데 아무리 어린 사람이라도 제주(祭主)가 되고 상주(喪主)가 되면 그렇게 하는 게 아니거든. 근데 유독 노무현한테만 자꾸 훈수하려고 하고, 가르치려고 하고. 오히려 그 사람이 공당의 당원의 지지를 받아서 후보가 됐으면 그 사람의 권위에 따라서 조언은 할 수 있더라도 그 사람의 결정권을 또한 존중해줘야 되는데 많은 사람들이, 아주 가까운 사람이라 할지라도 애정 어린 충고를 하려고 했지 그 사람을 받쳐 주려고 하는 사람이 없었어요. 그게 문제예요. 내가 그때 들었던 생각은 '아니되옵니다' 소리를 하는 게 좋은 친구, 옛날로 치면 충신, 이런 사람이 아니라는 거죠. '아니되옵니다' 소리 정도 할 거면 충신이 아니지. 먼 사이지. 아주 먼 사이기 때문에 그 결정 과정을 전혀 모르고 어느 날 딱 보니까 '어, 저건 아니옵니다' 이렇게 얘기하는 사람이지. 충신이려면 기본적으로 그 사람하고 밀착돼 있어야 해요, 평상시에. 그 과정에서 끊임없이 의견을 개진해야 되는 거고, 결론이 났으면 그 결론을 내 것처럼 지켜 주는 게 좋은 친구 같아. 근데 이미 결론이 났는데도 끊임없이 관전평을 하거나 이제 실행을 해야 되는데 자꾸 충고를 하면 일이 안 되는 거죠. 계속 잔소리하고 충고하고, 격려란 이름의 잔소리를 계속하고. 노무현은 평생 그렇게 살아가요, 평생. 얼마나 본인은 힘들었겠어. 근데 그건 노무현의 운명이기도 해요. 모르겠어. 다른 각자의 인생에 어떤 운명과 각각의 특징이 있는 것인데 그걸 누가 옳다 그르다고 이야기할 수 있겠어. 그게 노무현의 운명이야. 그걸 또 좋은 쪽으로 해석해야죠. 많은 사람들한테 사랑을 받았다고 생각해야죠. [웃음]

대통령에 당선된 이야기인데 왜 그렇게 좀, 서글픈지 모르겠습니다. 아무튼 당선이 되죠.

안희정　당선이 확정되고 당으로 나오시라고, 가셔야 된다고. 그러고 나서 나하고 광재랑은 먼저 방에서 나오고 대통령은 양치 좀 하시고 양복 갈아입으시고 당사에 나왔는데 나의 노무현은 더 이상 나의 노무현이 아니더라고. 당선 딱 되고 나서부터는. 이미 경호실에서 나와 있고 엑스레이(X-ray) 투시기도 나오고. 내가 당사로 들어가려는데 경호팀들이 '당신 누군데 거기 들어가려고 하냐' 그러고. [웃음] 이제 더 이상 나의 노무현이 아니었어요. 며칠 동안 당사로 출근할 때마다 그 현실이 내 마음에는 어떤 상실감으로 오더라고. 근데 어쩌겠어, 대통령 되셨으니 그래야지.

당선의 의미랄까요, 무엇이 노무현을 대통령으로 만들었을까요?

<u>안희정</u> 민주주의의 큰 전진이에요, 다. 백성이 주인 되고. '백성'이라는 단어가 옛날 단어라서 사람들이 오해를 하시는데 땅위의 사람들 말이에요. 그걸 '인민'이라고 표현하기도 하고 '시민', '국민'이라고도 표현하는데 내가 보기엔 다 오염된 단어들이어서 오히려 백성이라는 단어가 더 편해요. 시민이라는 것도 내가 볼 땐 좀 잘 안 맞아. 그럼 농촌 사람들은 어쩌란 말이여. [웃음] 백 가지 성을 지닌 이 땅의 사람들을 말하는 거잖아요, 백성이. 그리고 백성이 곧 하늘이라고 인내천(人乃天) 사상에서도 얘기를 했으니 자꾸 봉건적 단어로 볼 필요 없다고 봐요. 그러니까 민주주의라는 것은 백성이 주인 되는 세상이야. 백성이 주인 되는 세상으로 역사는 계속 전진하고 있는 것이고 노무현이라는 한 영웅을 만나서 그 시대에 많은 전진을 이뤘다. 물론 한술 밥에 배 부르는 인류 역사가 어디 있어요. 조금 조금씩 전진하는 거지. 노무현이라는 한 좋은 지도자를 만나서 백성이 주인 되는 민주주의가 한 걸음 더 전진했다. 끝. [웃음]

이광재

국민이 킹메이커였다

구술자 이광재는 1965년 강원도 평창에서 태어났다. 1988년 초선의원이던 노무현을 처음 만나 보좌진이 됐다. 이후 노무현이 낙선을 거듭하던 원외정치인 시절에도 정치역정을 함께했다. 그 과정에서 지방자치실무연구소 기획실장과 1995년 조순 서울시장 선거대책위 기획실장 등을 역임했다.

노무현 대통령후보 선거캠프와 새천년민주당 대통령후보 비서실 및 대통령당선자 비서실 기획팀장으로 2002년 대선 승리에 기여했다. 참여정부 출범 후에도 청와대 국정상황실장을 맡으며 정치인 노무현에 이어 대통령 노무현의 곁을 지켰다.

2004년 열린우리당 소속으로 태백시·영월군·평창군·정선군에 출마해 제17대 국회의원에 당선됐다. 2008년 제18대 총선에서 재선에 성공, 당 정책위 부의장 등으로 활동했다. 2010년 6월 치러진 지방선거에서 강원도지사에 당선됐으나 정치자금법 위반 문제로 2011년 도지사직을 상실했다. 2016년 8월 '한국형 싱크탱크'를 표방하며 출범한 재단법인 여시재(與時齋) 부원장을 맡고 있다.

이광재의 구술은 다양한 시점을 오가며 대선의 주요 장면을 재구성한다. 인상 깊던 1988년의 첫 만남을 비롯해 1993년 광주에서의 어느 술자리, 1995년과 2000년 선거 등에 대한 기억이 포개진다. 이를 통해 2002년 대선과정에서 노무현이 내린 선택의 맥락과 배경의 큰 그림이 그려진다.

이광재가 곁에서 지켜 본 노무현은 사생관이 분명한 사람이었다. 개별적 이해타산보다는 시대적 역할과 정치 명분을 중시했다. 처음 만난 자리에서 노무현이 했던 말도 자신을 '역사발전의 도구로써 달라'는 것이었다.

2002년은 그런 노무현의 선택과 국민의 선택이 만난 해였다. 단일화 파기 이후 치러진 선거 당일의 묘사는 밀물과 썰물, 절박함과 환호가 느껴질 만큼 생생하다. 이광재는 2002년 대선을 한마디로 '국민이 킹메이커가 되는 시대'의 도래였다고 표현한다.

이광재의 구술은 2015년 12월 29일 서울 종로구 여시재 사무실에서 진행한 1차 면담 내용을 발췌·정리한 것이다.

금강캠프를 꾸릴 당시 상황이 어땠나요.

이광재 대통령선거는 사실 일찍부터 준비를 해 온 거라고 봐야되는데요. 내가 캠프를 꾸리자고 회의를 하는데 그때 백원우당시 보좌진인 백원우 전 국회의원을 말한다. 2001년 경선캠프 인터넷 팀장, 2002년 후보 비서실 정무비서 등으로 활동했다. 이후 참여정부 대통령비서실 민정수석실 행정관을 거쳐 제17대, 18대 국회의원에 당선됐다. 의원이 이인제 후보는 사무실을 여의도에 어디 80평짜리를 구했다고 얘기했어요. 그래서 '세상에 잘 안될 것 같은 사람한테 지지자가 모이는 법은 없다. 이인제 후보 두 배만 한 걸 구하자' 이랬어요, 사무실을. 돈이 없는데. 내가 일단두 배만 한 것은 구해라 (해서) 막 찾다가 금강빌딩을 찾은 거예요. 가 보니까 진짜 크더라고. 한 층을 다 쓰니까, 앞에 엘리베이터 공간까지 통으로 우리가 쓰니까 훨씬 공간이 컸죠. 그래서 그걸 인테리어를 다 하고. 보증금은 굉장히 작았던 걸로 기억나요. 출근자가 다섯 명인가? 여섯 명쯤 되더라고, 그 큰 사무실에. 그렇게 금강캠프가 시작이 됐죠, 2000년도에. 그러다가 김중권 발언 파동2000년 12월 21일 노무현 당시 해양수산부 장관은 기자들과 송년모임에서 김중권 새천년민주당 신임 대표에 대해 "기회주의자는 포섭대상이긴 해도 지도자로는 모시지 않는다는 것이 나의 철학"이라고 발언해 논란이 됐다.이 있었습니다. 노무현 당시 해양수산부 장관이 저녁 늦게 저한테 전화가 왔어요. '야, 사고가 터졌다' '무슨 말씀이냐?' '내가 지금 기자들이랑 밥 먹다가 일이 생겼다' 그래서 보니까 이미 뭐, 이거는 막을 수 있는 수준의 것이 아니에요. 다음 날 아침에 일찍 노무현 장관 집에 갔는데 이미 신문에 크게 나 버렸고. 그때 아마 가장 결정적인 기로가 아니었던가 싶어요. 장관직 그만두라고 하고, 노무현 장관이 말실수했다 그런 게 굉장히 파다하게 퍼질 때고. 그땐 또 김중권 씨가 상당한 실력자였고. 그래서 이제 입장 발표를 해야 되는데 곰곰이 생각하고 내린 결론은 '여기서 물러나면 끝이다'라고 판단을 한 거죠. 그래서 고 뒤에 노무현 장관이 11시, 12시, 1시 이렇게 됐을 때 더 공세적인 반응을 해 버렸죠.발언 다음 날인 2000년 12월 22일 국민일보 기자와 전화통화에서 "민주당 김중권 대표가 기회주의자란 생각은 평소 소신으로, 지금 부인하고 싶지는 않다"고 다시 한 번 밝혔다. 그리고 (장관직을) 그만두면서해양수산부 장관 임기는 2001년 3월 마무리됐다. 본격적으로 경선캠프가 점점 늘어나게 된 거죠.

그리고 또 한 번의 사건이 있었다면 우리로선 굉장히 마이너리그(minor league)잖아요? 마이너리그인데 당시로는 지구당에 대의원이 한 20명 정도 수준이었어요. 그래서 생각한 게 초창기에 전국적으로 대의원을 한 자리에 모으자, 무주에서 행사를 하자 (였어요). 그때 2박3일 행사였죠. 이러니까 다들 '아유, 그 수를 어떻게 모으려고 그러냐' 하는 거죠. 그때 5천, 6천 명 정도 대의원이니까 우리가 볼 땐 한 천 명만 넘게 모이면 일단 20퍼센트잖아요? 그러면 기본 스타트는 되는 거라고 보고 상당한 박차를 가했던 것으로 기억나요. 그때 '노무현 필승론'이라는 팸플릿을 만들었는데요. 핵심적인 요소는 이인제 후보가 우리보다 압도적인 우세에 있는데 왜 (노무현 후보가) 이기게 되는가, 라는 부분에서 하나는 인지도. 인지도 상에서 이인제 후보하고 노무현 후보하고 큰 차이점이 없다는 점. 두 번째는 (대선에서 차지하는 비중을 놓고 볼 때) 지역적으로 영남이 굉장히 퍼센테이지(%)가 크다는 점. 그다음 세 번째가, 이후 대선과정에도 많이 쓰이게 되는데 핵심적으로, 호감도 지수가 누가 더 높은가. 당시에 노무현 후보가 지지도는 2퍼센트, 3퍼센트밖에 안 되는데 호감도가 85퍼센트, 90퍼센트까지 가 있는 거예요. 반면 이회창 후보나 이인제 후보 같은 경우에는 지지도는 막 20~30퍼센트인데 호감도 부분에서, 절대적인 비호감이 40~50퍼센트 정도 존재하는 거예요. 이거는 표가 안 늘어난다는 거거든요. 그래서 지금은 지지도가 낮지만 경상도라는 큰 기반과 높은 호감도를 가지고 가면 결국 우리가 대선에서 본선 경쟁력이 크다는 팸플릿을 만들었어요.

그 행사가 무주단합대회2001년 11월 10~11일 전북 무주리조트에서 1박2일로 진행됐다. 당시 행사 명칭은 '노무현과 함께 하는 사람들 2001 무주단합대회'였다.**였죠.**

이광재　　네, 무주단합대회. 1천 명 넘으면 정말 이거는 어마어마한 일인데 1천500명 정도 왔던 걸로 기억해요. 그래서 우리도 놀랐고, 노무현 후보도 놀랐고 거기서 또 연설도 잘했어요. 지금이야 경선인단이 많지만 그전엔 한정된 숫자였기 때문에 그때 굉장한 탄력을 받았다고 봐요. 국민경선이 태동하는 한 과정에서 이것도 무시할 수 없는 일이었다고 봐요. 사람들은 노무현 후보가 경선조직이 없다고 생각하는데 나는 절대 그렇게 생각하지 않았어요. 현역의원 계보숫자가 적은 거지 실제 밑바닥 대의원표에 가면 다르다는 거죠. 어쨌든 우리로 봐서는 그 대회 이후 전국적으로 상당히 탄력을 받으면서 가는 국면이었고 그런데 경제적으로는 최악의 상황이었죠. 심지어 나중에 금강빌딩 집세도 잘 못 내고 월급도 못 주고 이런 상황이었어요. 그런 기억이 하나 나고.

　그 뒤에 전체적으로 민주당이, 조세형 위원장'당 발전과 쇄신을 위한 특별대책위'(특대위) 위원장이었다. 이 소위 국민경선제도라는 걸 만들어 내게 되죠. 사실 우리는 전통적인 방식의 경선을 준비해 왔었거든요. 그 방식은 철저하게 기득권세력에 유리한 투표구조였죠. 한 명씩 찍는 게 아니고 여러 명 연달아 찍으니까 주류가 몇 명 찍어 버리면 비주류가 아웃(out)되는 구조였는데, 그때도 경선 룰에 대해서 한마디도 안했어요. 왜냐하면, 경선주자는 경선 룰에 대해서는 얘기하는 게 아니에요. 노무현 후보는 정해진 경선 룰에 따라 이겨야, 그래야 거기서 인정받는 거라는 생각을 항상 하셨어요. 마찬가지로 우리는 사실 국민경선에 대해서 까지는 생각을 잘 못 했어요. 근데 어쨌든 국민경선제도가 도입되면서 그 뒤에 노사모

_사료번호 38793

2001년 11월 11일,
무주리조트에서 열린 '노무현과 함께하는 사람들-2001 무주단합대회'에서
연설하는 노무현 새천년민주당 상임고문.

는 계속 자라고 있었던 거죠. [웃음] 이게 국민경선제도와 만날 수 있는 계기가 된 거예요.

이제 첫 번째 제주도를 시작으로 날짜와 지역이 결정 났잖아요? 그때 제일 큰 결정이라면 사실은 재정적인 상황이 최악, 뭐 이루 말할 수가 없었어요. 그래서 전체적으로 제주도, 울산, 광주까지만 경선 준비를 한다는, 광주경선까지 결판을 낸다는 전략을 세운 거예요. 그 나머지는 전국적인 조직이 가동돼야 될 일이기 때문에 일단 제주도하고 울산하고 광주 세 군데만 경선 준비를 한다고 기본전략을 세우고 경선에 임했죠. 제주도 경선캠프를 차렸는데 제일 먼저 찾아온 사람은 (노 후보가) 부산에서 변호사 시절 무료로 변호인 상담을 받은 택시기사였어요. 세상에 공짜가 없다는 것을 그때 내가 참 많이 느꼈어요. 또 한 사례는 1988년 청문회가 끝나고 제주도에서 일단의 해녀들이 저희 의원회관을 찾아왔어요. 탑동 매립지가 옛날 먹돌이라고 전복이 많이 자라는 데예요. 근데 범양상선에서 여기를 전부 매립해서 호텔을 지어 가지고 해녀들이 먹고 살 데가 없다는 거예요. 구절구절 많은 얘기들이 있는데 해녀들이 이걸 쓸 수도 없잖아요. 그걸 제가 전부 받아 가지고 수동타자기로 정리해서 방송사, 신문사를 그때 싹 같이 돌아줬어요. 그러고 나서 보도가 되고 해녀들이 상당히 많은 보상을 받았어요. 그리고 우리는 그 사실은 잊어버리고 있었어요. 잊어버리고 있었는데 (택시기사) 그다음에 누가 찾아왔냐면 해녀들이 찾아온 거예요. 나중에 경선 이벤트를 할 때 해녀들이 와서 옷 입고 (후보한테) 전복 먹여 주고 이런 걸 보면 알 수 있을 거예요. 그래서 세상은 뿌린 만큼 거두는 거라 생각해요. 제가 제주경선 책임자였는데 제주도에서 크게 밀릴 거라 생각하지 않았어요.

제주에서요?

이광재　네, 제주에서 한화갑 의원이 1등 한다는 생각은 못했지만. 우리가 2등 아니면 3등만 하면 된다, 이런 생각을 했거든요? 그러니까 정동영 후보만 이기면 되는 거 아니냐. 그래서 이인제하고 2등만 하면 울산서 1등 할 수 있으니까. 그런 생각을 했죠. 근데 막상 표를 딱 까니까 세 표 차이3월 9일 제주경선 결과, 1위 한화갑(175표) 2위 이인제(172표) 3위 노무현(125표)였다.였죠? 세 표 차이로 한화갑 후보가 1등 하는 거 보면서 우리도 완전히 탄력을 받은 거죠. 뭐라 그럴까, 전체적으로 보면 전기(轉機)가 보인다고 그럴까요? 그때 노사모도 왔고. 이제 문성근, 명계남 선배 이런 분들의 본격적인 활동들이, 에너지가 비등점으로 올라가기 시작했던 거 아닌가 싶어요. 그러면서 드라마가 있었죠.울산에 이어 노무현 후보가 1위를 차지한 광주경선을 말한다. 그다음에 이인제 후보 쪽에서 경선을 거부하려고 하는 흐름이 계속 있었죠. 감동적인 장면은 강원도에서도 나왔어요. 진짜 이인제 후보 쪽에서 물량공세가 많았어요. 누구인지는 모르겠지만 조직적으로 그때 막 삐라도 돌고 그랬어요. 그죠? '노무현은 빨갱이'라는 삐라가. 누가 만들었는지는 모르지만. 사실 많은 사람들에게 '야, 노무현 후보 계속 1등 시키면 이러다 경선 판이 깨질 수가 있다. 이인제 후보를 이기게 해 주자. 그래서 경선을 이어가자' 이런 분위기로 굉장히 흘렀었어요. 그래서 강원도에서 우리가 질 수 있다는 그런 게 팽배했었어요. 색깔론이 본격적으로 나오기 시작했죠, 그때. 강원도 현장 분위기는 이인제 후보 쪽에 꽤 가 있었어요. 긴장된 분위기였는데 [웃음] 세상에 참, 마지막에 우리가 일곱 표 차이로 이겼거든요, 거기서? 일곱 표 맞을 거예요. 아슬아슬하게.

그러네요. 노무현 후보 630표, 이인제 후보 623표네요.

이광재　　그때만 해도 투표 오는 사람들 다 구별하고 누가 누구 신고 오라고 그럴 때였잖아요? 그랬는데 강릉에서 온 사람들이 그때 차가 좀 막혔어요. 강릉에서 봉고버스 한 대가 왔었는데 거기 여섯 명 타고 온 거예요. [웃음] 우리 편인지 확인이 되잖아요. 선거결과 보니까 굉장히 근소한 표차로 이겼잖아요. 그걸 보면서, 제주도와 똑같은 느낌인데 '야, 진짜 세상이라는 게 인간의 의지만으로 되는 건 아닌 거 같다'는 느낌이 들었어요. 더 드라마틱(dramatic)했던 건 인천이죠. 인천에는 충청도 분들이 많이 살잖아요. 그때 이인제 후보가 역전할 수 있다는 분위기가, 왜냐면 경기도가 남아 있기 때문에. (이인제 후보가) 경기도지사를 했으니까요. 만약에 강원도에서 졌으면 이게 또 상당히 혼전으로 갔을 가능성도 있어요. 거기서 연설이, '내 아내를 버리란 말입니까'라는 명연설이 등장했어요. 그런데 이게 참 세상이, 당시에 안산, 웅진 이쪽이 이인제 후보가 강세인 지구당이었어요. 근데 그쪽에 비가 많이 와 가지고 배가 못 떠서 대의원이 도착을 못 한 거예요. [웃음] 광주가 첫 관문이었다면 강원도, 인천이 분수령이었어요.노무현 후보는 대구, 인천경선을 거치며 누적득표 1위를 탈환했다. 그때 강원도는 좌우지간 분위기가 굉장히 나빴어요. 색깔시비가 본격적으로 진행되고 언론보도도 그렇고. 그 일주일간은 아주 상황이 나빴어요. 그래서 후보가 결국은 (인천경선에서) '특정 언론은 경선에 손 떼라'는 발언을 하고 장인어른 좌익 얘기가 나오니까 '아내를 버리란 말입니까' 그런 명연설을 했죠. (이게) 다시 한 번 노사모와 일반국민들의 지지도를 확 점핑(jumping)하게 하는 계기를 만들었죠.

되짚어 보면, 언제부터 대통령에 대한 준비를 하셨을까요.

__이광재__   최연소 최고위원노무현 대통령은 1993년 3월 민주당의 최연소 최고위원으로 당선됐다.이 되고 그다음에 1995년 부산시장선거 나가기 전에

서울시장 러닝메이트(running mate)로, 조순 후보가 연세가 많기 때문에 경상도 사람인 노무현 후보를 부시장 러닝메이트로 하자는 이야기가 나왔는데, 노무현 의원이 '좋은 제안인데 하루만 더 생각해 보자' 그러고 다음 날 부산으로 가신다고 하더라고. 그리고 부산에 가서 떨어지시고 그러면서부터 점차 확고해졌다고 봐요. 그리고 종로로 옮기면서 우리가 그때 선거운동을 하고 종로 국회 의원이 되면서노무현 대통령이 1998년 서울 종로구 보궐선거(7·21)에서 당선된 것을 말한다. 훨씬 더 현실감 있게 느꼈던 것 같아요. 대통령 후보로서의 도전 가능성, '내가 꼭 대통령이 된다'라기보다는 대통령 후보로서 내가 성공할 수 있을 거 같다는 느낌을요. 그리고 부산으로 가시죠. (2000년 16대 총선 부산 출마에 대해) 맹렬히 반대했죠. 종로 지구당 사무실에서. 지금 몇 년 만에 현역 국회의원이 됐는데 다시 부산에 간단 말이냐, 근데 부산을 나간다는 부분은 명분상 지역 구도를 깨 보고 싶다는 노 대통령의 강렬한 열망이 한 90퍼센트쯤 되고 여기서 승리하면 대통령 후보가 될 수 있다는 그것도 난 굉장히 강했다고 봐요. 역사에 대한 본인의 도전, 또 하나는 현실정치에서 그걸 돌파했을 때 후보가 될 거라는 그 가능성을 굉장히 높이 본 거라고 생각해요. 우리한테 매몰차게 한 적이 없었는데요, 나중에 토론이 길어지고 우리가 계속 반대하니까 딱 아침에 회의하시더니 '이제 이 얘기 그만합시다. 나는 부산으로 간다. 이 얘기 끝!' 그때가 (종로에서 당선된 그해) 여름 지나서였죠. 실제 (종로에서) 당선되고 나서부터 계속 우리한테 물어봤던 게 '부산은 어떻게 되는 거냐?' 이런 걸로 봐도 나는 굉장히 심사숙고한 결정이라고 생각해요.

왜 도전하고 싶어 하셨을까요?

이광재　저는 이렇게 봐요. 1988년도에 처음 국회의원 당선됐을 때 코리아나호텔 2층에서 처음 만났는데 그때 제가 스물세 살밖에 안 되잖아요. 그분이 1946년생이니까 마흔두 살이고. 열아홉 살 차이잖아요. 저한테 뭐라 그랬냐면 '나는 정치에 대해서 잘 모릅니다. 그런데 나를 역사발전의 도구로 써 달라'고. 나는 그게 가장 강한 거라고 봅니다. 역사발전의 도구라는 부분에서 지역 구도를 깨야 되겠다고 가장 강렬하게 느낀 건 3당합당을 하게 되면서예요. 이건 결국 호남을 고립시키는 구도이고, 그러면 앞으로 경상도 사람 아니면 대통령 되기 어려운 구도이고, 한국정치를 망치는 거다. 실제로 그것 때문에 경상도에 가면 '민주당 하는 배신자'라고 욕을 먹고, 민주당에 오면 '당신은 경상도 사람이니까' 그러고. 본인은 항상 주변에 사는 경계인이라는 생각을 가지고 외롭고 힘든 날을 보내는 거죠. 그러니까 이 지역 구도를 깨야 되겠다는 강렬한 열망이 있는 거지. 그게 하나 있는 거고, 또 하나는 우리사회의 소위 기득권 사회구조가 갖고 있는 무기력증이라고 할까?

한국 사회를 타개해 나가는 데 있어서 그런 데 대한 굉장한 분노가 있었던 거라고 봐요. '사랑하면 분노하게 된다'는 게 많은 강연회에서 하는 말씀인데, 우리 사회체제의 모순이나 잘못된 부분에 대해서는 그런 게 제일 컸던 거 아닌가 싶어요. 대통령이란 자리에는 큰 탐이 없었던 거 아닌가. 대통령의 자리라기보다는 '그 일을 할 수 있는 곳'이라는 생각이 굉장히 많았어요. 그래서 권력을 행사한다는 생각이 너무 적었어요. '대통령이 되고도 내가 왜 셋 방살이 사람처럼 살았을까?' 나중에 이런 말씀도 하셨거든요.

1997년 대선을 앞두고도 출마하겠다고 하신 적 있으셨죠. 그때도 이인제 후보 때문에.

이광재　그때는 이인제 후보에 대한 반감이라기보다는, 이인제 후보는 3당합당에 따라가 버렸던 사람이잖아요. 왜 정치가 이렇게 돼야 되는 거냐? 왜 조선의 역사나 대한민국의 역사에서 옳은 길을 간 사람은 항상 패배의 길을 가야 되냐. 왜 김구는 패배하고, 사육신도 패배하고, 정의는 항상 패배자가 되느냐. 자기는 그런 길을 가고 싶지 않다는 거죠. 그래서 정의가 승리하는 길을 만들어야 대한민국의 역사에서 후손들이 보고 배우는 게 있지, 이런 생각이 컸던 거 아닌가 싶어요.

　그러니까 나는 노 대통령이 강한 점이 뭐냐고 하면, 노 대통령의 그런 생각은 본인의 처절한 경험 속에서 나온다는 거죠. 생각해 보세요. 3당합당에 안 따라갔을 때 김상현, 노무현 두 사람이 손들고 서 있을 때1990년 1월 30일 통일민주당 3당합당 결의 임시 전당대회에서 오른팔을 들고 "이의 있습니다. 반대토론 해야 합니다!"를 외치는 장면을 말한다. 그때 그 살벌한, 거의 어떻게 보면 말이 전당대회지 완전히 조직들 동원되고 했을 때잖아요. 그 뒤에 (1992년 총선) 나갔을 때 부산에서 배신자라고 욕먹었던 그런 거. 또 민주당 돌아오면 이건 경상도 사람이고. 제 기억으로는 1993년도 최고위원선거 전후인가 잘 모르겠는데 광주역에 갔었어요. 저녁 술자리에 갔었죠. 누가 뭐라고 하니까 노 대통령이 그 자리에서 술잔을 깨 버렸죠. '내가 부족한 게 없어 가지고 민주당 하는 줄 알아? 이 나라가 이렇게 분열되면 죽는 거 아니냐. 나 같은 놈이 없으면 호남은 고립되는 거야' 그래 가지고 자리를 숙연하게 한 적도 있었거든요. 그런 기개가 있는 사람이죠. [웃음] 그러니까 나는 노 대통령 스스로가 인생을 굉장히 절실하게 사는 사람이라고 (생각해요). 내가 가장 좋아하는 이유인데, 어떤 문제가 생기면 그 문제를 그냥 느끼는 게 아니고 자기의 아픔으로 느껴서 그걸 절실하게 이해하죠. 항상 우리가 '이건 조심하셔야 되고, 이때는 이거 하지 마셔야 되고' 그러면 '지금 몸을 피하시고 나중에 살아남아서 후일을 도모하십시오, 이러다가 정치 다 망가지는 거야. 지금 부딪치는 거야. 그리고 내가 깨지면 깨지는 거고, 또 아니면 누군가 이 과제를 새롭게 도전하는 거고. 지금 옥체를 보존하셔 가지고 나중에 후일을 도모하자, 그것 때문에 정치 다 망가지는 거야' 그거를 절실하게 느끼는 것하고 또 실천하는 게 남다른 점이었다고 보죠. 그게 강한 점이었다. 그리고 그걸 자기의 언어로 만들어 낼 수 있었다. 왜냐면 실천해야 되기 때문에 자기언어가 될 수밖에 없잖아요. 나는 그게 노 대통령의 가장 큰 흡인력이었다고 봐요. 자기언어. 그러니까, 1988년도 대정부질의하고서 굉장한 평가를 받았는데 그때 우리한테 뭐라고 했냐면 '지도자와 지도자 아닌 사람의 구별점은 연설문을 스스로 쓸 수 있는가 없는가의 차이다' 스스로 쓰려면 그 문제가 절실해야 돼. 그리고 자기가 무엇을 하겠다는 생각이 있어야 사람을 움직일 수 있어요. 그게 노 대통령의 힘이었다고 봐요.

대선 후보로 확정된 이후에는 어떤 역할을 맡으셨어요?

이광재 기획팀장을 맡았어요. 제일 크게 기억에 남는 것 하나는 국민참여운동본부. 그러니까 선거운동캠프를 기존의 선거대책위 이런 방식으로만 하지 말고 한쪽으로는 일반 당 조직을 구성하고, 노사모나 이런 건 기본적으로 성격이 다르기 때문에 뭔가 새롭게 참여하는 운동본부를 만들어야 되겠다, 그래서 당시 운동본부를 둘로 나눴던 게 기억이 나요. 또 하나는 노무현 대통령한테 한 번 혼난 적이 있었는데 우리가 약간 지지도가 떨어지고 월드컵이 진행되는 거 보니까 아, 정몽준 씨가 후보로 등장하게 될 거 같다는 느낌? 그래서 정몽준 후보하고 후보 단일화를 생각해야 된다는 걸 월드컵 끝난 직후? 그 정도쯤 말씀드렸던 거 같아요. 그때 내가 혼났지.

내부에서 단일화 문제를 처음 거론한 거였을까요?

이광재　그랬다고 보는데요. 왜냐하면 그때는 단일화 얘기가 나오지는 않았는데 낌새가 대통령 후보로 나올 거 같더라고. 결국 그렇게 되면 단일화 문제가 나올 수밖에 없을 거라고 봤죠. 그때 우리 지지도는 약간 떨어지고 있을 때고. 그래서 처음에는 굉장히 화를 내셨는데 나중에 정몽준 후보가 여론조사상 올라오는 걸 보면서 '이건 어디 얘기하지 말고 깊이 있게 생각해서 나중에 판단할 문제니까 일단 덮어 두고 이야기하지 말아라' 하셨어요. 그러니깐 상당히 오랫동안 생각했던 거라고 봐요. 그리고 뭐 급락직하(急落直下)를 했죠, 지지도가. 당에서 어마어마한 사건의 소용돌이에 있었고. 그때 당시 내가 당사 7층에 있었는데 당 조직은 안 도와주고 여기에 있으면 대선 준비가 안 되겠다 싶어서 금강빌딩 옆 빌딩에다가 별도의 사무실을 냈어요.

　　그때 안희정 지사하고 저하고 일을 하게 됐어요. 안 지사 방 한 칸, 저 방 한 칸. 그렇게 쓰게 됐는데 나중에 승부가 어디서 날

건가, 결국 홍보캠페인에서 날 거라고 봤어요. 선거 홍보캠페인, TV토론. 근데 제가 맡은 분야는 홍보캠페인 쪽이었죠. 당시 광고회사에 있던 송치복참여정부 청와대에서 국정홍보비서관을 역임했다. 선배를 보자고 그랬어요. '형, 나 진짜 여태까지 고생 많이 했는데 고생 좀 그만하게 해 달라'고 그렇게 얘기하니까 전화가 왔어요. '네가 자꾸 이론적으로 이야기하면 안 도와주려고 그랬는데 너무 불쌍해서 도와준다. 사표 내고 간다' 그 후 노무현 후보가 (보고받을 상황이) 어느 정도 됐다고 해서 송치복 선배가 피티(PT)를 했죠. 프리젠테이션(presentation)을 딱 했는데 기억나는 게 '신구 대결'로 가자. '새 정치와 낡은 정치', '신구 대결'로 가자, 이래서 '대한민국 새 대통령'이라는 카피를 만들게 되죠. '대한민국 새 대통령', '두 번 생각하면 노무현이 보입니다' 이런 거. TV광고에서 굉장히 성공했죠. 송치복 선배가 탁월했죠. '기타 치는 대통령'노무현 후보가 기타를 치며 '상록수'를 부르는 대선 TV광고를 말한다. 그런 걸 왜 만들게 됐냐면 저쪽은 안정감을 강조할 거고 유명한 인사들이 나와서 캠페인을 할 건데 우리는 정반대로. 실제 돈이 없으니까 기타도 직접 치고. 그때쯤 '피아노 치는 대통령'안성기·최지우 주연의 영화로 2002년 12월 개봉했다.이라는 영화가 개봉 예정이었거든요. 그래서 '기타 치는 대통령' 만들고 '이매진(Imagine)'이라는 음악을 써서 했던 광고비틀스 멤버인 존 레논(John Lennon)의 1971년 솔로 앨범에 수록된 곡. 대선 TV광고 '노무현의 눈물' 편의 배경음악으로 쓰였다.는 굉장한 히트를 쳤죠. 그리고 찬조연설에서는 조광한참여정부 청와대에서 홍보기획비서관을 역임했다. 씨의 기획력이 돋보였어요. '자갈치 아지매'2002년 12월 5일 노무현 후보의 첫 TV 찬조연설자로 방송됐다. 그런 것이 상당 부분 성공했죠.

그 밖에 선거과정에서 인상 깊었던 점도 있었을 텐데요. '희망돼지'노사모가 주도했던 후원운동. 회원 '무착'이 처음 제안한 것으로 알려졌다. 국민이 참여한 소액다수 모금으로 새로운 정치문화 정착을 주도했다.**도 그렇죠.**

이광재 '희망돼지'는 전적으로 노사모의 자발적인 아이디어예요. 캠프에서 기획된 게 아니에요. 그 사람들이 내는 열정과 아이디어와 그 동력의 힘으로 굴러간 거예요. 포장마차를 끌고 온다든지노사모 회원 '소나무'가 주도, 2002년 10월 광주를 시작으로 전국을 순회한 '희망 포장마차'를 말한다. 돼지저금통 이런 건 그 사람들이 갖고 있는 역동적인 에너지에서 발생한 것이죠. 노사모의 힘은 굉장했던 거라고 봐요. 오프라인(offline)을 통해서 결속되어 있다는 게 참 중요하다는 생각이 들더라고요. 선거사(史)로 보면 상당히 획을 긋는 거였고. 뉴미디어(new media)와 더불어 기존 정치권의 문법을 해체시키려고 하는 힘이 탄생했던, 일종의 정치변동사로 기억될 수 있는 거라고 봐요.

잠시 얘기하셨지만 대선 후보로 확정된 이후 당 안팎으로 참 어려운 상황

_사료번호 16014
2002년 11월 17일,
대통령선거광고 '기타치는 대통령'을
촬영하는 노무현 후보.

이었는데요, 후보가 중간에 '그만하고 싶다' 그런 식의 말씀은 없으셨나요.

이광재　아, 그런 거 없었어요. 오히려 그건 상당히 불의라고 보는 거죠. 그렇게 해서 이긴다면 모르지만 이길 가능성도 없다고. 오히려 후단협 이런 부분에 대해서는 굉장히 힘든 과정이었지만 그때 '그만둔다', 이런 얘기는 들어본 적 없어요. (정몽준 후보 쪽에서 공동정부 합의 각서를) 자기네 쪽에 달라고 했는데 그때 후보한테 '이거 주면 우리 선거 망합니다. 그리고 이거 반드시 언론에 공개됩니다. 절대 있을 수 없는 일입니다' (얘기했는데) 근데 그게 회의에 붙여졌어요. 거의 후보를 협박하는 수준이었죠. 민주당 국회의원들이. '아니, 그거 써 주고 약속 안 지키면 될 거 아니냐'고. 후보실에 후보를 몰아 놓고 거의 협박 분위기였죠. 노 대통령이 '나는 실패한 후보가 될 진 모르지만 실패한 대통령이 되고 싶지 않습니다' 그리고 자리를 박차고 나가 버렸지. 이런 게 상당히 뭐라 그럴까, 인상적이었어요. 후보는 결연했던 거죠. 그런데 단적으로 그때 사람들의 험악한 분위기, 그다음에 후보 단일화 얘기 나오면서 썰물처럼 빠져나갔다가, 단일화 시작하면서 사람들이 다시 모였다가, 정몽준 후보가 지지 안 해 주니까 거의 후보를 협박하는 수준으로 갔다가, 단일화에 성공하고 나니까 정말 당사가 미어터지도록, 엘리베이터가 네 대인가 여섯 대인데 엘리베이터를 탈 수가 없어. 그런데 마지막 하루 전날 후보 단일화가 깨졌어. 깨져 가지고 내가 일찍 출근했어요. 그때 안희정, 명계남, 천호선, 나, 몇이 모여 있는데 정말 선거 당일 날 당사 전체의 그 썰렁함이란. 사람이 없어, 당사에. 그때의 그 황당함이라고 하는 건 정말…. 밀물과 썰물이라는 거 있잖아요, 그런 것이 단적으로 느껴지는. 당사가 비었다니까 선거 당일 날.

그러고 나서 후보 전화가 왔어요. '오늘 나 뭐하냐?', 찾아 주는 사람도 없고. [웃음] 선거 당일 날인데. 그래서 순간적으로 떠오르는 게 이회창 후보가 고향의 선산 간다는 게 기억나더라고. 그래서 '이회창 후보가 고향에 선산 간다니까 어느 조상이 더 센지 우리도 가 보시죠, 시간도 좀 버실 겸' 그랬어요. 공항쯤 거의 다 가서 그러시더라고요. '기자들 만나면 뭐라고 이야기 하나?' 그때 정말 내 심정은 그거였어요. '인간으로서 할 수 있는 노력은 다 했다' 그리고 노 대통령은 김해 묘소로 떠나시고 나도 마음이 참 그렇고 해서 비행기 타고 제주도를 갔어요. 산방산이라는 데 절이 있잖아요, 산방사. 그 절에 가 가지고 절을 하면서 '우린 정말 인간으로서 1988년부터 정말 인간으로 할 노력은 다 했다. 내 개인적으로 할 노력도 다 했고. 정말 이 불쌍한, 정몽준 후보 때문에 어려움에 처해 있는 노무현이라는 진실한 사람을 부처님이 계시면 도와 달라'고 절하고 그리고 내려오는데…. 그때 (제주도) 공항에 내려서도 아는 공무원들이 전화가 오는 거예요. 어떻게 되고 있냐고. 투표율하고 표를 시시각각으로 계속 보는데 처음에 한

_사료번호 16227

2002년 12월 19일,
고향 묘소 방문을 위해 도착한 경남 김해공항에서 정몽준 국민통합21 대표의
단일후보 지지철회에 대한 소견을 말하기에 앞서 생각에 잠긴 노무현 후보.

1.7퍼센트 정도 지다가 차츰차츰 좁혀지더라고요. 내가 문재인 변호사한테 전화 받은 게 오후 3시인가? 3시, 4시? 그때 쯤 됐을 거 같아요. 내가 볼 때는 이 추세로 보면 빅수비김수(手). 장기나 바둑 따위에서 서로 비기게 되는 수.거든요. 여론조사 추이로 보면 이긴 건데 거기 군인 표 30만 표가, 적어도 20만 표는 숨어 있다고 보는 거예요. 추세로 보면 비겼는데, 군인들 표가 20만 표 이긴 거라고 봤죠. 그래서 내가 '이 선거 이겼다' 그러니까 문재인 변호사가 '진짜 이긴 거냐?' '이 선거 이겼다' 그러니까 바로 (후보를) 바꿔. (후보가) '어떻게 된 거냐?' 그래서 '제가 볼 때는 현재 상황은 이런데 이긴 선거입니다. 축하드립니다' '진짜야?' 그러니까 '진짜 이긴 거 맞습니다' 그리고 김해에서 떠나시고 나도 제주도에서 비행기 타고 떠나고. 근데 내가 제주공항에서 타려는 비행기가 6시 몇 분 비행기인데 (공항 대합실 TV에서) '띵띵띵띵' 하더니 출구조사로 '노무현 대통령 당선' 이렇게 나오니까 한쪽에서는 아주 흙빛이 되는 사람과 한쪽에서는 '와악' 소리가 나오는 거 보면서 '와 진짜 이겼구나' [웃음]

그리고 당선이 거의 확정되면서 후보를 모시러 맨하탄호텔에 다들 온 거예요. 아직 기자들이 모르잖아요. 맨하탄에 있는 줄은. 그래 가지고 당사까지 걸었던가, 차를 타고 갔던가. 그건 잘 기억이 안나요. 그랬는데 당사 앞에 가니까 내가 옆에서 모시는 수행원인데 뚫고 갈 수가 없는 거야. [웃음] 당사 앞이 인산인해가 돼서 그걸 뚫고 갈 수가 없는 거예요. 그때 아마 밤 10시 정도. 오늘 아침에만도 당사가 텅텅 비어 있었는데 지금은 들어갈 수가 없고, 들어가 봐야 또 사람들 쌓여 있을 거고. 그래서 '하아, 끝났다. 피곤하다. 들어가야지 이제' 혼자 택시 타고 광화문을 지나는데 그때 막 사람들이 풍선 날리고 축하하고 이런 거 보면서 집에 도착했죠. '야, 선거 이겼다. 끝났다' 그때부터 자서 다음 날 10시쯤에 일어났을 거예요.

단일화 일정을 보면, 11월 3일 서울국민참여운동본부 발대식에서 공식적으로 거론을 하세요. 뭔가 논의가 있었던 건가요.

이광재　논의는 꾸준히 있었어요. 근데 너무 막 저쪽에서 몰아치니까 우리도 언젠가는 단일화로 물꼬를 트긴 터야 되잖아요. 그 시점이 언제쯤일지를 계속 재고 있었던 거고. 그래서 후보 단일화 제안을 하고 마지막에 후보 단일화 방식을 얘기해야 되잖아요. 나는 기본적으로 대통령이라고 하면 사람이 국가를 크게 끌고 가는 담대한 지도자를 원하는 거라고 봐요. 그렇기 때문에 여론조사 방식을 수용하면 나는 이길 거라고 생각했어요. 다른 사람들은 여론조사하면 안 된다(고 했지만), 나는 그렇지 않을 거라고 정말 믿었어요. 그래서 내가 하는 말이 그거예요. '노 대통령의 선거를 단적으로 규정하라고 하면 뭡니까?'라고 하면 '국민이 킹메이커(king maker)가 되는 시대가 왔다. 직접 민주주의 시대의 길이 열렸다' 그렇잖아요, 이게? 국민경선이니까 국민들이 참여해서 (후보로 선출됐고) 그 전엔 노사모가 만들어져서, 바보 노무현에서 해양수산부 장관 갔다가, 그 뒤에 다시 저금통까지 만들어서 마지막 정몽준하고 후보 단일화하는 것도 결국은 여론조사잖아요. 그래서 당선되기까지 과정을 보면 국민들이 선택하는, 킹메이커 시대가 왔다고 저는 봐요.

단일화 방식 협상과정에서 특별히 후보가 주문한 바가 있었을까요?

이광재 그런 거 없었어요. 물론 여론조사 문항에 대해서 우리도 물론 (제안을) 했는데 후보는 크게 그거 모르세요. 단일화 당시 (여론조사 결과 발표를 앞두고) 후보가 지방 갔다 올라오실 때 김원기 의장한테 전화가 왔어요. 됐을 때와 안 됐을 때 후보 멘트를 준비했냐고 물으셨나 봐요. 그래서 노무현 후보가 '저는 내가 안 됐을 때 결과에 승복하겠다, 이거 밖에 준비한 게 없는데요?' '그럼 됐을 때도 생각해야지' '아 그러죠 뭐' 그리고 이해찬 의원한테 한 번 전화가 왔는데 특별한 얘기나, 특별히 기억나는 단어는 없었고.

올라와서 조선호텔에 들어갔죠. 그때 여택수, 문용욱둘 모두 노무현 후보 수행비서로 활동했다., 저 이렇게 있었는데. 배고프시다 그래서 샌드위치 시켜 드리고. 샤워하시고 나 잔다고 그러더라고. 그래서

'에이 설마. 무슨 잠을' (했는데) 진짜 조금 있다 코 골고 주무시는 거예요. [웃음] 그래서 우리가 문 닫고 나오면서 '하아, 저건 뭘까? 저런 대담함. 저런 건 어디서 나오는 걸까' 했는데 나중에 여론조사가 나오더라고, 후보 됐다고. 저희가 깨웠죠, 후보 되셨다고. 그러니까 기지개 펴고 약간 웃으시다가 '씻고 나올게' 그리고 나와서도 별 말씀이 없으셨어요. 없으시다가 엘리베이터 딱 타니까 여택수하고 문용욱을 확 껴안으면서 '이제 선거운동 하러 가자. 또 선거운동 하러 가야 되네' 그런 장면, 그래서 당사로 갔던 게 기억나고.

노 대통령과는 잊을 수 없는 사건 중에 하나가 초선의원 시절에 이재영 선배노동사건 '세화상사'의 해고자로 당시 변론을 맡은 노무현 변호사를 처음 만났다. 1987년 민주헌법쟁취 국민운동 부산본부 노동문제특별위원회, 1988년 부산 노동문제연구소 간사, 초선의원 시절 비서 등을 맡으며 노 대통령과 함께 활동했다.가 부산항운노조비리사건이라고 그걸 조사한다고 노동자한테 전부 (자료를) 돌린 거예요. 그래 가지고 (조사결과를) 막 신문에 내서 항운노조가 부산에 있는 신문사를, 편집국을 덮쳐 버리고 그랬어요. 큰 사건이 일어난 거죠. 그때 많은 사람이 '너 그러다 항운노조한테 칼에 맞아 죽는다. 너희들 폭행당한다' 막 이런, 실제 협박전화도 많았고. 그때 노 대통령이 이런 얘기를 하더라고요. 부두에서 두 형제가 나오는 미국 영화 있잖아요?

워터프론트(waterfront) 원제 〈On The Waterfront〉 1954년 엘리아 카잔 감독 작으로 부둣가 노조를 배경으로 벌어진 부정과 부조리를 고발한 영화다.**요.**

이광재　예, 말론 브란도(Marlon Brando) 나오는. 그거 얘기하면서 '야, 내가 저 사람들한테 길거리에서 맞아 가지고 사고가 나면, 이 불쌍한 노동자들 문제 해결된다. 맞는 거 두려워하지 말자' 그래서 내가 퍼뜩 들었던 생각이 '아, 이 분은 사생관(死生觀)이 분명한 사람이다' 한 인간, 특히 지도자의 철학에 있어서 가장 중요한 건 생과 사에 대한 자기의 판단이에요. 나는 그때 확연히 '아, 이 사람은 정말 사생관이 분명한 사람이구나. 나를 역사발전의 도구로써 달라고 한 그 말이 헛된 말이 아니구나' (생각했어요). 후보 단일화가 되는 과정에서도 심플(simple)한 거예요. 내가 단일화가 필요하니까, 물론 경우의 수를 생각해서 대비하지만 운명은 하늘에 맡기는 거예요. 사생관이 분명한 거죠. 잔수잔잔한 수, 얕은 수.가 없잖아요, 그래서.

대선 전날 단일화 파기 상황에 대해서는 기억나는 게 있나요.

이광재　마지막 종로유세 끝나고 사무실에 왔는데 그런 일이 생겼잖아요. 그래서 대책회의를 하는데 후보가 정몽준 집에 가는 게 좋겠다(해서) 안 가시려고 했는데 가셨죠. 그걸 TV화면으로 딱 봤는데 후보가 못 만나는 그 장면을 보는 그 순간 대통령선거 이겼다는 생각이 들더라고. 이게 진짜 감의 차이인데, '이겼다'라기보다는 '이기겠는데' 이런 거. '이길지도 모르겠는데'보다는 좀 높은 거. 근데 불안한 마음은, 감으로는 한 60퍼센트쯤 이길 거 같은데 불안감은 한 99퍼센트쯤 되는 그런. [웃음]

결국 무엇이 노무현을 대통령으로 만들었을까요?

이광재　첫 번째로는 새로운 정치에 대한 열망이라고 봐요. 기존 구 레짐(regime)에 대한 저항 이런 것도 굉장히 컸던 거 같아요. 이회창 후보와 삶의 궤적이 극적으로 대비됐던, 낡음과 새로움에 대한 것이 말이죠. 두 번째로는 견고한 기득권과 서민과의, 마치 골리앗과 다윗이 싸우는 그런 양상에 대한 어떤 거. 그다음에 세 번째로는 변화의 에너지가, 후보와 함께 그 에너지가 점점 커지는 과정이었다는 거죠. 대한민국에서 **최초로**. 4.194.19혁명. 1960년 4월 19일 부정선거 무효와 재투표를 주장하며 학생과 시민 중심으로 일어난 반독재 민주주의 운동.가 어쨌든 시위 형태로 해서 정권이 뒤집어진 거라면, 선거라는 형태로는 최초로, 국민들의 힘으로 조직해서 뒤엎어지는 이게 1987년의 연장선상의 정치변동이라고 봐야 되지 않나, 저는 그렇게 생각해요. 그런 부분이 있는 거 같고…, 이렇게 정리할게요.

　기존 정치권에서 많은 사람들이 '친 노무현'이라는 유령과 싸우고 있어요. 나는 실제로 그 친노라고 하는 것이 정치세력으로 존재한다고 믿지 않아요. 있어도 일부다. 노무현 대통령에게 물어보고 싶어. 나는 친노인지. 한쪽에서는 존재하지 않는 유령과 싸워가지고 결국은 친노 프레임(frame)으로 스스로 망가지는 거고, 또 하나는 정말 친노라는 적자(嫡子)가 있는 걸까? 나는 네버(never)라고 생각해요. 노 대통령이 걸어갔던 길을 가만히 생각해 보면 결국은 어떤 시대정신을 가지고 가장 어려운 사람과 더불어서 가장 전면에, 일선에서 자기 모든 걸 던진 사람이에요. 그런 걸 가진 사람이 노무현의 후예가 되지 인간적으로 가깝다고 되는 거? 난 그런 거 없다고 봐요. 그래서 친노라고 마치 큰 세력이 있는 거처럼 해서 연일 싸우는 사람도 고스트(ghost)와 싸우는 거고. 또 하나는 친노 적자(嫡子)는 없다, 내가 볼 땐. 오히려 시대정신에 헌신하는 자가, 그 사람이 노 대통령의 후계자다. 그리고 그런 사람이, 기존의 질서를 뒤집어엎는 그런 사람이 반드시 또 탄생한다. 왜? 서민들이 봉하마을에 오는 걸 관찰해 보면, 삶이 힘들면 힘들수록 더 많이 찾아옵니다. 그리고 기성 정치에 염증을 내면 낼수록 찾아옵니다. 그 공통분모를 믿는 사람이 또 탄생한다고 봐요.

김병준

여기서 죽읍시다

구술자 김병준은 1954년 경상북도 고령에서 태어났다. 1986년부터 국민대학교 행정학부 교수로 재직했다. 1993년 노무현이 설립한 지방자치실무연구소 주최 행사의 특강을 맡은 계기로 인연을 맺었다. 지방자치실무연구소 소장, 지방자치 실무연구소의 후신인 자치경영연구원 원장과 이사장 등을 역임하며 관계가 이 어졌다.

2002년 대선에서 정책자문단 단장으로 정책캠프를 이끌었고, 인수위원회 정무 분과위 간사를 거쳐 참여정부 출범과 함께 정부혁신·지방분권위원회 위원장으 로 활동했다. 이후 청와대 정책실장, 교육인적자원부 장관 겸 부총리, 대통령자 문 정책기획위원회 위원장, 대통령 정책특별보좌관 등을 역임했다.

노무현 자서전《운명이다》는 "김병준 교수는 내가 정치를 하는 동안 꾸준히 정책 자문을 해준 유일한 대학교수였다.(130쪽)"고 기록하고 있다.

●

2001년 12월 10일. 서울 힐튼호텔에서는 《노무현이 만난 링컨》
출판기념회가 열렸다. 사실상의 대선 출정식이었다. 40대 후반의
젊은 교수이던 김병준은 이날의 유일한 축사자로 무대에 올랐다.
누구도 노무현을 유력후보로 여기지 않던 때였다. 김병준은 역사
에 점 하나 찍는 심정으로, 이런 후보가 있었다는 걸 보여 주는 것
만으로도 족하지 않겠냐고 생각했다.

형편도 넉넉하지 않았다. 정책자문단에 참여할 교수를 모으기가
쉽지 않았다. 하지만 당시 후보 노무현과 직접 이야기를 나눈 교
수들은 끝까지 자문단에 남아 줬다. 경선 승리 후 김병준은 노무
현에게 '후보가 되는 것보다 후보직 유지가 더 힘들 것'이라며 비
주류 후보의 험난한 앞날을 예고했다. 그 말은 안타깝게도 현실이
됐다. 정책캠프에서 겪은 후보와 대선에 관한 또 하나의 시점을
접할 수 있다. 단일화 여론조사와 관련한 증언도 흥미롭다. '일요
일의 천운'이었다.

김병준의 구술은 2012년 2월 24일 서울 여의도 공공경영연구원
에서 가진 2차 면담 내용을 발췌·정리한 것이다. 총 열세 차례, 가
장 많은 면담을 진행한 구술자이기도 하다.

대선 출마를 구체화하던 시기에 대한 기억이 있으신가요.

김병준　그, 책《노무현이 만난 링컨》을 써 가지고 출판기념회와 함께 대선 출정식을 하는 거예요. 그게 중요한 이벤트거든요. 그날 아주 여러 사람한테 회자가 많이 됐죠. 왜 그런가 하면 국회의원이 과연 몇 사람 오느냐 이 문제 가지고 언론이 지켜보고 나중에 몇 사람이 다녀갔다, 누가 오래 있었다, 뭐 그거 가지고 회자됐는데 그 날짜를 확인할 필요가 있습니다. 2001년 12월 10일 서울 힐튼호텔에서 있었던 출판기념회 겸 후원회. 사실상의 대선출정식이었다.

그래서 그 출정식 날, 세(勢)를 확실하게 보여 줬나요?

김병준　허허. [웃음] 세를 보여 줬는데 누구 세냐? 완전히 젊은 청년들의 세지. 붐비기는 엄청 붐볐어요. 아마 다른 어떤 후보의 출정식보다 활기가 넘쳤을 거예요. 젊은 지지자들이 몰려 가지고 노란 옷 입고 와 가지고 대단했지. 근데 기존의 정치를 보는 시각에서 보면, 내 기억에 다녀간 국회의원이 15명인가, 16명인가 그래요. 근데 5분 이상 있지를 않았어, 대부분. 천정배 의원 혼자서 끝까지 있었어. 내가 기억하기에 거의 끝까지 있었고 그리고 훗날 국회의장 하셨던 김원기 의원께서 오래 계셨고 나머지는 잠시 왔다가 갔어요. 그냥 서 있다가 가는 사람, 아니면 앉아 있더라도 불과 한 10분 정도 앉았다가 그냥 싹 가는 사람, 이런 분들까지 다 합해서 16명이야. 당시 여당 의석수가 얼마가 됐는지 모르지만 대선 출정식으로서는 대단히 초라한, 여당 의원수로 비교하면 그랬어요. 상시적으로 앉아 있는 국회의원이 불과 두 사람, 세 사람 정도밖에 안 되었으니까. 이해찬 의원이 좀 늦게 왔고, 하여튼 그런 분위기였어요.

그러나 전체적인 열기는 하여튼 대단했죠. 지금도 잊을 수가 없는 게 날 보고 축사 겸 서평을 해 달라고 했단 말야. 내가 대학 총장도 아니고 젊은 교수야 그냥. 사십 대 후반의 젊은 교순데 나는 당연히 당대표가 축사도 하고 그다음에 또 그럴듯한 양반들이 와서 축사도 좀 하고 그러고 난 다음에 나도 그중에 원 오브 뎀(one of them)으로 축사하는 줄 알았거든. 그날 사회를 누가 봤는가 하면 명계남 씨가 봤어요. 그리고 후보가 등단하기 전에 문성근 씨가 후보 소개를 했어요, 내 기억에. 후보 소개를 아주 멋있게 잘 했지. 정말 이 양반들 참 잘 했어요. 사회도 잘 보고. 그 뒤에 축사 순서인데 나를 제일 먼저 부르는 거야. '국민대 김병준 교수가 축사를 하겠습니다' 하는 거야. 순서에 있어서도 격을 부수는 구나, 생각했지. 그러면서 서평하고 축사하고 했어요. 그리고 그 뒤에 또 많을 줄 알았거든. 그런데 그게 끝이야. 나 혼자 축사 겸 서평하고 끝난 거예요. 그리고 후보 나와서 하고 '와' 하고 끝을 낸… 아주 정말, 일부러 간단하게 했는지 아니면 세가 그거밖에 안 돼서 그런지 모르지만 하여튼 그런 식의 출정식을 했어요. 출정식을 했는데 나중에 언론에 나온 거는 국회의원이 몇 명 다녀갔다. 그래서 천정배 의원 혼자 끝까지 앉아 있었단 이야기가 그래서 나오는 거야. 지지자가 한 명밖에 없다. 국회의원으로선 한 명밖에 없다, 이렇게 얘기가 나오는 거죠. 근데 젊은 사람 열기는 노란색으로 그냥 확 덮여 가지고 대단했어요. (당시) 노사모가 움직이고 있었고 '바보 노무현'이 확 퍼져 가지고 있었지. 그러나 대통령이 될 거다, 아니면 유력 후보가 될 거라는 이야기는 누구도 못할 때지. 지지율이 불과 1~2퍼센트 왔다 갔다 할 때니까. 유력후보가 된다고 누가 생각하겠어요?

그때 나도 당연히 그랬지. 대선 출마하는 건 떨어지는 걸 전제로 '아유, 괜찮습니다. 안 돼도. 역사에 점이라도 하나 찍고 이런 후보도 있었다는 걸 보여 주는 것이 얼마나 의미가 있느냐. 훗날 많은 사람들이 우리 정치에도 이런 사람이 있었구나, 할 거다. 그거 하나로도 족하다고 생각한다. 괜찮습니다' 이렇게 말했지. 나중에 보면 참, 되게 순진한 생각이죠. 정말 된다는 건 생각도 못하고 그냥 역사적 의미로서 이런 사람이 이런 정치를 했다는 거 남겨 두면 된다. 나는 개인적으로 그리 생각했어. 근데 대통령께서는 아니셨을 거예요. 상당한 가능성을 열어 두고 가셨을 거야. 항상 그러셨으니까.

특별대책위원회새천년민주당의 당 발전과 쇄신을 위한 특별대책위를 말한다.**가 꾸려져서 국민경선방식 도입이 결정됐단 말이죠. 그때 상황은 어떻게 기억하시나요?**

김병준 　그게 참 엄청난 거였는데 내가 할 이야기는 아니고 아마 안희정 지사나 이런 쪽에 확인해야 될 일이고…. 반면에 내부 상황은 정말 한심했어요. 돈이 없었거든. 그러니까 당 경선에 참여하는 데도 내 기억에 당에 지불해야 되는 기탁금이 2억 5천만 원인가 그랬어요. 근데 그 기탁금을 낼 돈이 없었어. 그래서 후보가 무지하게 화를 냈지. 당이 어떻게 이럴 수가 있느냐고. 경선 기탁금이라는 게 후보 난립을 방지한다는 의미와 비용 염출이라는 여러 가지 의미를 지니지만 적어도 공당이면 유력한 후보가 돈을 좀 덜 들이고도 후보 등록을 할 수 있도록 해줘야지, 어떻게 2억 5천만 원이라는 돈을 만들어 오라고 그러냐. 이런 부분에 대해서 무지하게 화를 내고 '이래 가지고 어떻게 선거 하나' 했던 기억이 나요.

안희정 지사 예전 인터뷰를 보면 당시에 마감 마지막 날까지도 그 돈을 못 구해 가지고 쩔쩔맸다고.

김병준 　밤에 쫓아 나오고 그랬던 기억이 나요. 너무 안된 거야. 진짜 내가 눈물이 날 정도로 안됐다고. 그래서 안희정 지사가 고

생할 때는 가슴이 아팠어. 진짜 가슴 아팠어. 그 생각만 하면 아직도…. [눈물] 근데 우리는 못 해. 내가 돈 구하러 나가 봐야 어디 가서 돈을 구해.

교수들 모임만 해도요. 이회창 후보는 상당히 돈을 썼을 거예요. 실제로 이 양반들 회합을 어디서 하는가 하면 아주 고급 중국집이라든가 이런 데서 몇 백 명씩 모아 놓고 회합을 하는 거야. 그 비용은 누가 댔는지 어떻게 계산하는지 모르지만 거기 오는 교수들이 자기 돈 내고 와서 고급 중국음식 먹고 갈 사람들이 아니라고. 그러니까 상당한 돈이 들어갔을 거야. 근데 우리는 그런 게 없었잖아요. 우선 숫자가 적었고. 기껏 해봐야 동네 식당에서 저녁 먹고 점심 먹는 거였어. 대부분 내 주머니 돈 터는 거였고. 그때 우리가 금강빌딩 근처에 있었거든. 그 바로 앞에 갈치구이집이 하나 있었어요. 우리한테는 제일 고급(으로) 5천 원, 6천 원 가지고 갈치구이 먹고 그랬지. 그다음에는 또 교수들끼리 행사한다고 지지선언이니 뭐니 하는데, 이런 거하면 돈이 드는 게 아니라 오히려 돈이 들어왔어요. 교수들이 돈을 내놓고 가니까 주최하는 쪽에서 돈을 쓸 일이 별로 없는 거지. 그런 부분들이 너무 고맙고 뜨거운 일이죠. 그래도 돈이 들긴 들었지. 뭐 크레딧 카드(credit card) 있는 대로 다 긁어 쓰고, 내가 정책자문단의 단장을 하는데….

그 이야기를 좀 드려야 되겠네. 후보 되기 전에는 다들 개인적으로 그냥 있었어. 후보가 딱 되고 난 다음에 '이제 정식으로 정책자문단을 좀 만들어야 되겠습니다' 그래서 만드는데 과정이 쉽지가 않더라고요. 빅 네임(big name)도 좀 영입해야 되고. 그런데 그러는 사이에 지지도가 내려가 버린 거야. 지지도가 내려가니까 붙들어 놨던 사람들이 도망가기도 하고…. 갑자기 '미국 간다' '학교 보직 맡았다' '총장이 못하게 한다' 하면서 빠져 나갑디다. 그게 참 다행이라고 생각해. 그때 그분들이 끝까지 있었으면 정말 참 믿지 못할 분들이잖아. 지지도가 내려가니까 빠져나가는 사람들 말이에요.

그래서 소수로 가기로 하고, 김대중 정부의 정책기획위원회 위원들부터 살펴봤지. 김대중 정부에도 정책기획위원회가 있었어요, 차관급 조직으로. 그래서 명단을 쫙 갖다 놓고 이 분들이 김대중 정부의 정책기획위원회 위원을 했으니 비교적 우리한테 호의적일 것이다, 해 가지고 일부는 내가 아는 사람, 일부는 (일면식도) 없는 사람들을 끌어들이기 시작하는 거예요. 그래서 모신 분들이 성경륭제16대 대통령직인수위 기획조정분과위원회 위원 및 국가균형발전위원회 위원장, 청와대 정책실장 등을 맡았다., 그다음에 윤성식제16대 대통령직인수위 정무분과 위원, 정부혁신지방분권위원회 위원장 등을 맡았다., 그다음에 이정우제16대 대통령직인수위원회 경제1분과 위원회 간사, 대통령자문 정책기획위원회 위원장, 정책특별보좌관 등을 맡았다. 교수 같은 분들 모시고, 최장집 선생의 제자 중에 한 사람을 좀 불러오는 게 좋겠다고 해 가지고 조재희제16대 대통령직인수위 기획조정분과위원회 전문위원, 국정과제태스크포스 총괄부팀장, 대통령자문 정책

기획위원회 사무처장 겸 국정과제비서관 등을 맡았다. 박사를 끌어들이죠. 당시에 (조재희 박사가) 고대 노동문제연구소에 연구원으로 있었는데 내가 전혀 모르는 사람이에요. 마침 당시에 시간강사조합 비슷하게 모아 가지고 있었는데 거기에 사무총장인가 회장인가 했어요. 그러니까 젊은 지식인들을 많이 안다 그래서 조재희 박사한테 간곡히 부탁을 했지. 우리 정책자문단에 말하자면 풀타임(full time) 간사를 좀 맡아 달라고. 조 박사가 흔쾌히 받아들이고 간사가 됐어요. 내가 단장이 되고. 그래서 둘이서 밀고 나간 겁니다. 조 박사가 엄청 고생했지. 돈 고생도 많이 하고.

자문단 이야기를 조금 더 하면, 후보 지지율이 워낙 바닥으로 내려가고 하니까 사람이 많지도 않은데도 불구하고 상당수가 보안을 요구해요. 밖으로 자기들 이름이 안 나가면 좋겠다는 거예요. 우리 후보가 대단하다고 느낀 것은, 곳곳에서 정책자문단을 공개하라고 압박이 온단 말이에요. 거기 도대체 학자 중에 누가 참여(하냐고). 김병준은 이미 노출된 사람이에요. 나는 자동개입이니까 노출이 됐어. 근데 내가 후보한테 그렇게 이야기를 했거든. '될 수 있으면 안 밝혔으면 좋겠다' 했더니 후보가 당장에 하시는 말씀이 '나는 학자들 가지고 세 과시할 이유도, 그럴 생각도 전혀 없습니다' 그래서 우리 정책자문단의 면면들을 거의 선거 끝까지 공개를 안했어요. 그중에 공개해도 괜찮다고 밝히는 사람들이 있었어요. 성경륭, 이정우 같은 사람들이 대표적이었는데 그런 분들은 밝혔고 나머지 분들은 될 수 있으면 안 밝혔어요. 추정해 가지고 이렇게 저렇게 보도가 나가고 했지만 나나 후보도, 캠프도 거의 밝히질 않았어요. 그래서 오히려 어떻게 했는가 하면 팀을 쪼갰어요. 어떤 캠프도 그렇게 해야 된다고 보는데, 예를 들어서 경제팀 같으면 팀이 네 팀이 있었어. 지금도 그걸 모르는 분들이 있어요. 그거 교통정리 하기가 쉽지 않았거든. 서로가 부딪히지 않게 해야 하고, 또 전부 자기 역할에 대해서 자긍심을 가지도록 해 주어야 하는데 그게 크면 정말 곤란하겠더라고. 왜냐면 모두 다 후보를 만날 수가 없잖아요. 그러면 자기가 진짜 정책자문을 하고 있는 건지 (알 수 없으니까). 최소한 우리는 그 디그니티(dignity), 즉 존엄은 다 살려 줬어. 들어오는 보고서는 내가 후보한테 다 전해 주고, 요약해 가지고 다 설명하고, 간단간단하게라도 해 가지고. 후보가 공부를 많이 했는데, 그나마 많이 할 수 있었던 이유는 중간에 지지율이 떨어져 가지고 오라는 데가 별로…. [웃음] 어떨 때는 하루 종일 당사에 그냥 있을 때도 있었어요. 행사가 그렇게 많지 않은 거야. 지지율이 12퍼센트, 뭐 15, 16퍼센트로 떨어지니까 그런 경우도 있었죠.

그럴 때도 겉으로는 별로 개의치 않고 학습 열심히 하시고 그러셨나요?

김병준 '괜찮습니다, 괜찮습니다' 그러면서 공부하고. 그러나 본인이 미안해 하는 기색이 역력하거든. 보면 알잖아요. 지지율도 안 뜨는데 본인은 얼마나 자신했는지 모르지만, 이런 상황이 와서 교수들 하고 붙들고 이야기한다는 게 본인으로서는 좀 그랬겠지.

근데 앞서도 얘기했지만 제일 처음 교수들 오가나이즈(organize) 할 때 그때 지지율이 막 하락세에 들어갈 때여서 사람 모으기가 너무 힘들었단 말이에요. 너무 힘이 들어서 내가 사람들한테 이야기했죠. '후보를 일단 만나 보라. 만나서 토론을 해 봐라. 그러고 난 다음에 이 사람 안 되겠다 이러면, 그때 물러나면 나는 더 이상 말 안 하겠다. 후보하고 토론하는 자리라도 한 번 해 보자' 그래 가지고 말하자면 핵심 중추가 될 사람을 한 20명 정도를 모셨어. 그런데 이 양반들이 기자들 눈에 안 띄게 해 달라는 거야. 정치행사라는 게 후보가 움직이는데 눈에 안 띄기가 쉽지 않잖아요. 일단 그러겠다고 하고 타워호텔을 잡았어. 될 수 있으면 밖으로 알리지 말라고 했는데 그게 되나. 기자들이 온 거에요. 시작을 해야 되는데 교수들이 들어오질 않는 거야. [웃음] 그래서 미안하다고 기자들 내보내고, 그 중에 일부는 할 수 없이 노출이 되고. 기자들 다 가고 난 다음에 교수들 상당수가 들어오고…. 내가 그날 후보한테 부탁한 게 있어요. '원고 가지고 오시지 말고 와서 두 시간 이야기를 하십시오' 내가 원래 교수들한테는 (후보가) 한 시간 반 정도 이야기를 한다고 했어요. 근데 후보한테는 '두 시간 준비하고 오십시오' 했지. '무슨 이야기합니까?' (묻기에) '인간과 역사

2002년 8월 17일,
당 소속 정책위원회 관계자들과 함께 주택·의료 분야 정책토론회를 하는
노무현 후보. 좌측이 구술자 김병준, 우측이 조재희.

와 정치에 대해서 이야기하십시오' 그랬어요. 후보가 오셔서 진짜 원고 없이 인간과 역사와 정치에 대해서 이야기를 하셨어요. 특히 정치부분에 많은 할애를 하고. 정치가 어떤 기능을 해야 되고, 정치를 왜 해야 되느냐 이 부분에 대해서 이야기를 했는데, 그날 행사가 한 세 시간쯤 걸렸어요. 교수들하고 이야기를 많이 주고받았거든. 그때 참석했던 사람들이 중추가 됐고 한두 사람 빠지고는 거의 다 우리 자문단에 남았죠. 한두 사람 빠지고는.

잘 통했나 보네요.

김병준　예. 좋아하게 됐죠. 굉장히 진솔하게 이야기를 했어요. 내가 다 내용이 기억나지 않는데 어쨌든 굉장히 감동적인 이야기들을 많이 했어. 정치라는 것이 이기기만 하기 위해서 하는 것도 아니라는 이야기까지 하고. 결국 한국 사회의 모든 문제가 정치에 달렸다는 이야기. 그다음에 인간에 대한 말하자면 끝없는, 뭐라 그럴까요, 인간적 가치에 대한 그런 것들. 참 잘하셨어요. 그것이 교수들한테 '아, 이 사람은 괜찮다'라는 걸 줬고. 져도 좋다는 생각까지 하게 만든 것 아니냐 생각해요. 내가 교수들한테 그랬거든. '교수가 이기고 지고 무슨 관계있냐. 학교서 쫓겨 나냐? 학교 쫓겨 나는 거 아니지 않냐? 옛날에 우리가 다 목 걸고 개헌서명도 했는데 겁날 게 뭐가 있나. 올바른 가치관을 가진 사람 한번 돕고 마는 거지. 실패하면 교수로서도 마이너(minor)한 후보를 돕는다는 게 오히려 더 떳떳한 거지. 센 사람 도우면 저 친구 권력 따라 간다 그럴 거고. 그러니까 우리가 그 양반 가치를 보고 한번 하자' 했는데 고맙게 많이 남아 줬어요.

우리 교수들은 선거에서 직접 최전방에 나가서 뛴 사람은 없어요. 내가 그거는 절대적으로 지켜 줬어요. 특히 경선할 때요. 큰 차이가 났던 게, 이인제 후보 같은 경우는 교수들이 현장에 나갔습니다. 교수들 중에 경선 현장에 가서 심지어 대의원으로 비표까지 달고 뛴 사람도 있었거든요. 우리는 후보도 교수들이 그렇게까지 뛰는 걸 원하지 않았고, 교수들도 별로 원하지 않았어요. 그렇게 해 가지고 실제 현장까지 들어가 가지고 막 (지원)하고 그런 건 없었어요. 그래서 (후보가) 교수들의 학자로서 존엄이라든가 이런 걸 되게 존중하려고 노력했다는 거죠. 그게 후보의 특성인데요. 요구한 적도 없고, 하려고 하면 '아이고 교수들이 그렇게까지…, 그렇게까지 내가 신세져서 되겠습니까' 그런 정도였어요. 그래서 참 좋았어요.

당에서 공식 대선 후보에 걸맞은 지원도 없었고 계속 그런 시절이었잖아요?

김병준 이게 지원이 없는 정도가 아니라 협조조차 받기가 힘들었어요. 정책팀들이 바깥에 사무실이 있긴 있지만, 이제 후보가 됐으니까 당으로 들어가서 당의 협조를 받아야 될 건 받고 그래야 되잖아요. 공간도 확보해야 되고. 왜냐면 조직이 커지니까. 정식으로 정책본부가 있고 그 정책본부를 교수들이 같이 유기적으로 움직여 줘야 되는데 당에서 자리를 안 내놓는 거야. 후보가 확정되고 선거대책본부가 출범하면서 그 안에 내부조직이나 공간구조도 다 바뀌어야 하죠. 다시 말해 재배치가 돼야 된단 말이죠. 그래야 밖에서 사람들이 들어가죠. 우선 후보 사무실을 만들어야 될 거고 그러자면 그 공간을 비워야 될 거고, 그다음에 정책본부가 만들어지고 이어서 또 뭐가 만들어지고. (그런데) 이 공간을 안 내놓는 거야. 당에서. 그래 가지고 결국 우리가 어떻게 했느냐, 조재희 박사하고 내가 그랬어. 무조건 쳐들어가서 책상 옆에 드러누워라. 그냥 복도에다 책상 갖다 놓고 버틴 거야. 막 들어간 거야. [웃음] 그렇게 일하기 시작했어요. 그만큼 협조를 안 해 주더라고. 하여튼, 내가 오죽했으면 후보한테 그 이야기를 했겠어요. '후보가 되시는 거보다 후보직 유지하기가 더 힘들 겁니다' 왜냐. 후보가 되는 거는 국민경선이라는 과정을 통해서 엄청나게 많은 사람들이 지원을 했지만 당에 들어가면 완전히 마이너리티(minority)인 거야. 완전히 소수야. 그럼 여기서 과연 버텨 낼 수 있을까. 사람들이 전부 칼날을 세우고 있는데. 정말 칼날을 세우고 있었거든. 그러니까 후보직을 유지하는 게 더 어려울 것이라는 생각이 팍 들더라고. 아니나 다를까, 첫날부터 그냥 부딪히기 시작하고 책상 하나 갖다 놓을 자리 없게 만들고. 말하자면 사무실 열어 주는데도 말야. 집기도 제대로 안 넣어 준다 그러고. 좀 있으니까 무슨 후단협이니 뭐니 해 가지고 말이야, 오히려 조직적으로 방해를 하고. 밖에 있는 정몽준 씨를 끌어내 가지고 그렇게 하니 그 고통이 보통 고통이 아니었죠.

혹시 그런 때 대통령님이 심경 말씀하시고 하신 적은 없으셨나요?

김병준　아, 속상하죠. 참다가 한 번씩…. 특유의 거친 표현들 있잖아요, 밖으로 표현하기 좀 곤란한. [웃음] 그러면서도 미안하다고 그러고. 그리고 말이죠, 이쪽을 지지한다는 사람들조차도, 아니면 중간에 있는 사람들조차도 소위 노 대통령에 대해서 어떤 분위기가 있었는가 하면 '당신은 우리 역사의 중심이 아니었다'는 인식이 있었어요. 특히 학생 운동권 출신들 중에. 선거를 같이 하는데도 이게 있는 거야. '한국 사회를 여기까지 끌고 온 주체는 우리다. 대학에서 민주화 투쟁을 하고 학생운동을 하면서 감옥 갔다오고 한 이런 사람들이 결국 우리 역사의 중심에 있어야 되고, 또 있어 왔는데 어째 뭐가 잘못되어 가지고 노무현이라는 양반이 후보가 됐을 뿐이지, 그래도 우리 세대에 있어서 역사의 주류는 우리다'라고 하는 이 강한 자부심 내지는 자긍심이 있는 양반들. 그것이 우리가 보기에는 조금씩 나타나는 거죠.

우리 입장에서 보면 가슴이 아픈 거야. 그러면서 또 한쪽은 후단협이라고 그렇게 흔들어 대고. 그런데 우리는 사람이 없잖아요. 아, 정말 참 답답한 상황이죠. 후보 지지하는 의원 숫자가 좀 늘어났다 해도 한계가 있단 말야. 거기서 후보가 정말 베팅(betting)을 한 거지. 나 같은 사람은 후보한테 그냥 죽자고 했어요. 단일화하지 말고 여기서 그냥 죽어 버리자. 말하자면 '이대로 여권이 분열돼 가지고 선거에 지면, 지는 대로 이대로 죽자. 한국정치가 이 정도로 엉망이고 대통령 후보를 뽑아 놓고도 당이 지원을 하지 않고 지지도 하지 않는, 그래 가지고 후보를 흔드는 이런 역사를 가졌다는 것을 우리 역사에 기록되게 하고 그냥 죽읍시다. 언제 뭐 되려고 했습니까?' 우리 입장에선 '점 하나 찍으려고 했다가 여기까지 온 것만도 장하게 온 건데 꼭 뭐 되려고 합니까? 이걸 계기로 해 가지고 한국 역사에, 정치사에 새로운 반성의 계기가 마련된다면 그것도 훌륭한 공인데 이대로 죽읍시다'라고 했는데 결국은 당에 있는 분들하고 중심이 돼서 단일화를 하기로 했잖아요. 그 과정에서 교수들은 전부 다 그냥 죽자는 입장들이었거든. 정치 안하는 사람들이니까. 좀 과격한, 아주 펀더멘탈(fundamental)한 그런 입장을 취했죠.

근데 뉴스가 딱 떴어. 단일화한다는 뉴스가 떠 가지고 내가 당에 쫓아갔더니 (후보가) 엘리베이터 앞에 계시더라고. 막 내려가시려고. 그래서 내가 '무슨 일입니까, 왜 이러십니까?' 했어요. 둘이 엘리베이터에서 비껴 가지고 이야기를 하는데 (후보가) '괜찮습니다' 그래서 '아니, 괜찮은 것이 아니고 이기고 지고가 아니고, 나도 지금 여러 사람한테 설명을 해야 되는데 왜 그러신 겁니까? 그냥 지고 말지' 이랬더니 '제가 이길 겁니다' [웃음] 그리고 그다음 날인가 며칠 뒤에 만났어. 만났더니 부담을 되게 느끼시는 거예요. 근데 그 부담이 딴 부담이 아니고 정몽준 후보한테 졌을 때 우리 역사상 처음으로 여당이, 집권여당이 대통령 후보를 못 내는 사태가 벌어지는 거야. 이 부분에 대해서 압박감을 가지고 계시더라고. 그렇게 되면, 대통령 후보가 없는 여당이라고 하는 것은 결국 당이 와해되는 거잖아요. 본인이 대통령 후보가 돼 가지고 지지율이 이렇게 떨어지고 결국은 집권여당이 후보를 못 내는 사태까지 가고 그것이 역사에 남는 것을 두려워하고 부담을 느끼셨다고. '내 걱정은 그거밖에 없다. 지고 이기고의 문제, 내가 되고 안 되고 그거는 이미 다 떠났다. 문제는 집권여당이 후보를 못 내게 됐을 때 나를 지지했던 안 했던 간에 그 당원들과 우리 역사에 뭐라고 이야기할 거냐. 그게 제일 큰 부담이다'라고 하시더라고. 그 이야기를 들으니까 그냥 죽읍시다 어쩌고저쩌고한 내가 짧았구나, 이런 생각도 들고. 후보는 자기가 지는 거보다 그런 부분에 엄청 괴로워하고 무겁게 생각하고 있었으니.

결국 단일화를 하기로 하고 여론조사를 하기로 했는데 재미있는 일이 벌어졌어요. 이 이야기는 아마 다른 사람들이 잘 모를 거예요. 후보가요, 진짜 질 뻔 했습니다. 그 당시 우리는 정몽준 후보에 비해서 4퍼센트, 작게는 2퍼센트 지고 있었어요. 그런데 여론조사를 한다? 이렇게 걱정하고 있는데 조사방법을 가지고 논쟁이 붙었잖아. 그다음에 조사기관을 어떻게 하고 등등을 놓고 합의를 해 놓으면 정몽준 후보 쪽에서 비틀고, 또 저렇게 합의를 봐 놓으면 또 시비가 걸리고 해 가지고 계속 날짜가 뒤로 밀렸어. 그래서 결국 합의 본 건 (여론조사를) 이틀 하기로 했단 말이야. 샘플 사이즈(sample size)조사기관 별 샘플 수는 2천 명이었다., 그 정도 하려면 이틀 해야지. 근데 일정이 밀리고 이러다 보니 시간이 없어서 일요일하고 월요일로 잡았어요. 날짜 보면 아마 일요일, 월요일로 돼 있을 거야. 한 번 확인해 볼 필요가 있어요.후보단일화 여론조사는 2002년 11월 24일 일요일 실시됐다. 그런데 여론조사기관을 운영하는 내 친구가 있어서 그 친구한테 부탁을 했거든. 똑같은 질문을 가지고 한 번 돌려봐 줬으면 좋겠다고. 실제 조사가 있기 전에. 이 친구가 수고를 해줬어요. 자기도 데이타 콜렉트(data collect) 할 겸 조사기관 운영하는 친구니까. 돌려봤는데 이 친구가 언제 돌렸는가 하면 금요일, 토요일 돌렸어. 우린 일요일, 월요일 하게 돼 있었고. 금요일 날 조사를 하니까 밀려. 한 2퍼센트인가 얼마가 밀리는 거야. 그래 금요일 저녁에 전화가 왔어, 이 친구가. '안 되겠다야, 밀린다' 할 수 없지. '2퍼센트면 오차범위 내니까 한번 해볼 만한 거 아니냐' '그렇긴 한데 아마 이 추세로 갈 거다. 질 확률이 크다' 토요일이 됐는데 오전까지도 전화해서 물어보니까 똑같이 밀린다는 거야. 근데 조금 줄어드는 거 같다고 했어. 그러더니 오후에 이 친구가 전화를 해서는 '야, 재밌는 현상이 있다'는 거예요. 무슨 현상이냐고 하니 토요일 오후에는 이긴다는 거예요. 토요일 오후에? 근데 왜 금요일에 지고 토요일 오전에 지고 토요일 오후에 이길까?

무슨 일이냐 했더니 전화 서베이(survey)를 하는데 전화를 받는 사람이 달라지는 것 같다는 거야. 그러니까 전화가 아마 직장은 안 가고 집으로 가게 돼 있는데 같은 30대 여성이라 하더라도 직장에서 퇴근해 가지고 집에 있는 여성하고 집에서 살림하는 여성하고는 정치 기호가, 선호가 다른 거예요. 노무현 후보는 어느 쪽이 더 강한가 하면 직장 쪽에 다니는 사람 선호가 더 강하다고. 그러니까 이 사람들이 퇴근해 가지고 올 때는 노무현 지지도가 한 1~2퍼센트 더 올라가고 막 이러는 거야. 2퍼센트 차이 난다고 해봐야 1퍼센트 요쪽으로 가 버리면 같아지는 거 아니요. 그렇게 해석하고 '야, 이게 좀 잘 맞았으면 좋겠다' 이랬거든요.

이틀 하니까, 월요일은 질 거고 일요일은 이길 가능성이 있다. 나는 그렇게 생각했거든. 그런데 이게 워낙 중대한 서베이가 돼가지고 보통 조사자가 설문조사 들어간다 하면 사람들이 귀찮다고 끊어 버리잖아. 끊어 버리면 다음 샘플 찾아가고 하는 시간이 걸리니까 이틀 걸리는 건데 사람들이 정몽준, 노무현 단일화에 관한 서베이라니까 모조리 (수화기) 들자마자 대답을 다 해 버린 거예요.

그래서 이틀 하려고 한 게 일요일 하루 만에 다 끝나 버렸어.여론조사가 이틀을 예정했으나 하루 만에 끝났다는 대목이 확인된 내용은 아니다. 다만 당시 상황을 보면, 11월 22일 국회 귀빈식당에서 양당 재협상대표 6명이 기자회견을 열어 '후보 단일화 합의문'을 발표하는데 이때 협상단은 "이르면 23일부터 여론조사를 시작해 25일께 단일후보를 확정하기로 했다"고 밝혔다. 조사기간을 23, 24일 이틀로 잡은 것이다. 실제 여론조사는 24일에 실시해 마무리됐고 막 다음 날로 넘어간 25일 새벽 0시 15분께 조사 결과가 발표됐다. 일요일 하루 만에 끝나면 누구한테 유리하냐? 노무현 후보한테 유리하다는 거지. 그래 가지고 두 군데 조사기관에서 했는데 하나는 내가 어딘지 기억이 안 나고 하나는 리서치 앤 리서치였죠. 하나는 이회창 후보의 선호투표 어쩌고저쩌고 해 가지고 의미가 없었고 리서치 앤 리서치 쪽에서 우리가 이겼다고 (했죠). "한나라당의 이회창 후보와 경쟁할 단일후보로서 노무현 후보와 정몽준 후보 중 누구를 지지하겠습니까?"라는 문항으로 '월드리서치'와 '리서치 앤 리서치' 두 기관에서 실시한 여론조사 결과, 리서치 앤 리서치에서는 노무현 후보 46.8%, 정몽준 후보 42.2%로 노무현 후보가 4.6% 앞섰다. 월드리서치 조사에서는 이회창 후보가 지난 2주간 지지율 평균인 30.4%보다 낮은 28.7%라는 결과가 나와 무효 처리됐다. 그래 가지고 이긴 거예요. 나는 그 날짜가 천운이라고 지금도 생각하고 있어요. 정말 노 대통령은 하늘이 만들어 준 그런 양반이야.

대선 마지막 날까지도 우여곡절이 있었죠.

김병준   나는 그날 저녁에 선거 다 끝났다고 생각했어요. 우리 교수들도 마찬가지였고. 왜냐하면 단일화 효과가 엄청나게 컸으니까. 그래서 나는 선거 다 끝났다고 생각했고 (대선 전날에는) 내일 좋은 결과 있겠다 싶어 가지고 저녁 먹고 소주도 한잔 했어. 집에 들어가면서 어디 전화도 안하고 전화가 와도 모르고 그러고 갔는데 아, 집에 들어가니까 (정몽준 후보가) 지지 철회했다는 거예요. 청천벽력 같데. 앞이 캄캄하고. 아파 누워 버렸어, 정말. 아파 누워 버리고 그다음 날 오전까지도 꼼짝을 못 하겠더라고. 나뿐만 아니라 우리 집사람도. 그런데 시시각각으로 그게 오잖아. 출구조사 한 (결과가). 그게 진짠지 아닌지 모르겠지만 계속 들어오는데 '야, 아닌 거 같다' 이거에요. 이길 수 있다는 거죠. 오후 되니까 이길 수 있다는. 그래서 진짜 힘내서 가서 겨우 투표했어.

무엇이 노무현이라는 사람을 대통령으로 만들었을까, 어떤 생각이 드시던가요?

김병준   결국은 원칙에 대한 국민들의 신뢰 이런 부분들이 크게 작용했다고 봐요. 근데 중간에 한번 와장창 무너지지 않습니까? 무너질 때는 또다시 노무현이라는 후보에 대한, 그 자질에 대한 일종의 오해랄까 평가랄까 이런 것들이 있었단 말이야. 예를 들어 말 함부로 한다고, 어떨 때는 조선일보 기사 하나에 (여론이) 그냥 무너지는 거야. 그럼에도 불구하고 본인이 가지고 있는 그 원칙에 대한 국민들의 신뢰가 있지 않았나. 그게 큰 거고. 그다음에 두 번째는 스타일 문제로 이야기하면 역시 스피치(speech). 대단한 스피치였어. 말도 잘하지만 진솔하단 말이에요. 속에서 우러나와서 이야기하는 거라는 게 눈에 확 보이잖아요. 그런데 또 다른 스타일 문제로 보면 심지어 걷는 방법부터, 걸을 때 보면 우리한테 (지적이) 들어오는 게 후보가 제발 어깨 흔들지 마라. 어깨 흔들지 말고 좀 이렇게 (반듯하게) 걷지 왜 그렇게 걷느냐. 그걸 아무리 이야길 해도 안 되는 거야. 나중에 화를 내시는 거야. '아, 앞으로 그런 후보 뽑고 그런 대통령 뽑으세요' 이런다고. [웃음] '나한테 그러지 말고, 내가 배운 게 그렇고 천성이 그런데 나보고 어떡해' 그래도 나중에 많이 고쳤어요. 여하튼 그런 인간적인 측면들. 무엇보다 원칙, 소신 이런 것들이 국민들이 지지를 하는 큰 동인이 됐다고 봐요. 결국은 명분과 원칙과 소신이야. 그러고 스타일에선 스피치이고. 그런 연설을 할 수 있는 정치인이 앞으로 잘 안 나올 거 같아.

3장

개혁당이 말하다

유시민　　　　문성근

유시민

그가 토로한 두 번의 억울함

구술자 유시민은 1959년 경상북도 경주에서 태어났다. 서울대 경제학과에 진학하지만 '학원 프락치 사건' 등으로 구속되며 20대를 민주화 투쟁에 쏟았다. 1988년 국회의원 이해찬 보좌관으로 활동하며 노동위원회에서 초선의원 노무현을 처음 만난다. 독일 석사 유학 후 신문 칼럼니스트, MBC〈100분 토론〉진행자로 활동했다. 노무현과 인연은 유학 시절에도 이어졌다.

2002년 새천년민주당 국민참여경선 과정에서 후보 노무현을 잠시 돕다가 집필이라는 본업으로 돌아왔으나 대통령후보단일화추진협의회(후단협)의 행태에 분노, '화염병을 들고 바리케이트 앞에 서는 심정'으로 절필을 선언하고 개혁국민정당을 창당해 대선 승리에 기여했다. 참여정부 시절 44대 보건복지부 장관을 역임했다. 장관 재직 전후 16대, 17대 국회의원으로 활동했다. 2013년 직업 정치를 청산하고 저작 활동에 매진하고 있다.

2010년 노 대통령 서거 후 그가 생전에 남긴 기록들을 바탕으로 자서전《운명이다》를 집필했다.《노무현 김정일의 246분 : 남북정상회담 대화록의 진실》,《어떻게 살 것인가》,《후불제민주주의》,《대한민국 개조론》,《국가란 무엇인가》등 다수의 저서가 있다. 2016년 현재 노무현재단 상임운영위원을 맡고 있다.

●

노무현은 두 번 '억울하다'고 말했다. 2002년 3월 15일 광주경선 합동토론회를 앞두고 한 번, 11월 22일 단일화 TV토론을 준비하면서 또 한 번. 가시방석에 앉은 것이나 다름없던 민주당 대선후보 시절, '자원봉사자'로 곁에 머문 유시민은 노무현이 작게나마 속내를 보일 수 있는 사람이었다.

유시민이 이야기하는 노무현은 '언어의 마술사', '고래심줄', 그리고 '지독한 전략가'다. 이런 정의에 이르기까지 16대 대선 기간 노무현을 경험하고 관찰한 여러 사건들을 구술에서 만날 수 있다. 2002년 가을, 지방에서 우연히 단일화 제안 소식을 들었을 때 '팔로워십(followership)'을 이야기하며 주변을 설득하는 장면은 그와 노무현의 관계가 어떠했는지 일단을 보여 준다.

유시민은 운명이라는 단어를 좋아하지 않지만, 노무현의 대통령 당선은 '운명적'이라고 생각한다고 말한다. '노무현의 시대가 오겠어요?' 2002년 여름, 새로운 정당의 창당을 요청하던 노무현과 나눈 이 질문과 대답도 오래도록 가슴에 남는다.

유시민과 구술은 세 차례에 걸쳐 진행됐다. 수록 내용은 2016년 4월 28일 경기도 파주의 집필실에서 진행한 3차 면담 내용을 발췌·정리한 것이다.

해양수산부 장관 그만두시고 난 후에, 2001년 여름쯤 대통령선거 출마를 권유하러 가신 적이 있다고요.

유시민　대통령님은 제가 장관 시절이나 야인 시절이나 쭉 뵈어 왔지만, '꼭 대통령을 하시라' 이런 말씀은 나눈 적이 없어서 그때 7월쯤에 여의도에 있는 지방자치실무연구소노무현은 2000년 9월 서울 여의도 국회의사당 쪽 금강빌딩(여의도동 14-35) 3층에 10여 년간 운영해 온 지방자치 연구소와 후원회 사무실을 통합해 사단법인 지방자치경영연구원을 열었다.인가 찾아 가서 '누가 이인제 대세론을 잠재우고, 이회창 대세론을 깨뜨려야 되겠는데 할 사람이 달리 없는 것 같다. 밖에서 걱정이 너무 많아 서 그러니까 결심하셔서 꼭 하셔야 된다. 다시 5년 만에 저쪽으로 정권이 넘어가면 진짜 어떤 일이 벌어질지 눈에 다 보인다' 말씀드 렸더니 '그렇게 될 리야 있겠습니까. 역사가 있는데' 딱 그 얘기하 셨고. 쭉 들어 보시고는 나중에 나올 때 '내(나)한테 줄 잘 섰어요' 이렇게 (말씀하셨어요). [웃음] 그 말 듣고 하실 모양이다, 생각했죠.

그전에도 교류가 있으셨던가요.

유시민　예. 독일 유학 시절에도 2년에 한 번씩 방학 때 들어오면 어떻게 연락이 돼서 주로 경제정책에 대해서 같이 공부도 하고, 이 야기도 나누고 그랬었고. 1998년 초에 귀국하고 나서는 대통령님이 종종 얘기 좀 하자고 그래서. 경제정책 공부를 하실 때예요, 그때가. 그냥 교과서 갖다 놓고 하는 게 아니고, 현안이 되어 있는 국가 이슈 가지고 경제 이론적으로 어떻게 봐야 될까 이런 거에 호기심이 많으셔 가지고. 또 〈100분 토론〉 할 때는MBC의 대표적인 시사 토론 프로그램으로 1999년 10월부터 2016년 현재까지 방송 중이다. 구술자 유시민은 2대 사회자로 2000년 7월 6일부터 2002년 1월 11일까지 진행을 맡았다. 노무현 장관 또는 노무현 후보에 대해서 〈100분 토론〉 팀도 호감도가 높았고. 그래서 토론자로 모시려고 노력도 많이 하고 그랬으니까 자주 봤던 입장이죠. 2001년에 갔을 때도 〈100분 토론〉 할 때니까 몰래 갔죠.

당시에는 왜 노무현이라고 보셨어요?

유시민　첫 번째는 워낙에 1988년도부터 그때 노동위원회 의원 보좌팀들끼리 이야기하면 '이해찬 총리, 노무현 대통령. 이러면 진짜 끝내준다' 그랬었어요, 1988년도부터.구술자는 당시 평화민주당 초선의원 이해찬의 보좌관이었다. 늘 우리는 '대통령으로서 적합한 사람이다. 저런 분이 대통령 했으면 좋겠다' 그런 생각을 가지고 있었고. 두 번째는 선거 공학적으로 어떤 요소를 가진 사람이라야 이길 수 있나를 볼 때 수도권에서 통해야 되고, 영남 지역에서 일정한 득표를 할 수 있는 후보여야 한다. 그때가 김근태·노무현·이인제·한화갑 이런 분들이 잠재주자로 거론될 때인데 그 조건을 충족하는 사람이 노무현 빼면 아무도 없는 거예요. 그니까 '이 사람밖에 없다' 이런 공학적 판단이 겹쳐지면서 대통령감으로 생각하게 된 거죠.

경선캠프에는 어떻게 합류하시게 된 건가요?

유시민   2001년 가을에 당 쇄신 파동 터지면서 제 기억에 새천년민주당 혁신안의 중요한 내용으로 국민참여형 경선을 하자는 쪽으로 논의가 되고 있었고, 당 실무자들한테서 그 얘기들이 흘러나왔어요. '국민참여경선을 하게 되면 대의원선거에 비해서 훨씬 가능성이 높아지지 않냐' 그래서 여름에 대권 도전하셔야 된다고 건의한 것도 있고 하니까, 저는 그때 방송을 하고 있어서 공개적으로는 할 수가 없으니까. '야매'로 몰래 남의 눈에 안 띄게 캠프에 살짝살짝 가서 이광재, 안희정 이런 분들하고 전략도 좀 짜고, 텔레비전 토론 어떻게 뒷받침할지에 대해서 준비도 좀 하고 그랬어요. 12월 달쯤인데 노 고문님이 나보고 '유시민 씨, 매일 출근하면서 도와주는 거 아니요?' 그렇게 얘기하시더라고요. 그래서 방송국에다가 연말에 그만두겠다고 통보를 했죠. 칼럼까지는 괜찮은데 방송이 문제더라고요. 더군다나 토론 진행자라서 제가 드러나게 되면 패널 섭외도 안 될 거고, 그다음에 윤리적인 문제가 생기기 때문에 빨리 그만둬야 되겠다고 생각하고 말했는데 후임자를 자꾸 안 구해 줘 가지고 '그러면 연말까지만 하고 난 무조건 안 나올 테니까 알아서 하라'고 하고. 그래서 1월 10 며칠인가 첫 주 토론만 제가 진행하고 그걸 마지막으로 그만뒀죠. 그 뒤에 (캠프로) 출근하기 시작한 거죠.

진짜 자원봉사였고 저는 직책도 없었고요. 기자들 눈에 좀 덜 띄게 다녔고. 언론에 캠프 참여하는 사람 명단 나올 때도 저는 없었어요. 당원도 아니니까 경선까지만 하고, 후보만 되면 그다음에는 정당이 있는데 뭐 알아서 하겠지. 나는 다시 방송을 하든가 글 쓰는 일로 돌아가야 되기 때문에 캠프에 왔다 갔다 한 게 알려지면 좋은 게 없잖아요. 되도록 눈에 안 띄게 해 달라고 그래서 밖으로는 안 나갔죠. 그렇지만 여의도에 월 주차 끊고, 거의 매일 나오다시피 했죠. 그렇게 제가 한 1월 달 중순부터 출근하기 시작해서 광주경선 끝날 때까지 열심히 했던 것 같아요. 광주경선 끝나고는 사실상 (당 대선 후보로) 확정된 거나 다름이 없어서 그 뒤로는 필요할 때만 띄엄띄엄 캠프에 갔지 별반 관여할 것도 없었고. 또 당의 후보가 되셨기 때문에 거기 뭐 후보 비서진부터 시작해서 홍보까지 다 새로 짜 버렸잖아요. 그니까 두 달 정도 바짝 나갔죠.

제가 한 일은 경제정책 중심으로 해서 모든 정책 파트 쪽에서 넘어오는 보고서를 다 받아서 핵심을 A4용지 반쪽으로 요약하는 거예요. 정태인 서울대학교 경제학과 졸업 후 KBS 〈경제전망대〉, MBC 〈MBC 초대석〉 등을 진행했다. 참여정부에서 국민경제자문회의 사무차장, 대통령 직속 동북아경제 중심추진위원회 기조실장을 지냈다. 씨하고 나하고 주로 그 일을 맡아서 했는데 후보한테 학습 자료로 드리고, 후보가 숙지하도록 도와드리고, 그다음에 캠코더 켜 놓고 TV토론 리허설하고. 후보가 숙지하는 과정에서 토론이 필요하기 때문에 꼭지 하나씩 가지고 같이 대화하고 상대역을 해 드리고, 짓궂은 질문자로 설정해서 질문도 하고. 주로 그거였어요.

당시 후보의 학습능력이랄까요? 좀 티가 나던가요?

유시민　언어 감각이 굉장히 뛰어난 분이세요. 답변 자료 이런 게 다 지식인, 전문가 혹은 책상물림들이 작성하는 거니까 기본적으로 문어체가 많고. 제가 구어체로 최대한 바꾸지만 그래도 표현이 구어가 아니라고요. 그게 제일 큰 애로사항이었는데 당신한테 안 맞는 표현으로 돼 있으면, 저쪽에 카메라 세워 놓고 '이거 어떻게 생각하십니까?' 물어보면 말을 못하세요. 그러면 거기서 스톱하고 다시 숙지를 해야 돼요. 그럴 때 보면 대통령님이 '아, 그러면 이런 말이죠?' 되물어 보신다고요. 그러면 우리가 '그거 맞습니다. 그렇게 말씀하시는 게 더 낫네요' 그니까 당신이 이해해서 당신의 언어로 바꿔서 출력이 되는 수준까지 가야지, 그게 안 되면 말씀을 잘 못하시는 거예요. 말씀을 잘하시는 분인데도. 그게 굉장히 재밌는 과정이었고 그걸 되게 잘하세요.

_사료번호 54950
2002년 2월 5일,
《오마이뉴스》 대선주자 초청 특별 열린인터뷰 중 발언하는
구술자 유시민과 노무현 새천년민주당 상임고문.

사실 후보의 정책 공부라는 게 그 많은 정책 분야를 어떻게 다 전문적으로 하겠어요. 결국 짧은 시간에 요지만 추려서 쟁점에 대해서 이야기를 듣고 그거를 자기 언어로 바꿔서 남들 앞에 이야기 할 수 있는 것, 이게 정치인에게 필요한 학습능력인데 그 점에서 되게 잘하셨죠. 그건 누구하고도 비교할 수가 없죠. 그래서 우리가 '저 양반, 진짜 언어의 마술사'라고 그랬어요. 자기 언어로 바꿔 내는 능력이 정말 뛰어났죠. 그게 매력이었고.

광주경선까지면 제주, 울산, 광주 세 번이었어요. 기억나는 일이 있으세요?

유시민 여택수당시 후보의 수행비서였다. 씨가 아침에 전화를 해서 광주로 와 달라는 거예요. '왜 그러냐' 이랬더니 '아침부터 후보님이 신경이 날카로워지셔 가지고 짜증 내시고 뭐 하고 뭐 하고' 막 그렇대요. 목요일쯤 됐던 것 같애. 광주에서 방송 토론을 하는 날이었어요. 토론 준비는 캠프에서 기조를 다 정해 놨기 때문에 제가 가지 않아도 될 거라고 생각하고 서울에 있었는데 아침에 수행팀에서 전화가 와서 (저도) 10시 비행기인가를 타고 점심시간에 합류를 했어요. (후보가) 식사도 잘 못하시고 좀 그런 상태더라고. 완전히 저기압이에요. 가만히 보니까 광주 때문에 너무 긴장을 하신 거라. 2등은 해야 된다. 한화갑한테 지는 거는 어쩔 수 없다 하더라도 이인제는 이겨야 된다. 광주경선이 거의 초반 승부처로 와 있어 가지고, 나는 우리 대통령님이 그렇게 긴장하신 거는 그때 보고는 못 봤어요.

점심시간 이용해서 대화를 했죠. '광주 토론회에서 제일 하고 싶은 말이 뭐예요?' 이렇게 물었더니 억울하다는 거예요. '이인제 지가 뭔데. 내는 부산에서 민주화 운동도 하고, 3당합당할 때 호남을 고립시키면 안 된다고 해서 온갖 고초를 겪으면서 여기까지 왔는데. 이인제는 뭔데 와서 광주정신 얘기하냐'는 거예요. 듣고 보니까 맞는 말이잖아요. 그래서 '그 말씀하시면 되겠네요. 표현만 좀 바꿔서요. 광주에 오면 결국은 정통성의 문제이니까 하고 싶은 말을 하십시오' 이랬더니 참모들이 안 된다고 그랬다는 거야. 네거티브선거운동 과정에서 상대방에 대해 마구잡이로 하는 음해성 발언이나 행동을 말한다.라고. 그래서 '아니 지금 1등이세요? 1등도 아니잖아요. 1등 아닌 사람이 네거티브 하는 거는 당연한 거고. 그리고 광주에 와서 그걸로 네거티브 한다고 욕할 사람 없으니까, 다만 너무 심하게 한다는 인상을 안 주는 방식으로 얘기를 하십시오. 그게 제일 중요하지 그 말 안 하려면 광주에 뭐하러 오셨어요?' '해도 돼?' 그러시더라고. '당연히 하셔야죠. 그냥 하고 싶은 대로 하세요. 여기 홈그라운드인데' 광주가 홈그라운드 아니냐고, 지금 말씀하셨지 않냐고. 광주를 홈그라운드로 생각하고 편하게 하시면 된다고. '제가 사실 걱정이 돼서 와 봤는데요. 안 올 걸 괜히 왔습니다' 그러고 바로 서울로 와서 인터넷으로 토론하시는 걸 봤는데 끝나고

여택수 등등 전화해 봤더니 너무 잘하셨다고, 반응도 좋고. 당신
도 만족하시고, 자기들이 보기에도 너무 잘됐다는 거예요. 그 걱
정 없는 걸 뭘, 아침부터 심기 관리나 잘 해드리지 그랬냐고.

그러고 저는 손 뗐죠. '광주경선 이겼으니까 이제 끝났다' 이렇
게 본 거고. 새천년민주당 공식 후보가 되었을 때 어떤 사람들이
뒷받침을 해야 되냐 등에 관해서 이해찬 의원 이런 분들하고 상의
해서 캠프에 전달해 주는 정도였지. 광주경선 끝나고 나서는 캠프
에 출근도 안 했고, 월 주차도 더 이상 안 끊었고. 그다음에 후보
가 되시면 당에서 다 관리를 할 거니까 우리같이 당원도 아닌 사
람들이 왔다 갔다 해서 좋을 게 없다 그랬고. 실제로 경선 조직을
해단식도 제대로 안하고 다 흩어 버렸잖아요. '우리 같은 자원봉
사자들 말고 원래 참모들이 당에 들어가서 같이 하면 되지 뭐' 그
러고 집에 온 거지.

**대선 후보로 확정된 게 천장이었어요. 그 이후로 상황도 악화되고 지지도는
계속 떨어지잖아요. 어떻게 지켜보셨나요.**

유시민   저는 다시 칼럼 연재를 시작하고 또 출판 기획사를 차리
려고 사무실 얻어 놓고 한 100권짜리 대규모 출판 기획도 좀 하고
있을 때예요. 온갖 일 다 생기면서 (후보) 지지율이 떨어져 가고 그
래도 내가 관여할 수 있는 일이 없었기 때문에 그냥 보고만 있었

어요. 그때가 7월 20일쯤 되기 전인가, 되게 더운 날이었는데 여택수 전화가 와 가지고 어디냐고 그래서 마포 내 작업실이라고 그랬더니 오신다는 거라. '뭘 오셔, 바쁘신 분이. 내가 가면 되지' 그랬더니 안 바쁘대. 오늘 일정도 없대. 지금 마포대교 건너고 있다고 그러더라고요. 에어컨은 있긴 해도 좀 덥고 엘리베이터도 없고 한데 오셔 가지고 대통령님이랑 여러 가지 대화를 했죠. 그때가 되게 어려울 때여 가지고 약간 비관적인 기분으로 오셨더라고요. 그니까 뭐, 해 보니까 잘 안되잖아요. 당신이 새로운 시대정신을 가지고 가려고 하는데 따라 주지도 않고, 이해도 안 해 주고, 맨날 씹기나 하고 언론에서 깨지고 그러니까 많이 위축돼서 오셨더라고. 바쁘실 텐데 왜 오셨냐고 그랬더니 '(민주당) 안에서 너무 이러이러해 가지고 너무 힘들다. 밖에서 사람을 모아서 응원 좀 해 달라'고 하시더라고요. 그래서 '아니, 후보님 지난번 경선 조직은 해단식도 안 하고 다 해산해 버려 가지고요. 다 집에 가 버리고 해서 모아질지 모르겠는데 하여튼 한번 모아 보죠, 뭐' (했죠.)

문성근 선배하고 상의해서 '국민후보 노무현 지키기 서명운동' 형식으로 밖에 경선 네트워크를 복구하려고, 명분은 국민서명운동인데 경선 끝난 후에 그냥 흩어져 버린 조직들을 다시 점검한 거죠. 이거를 어떻게 가져갈까 고민하다가 '민주당 조직 바깥에다가 국민선거대책본부를 만들어서 거기다 붙이자' 그래서 다시 사발통문을 돌렸더니 사람들이 그거는 안 한다는 거예요. 그런 식으로 서명운동 한 번 하고 또 새천년민주당 지원해 주고 선거 끝나면 또 내쫓기고 이런 건 안 하겠다고. 그래 갖고 저랑 유기홍국민의 정부 청와대 정책기획수석실 정책기획국장으로 근무했다. 2002년 유시민, 문성근과 함께 개혁국민당 창당을 주도했다. 17대, 19대 서울 관악 갑에서 국회의원으로 당선된다. 의원이랑 문성근 선배랑 그 밖에 몇 사람이 모여서 '그럼 당을 하자. 나중에 어떻게 되더라도 일단 대선 때까지 새천년민주당 밖에 있는 사람들이 모여서 뭔가를 하려면 당 형식이 있어야 된다 하니, 발기인 모으고 당을 만들어 보자' 그렇게 그날 결정하고 밤에 명륜동당시 노무현 후보의 서울 종로구 자택. 가서 말씀드렸죠. 그랬더니 '돈 많이 들 텐데?' 이러시더라고. '그럼 돈 좀 주시든가요' 그랬더니 '돈은 없고' 그러시더라고. '돈도 없으시면서 왜 물어보십니까? 우리가 알아서 하겠습니다' 이러고 나와서 40명이 500만 원씩 내 가지고 시작을 한 거죠.

새천년민주당이 국민정당인데 개혁적이지도 않고 민주적이지도 않으니 이 당을 대체할 수 있는 국민정당을 새로 만들어 보자고 한 게 '개혁국민정당'(개혁당)이에요. 그 뒤에 어떻게 갈지는 모르겠고, 대선 때까지 일단 정당의 형태로 모여 있으면서 뭘 해 보자. 8월 30일인가에 흥사단 아카데미 강당에서 창당 토론회를 하기로 일정을 공지하고, 오마이뉴스 인터뷰 하고, 8월 31일 날 임시 홈페이지 오픈하고 그렇게 해서 개혁당 창당 운동이 시작됐던 거죠. 일종의 프로젝트 정당으로 시작한 거죠.

노사모가 한창 활발할 때여서 이때는 관계가 어땠나요?

유시민　이건 정당이고 저쪽은 팬클럽이니까 노사모와 공식 관계는 없는데 노사모 회원들이 대부분 개혁당의 창당 발기인이 됐던 거예요. 새천년민주당 당원이 아닌 노사모 회원들이 너무 열 받으니까 이렇게라도 모여서 뭘 해 보자고 해서 개혁국민정당이라는 신당을 만들어 놓고 새천년민주당 후보를 지지 선언하고. 사실 이게 좀 이상한 거죠. 정치나 정당의 기본 문법하고는 완전히 다른 거고. 그때는 (민주당) 안에서 어떻게 해 볼 수가 없으니까 밖에서 모여서 한 거죠.

창당 발기인대회에서 창당 발기인 투표로 이미 다른 당 공식 후보가 된 분을 90 몇 프로 찬성으로 지지하기로 결정을 하고. 노무현 민주당 대통령 후보는 2002년 10월 20일 오후 2시 여의도 63빌딩 국제회의장에서 열린 개혁국민당 창당 발기인대회에 참석. 후보수락 연설을 통해 "몇 사람의 정치인이 뒷방에 앉아서 정치를 좌우하던 시대는 끝나가고 있다"며 당원 중심 정당운영을 표방한 개혁국민정당의 성공을 기원하고 "결코 여러분을 배반하지 않고 반드시 대선에서 이기겠다"고 말했다. 약간 그런 것도 있었어요. '니네 만약에 백지신당 한다고 노무현 내쫓고 니들끼리 모여서 정몽준 세우면 우리가 개혁당 후보로 노무현 공천 줘서 출마시킨다. 그러면 대선은 못 이기겠지만 당을 하나 새로 만들 수는 있다' 최악의 경우에 그런 시나리오는 있었죠. 그렇지만 그런 일이 안 생겨야 된다는 판단을 하고 있었고, 다행히 안 생기고 간 거죠.

당시 보좌진들 얘기를 들어 보면, 당의 공식 후보가 됐지만 도리어 안팎으로 참 외로우셨겠다는 생각이 많이 드는데요.

유시민　외로운 정도가 아니지. 날마다 가시방석이셨겠지. 나 같으면 집어치우고 나갔어요. 그런데 이분은 그런 점에서 참 고래심줄 같은 면이 있는 분이라. 그 파동 속에서도 그래도 어떻게든 견뎌 내고 한 고비 한 고비 후보 단일화하고 대선 치르고 쭉 오는 과정을 보면 진짜 '운명이라고 생각한다' 그게 괜한 말이 아닌 거지. 그렇게 생각하지 않았다면 버티기 어려운 과정이었거든요. '안에서 정말 못 견디겠다' 그런 얘기하신 적도 있고요. 비주류의 비주류. 이런 프레임으로 저는 그때 이해를 했는데, 이제 1번 당(한나라당)이 주류, 2번 당(민주당)이 비주류인데, 2번 당에서 호남이 주류고 비호남이 비주류잖아요. 노 대통령은 영남 출신이라. 또 옛날에 꼬마 민주당·통추 출신 김대중 대통령이 이끄는 당에 몸담은 두 번의 계기다. 1990년 3당합당을 야합이라고 규탄한 노무현은 일명 꼬마 민주당을 창당해 야권 투쟁을 이어간다. 꼬마 민주당은 다음해 김대중 총재의 신민당과 통합. 민주당으로 새 출범한다. 영남 출신 노무현이 호남·동교동계 주류의 당에 처음 합류한 것이다. 노무현은 그렇게 1992년 14대 대선에서 민주당 김대중 후보를 지원했다.

1995년 노무현이 부산시장 후보로 출마해 낙선한 6·27 지방선거를 거치면서 민주당은 신민당과 통합 4년 만에 분당(分黨) 상황을 맞는다. 그해 7월 18일 14대 대선 낙선 직후 정계 은퇴를 선언한 김대중 아태평화재단 이사장의 복귀 및 신당 창당 선언, 9월 5일 새정치국민회의 창당이 이어졌다. 노무현은 민주당 '구당(救黨)과 개혁을 위한 모임'을 결성하고 통합민주당 창당을 주도한다. 이어 1996년 15대 총선에서 통합민주당 후보로 서울 종로에 출마, 낙선하고 그해 11월 '개혁과 통합을 위한 국민통합추진회의'(약칭 통추)에 참여한다. 통추는 1997년 11월 9일 발족 1년 만에 해산한다. 이때 노무현은 정권 교체의 기치를 내걸고 김원기, 김정길 등과 국민회의에 입당, 곧바로 김대중 후보의 15대 대선 운동을 지원했다. 두 번째 합류였다.이고. 그러니까 비주류 정당의 비주류 후보잖아요. 굉장히 어려울 수밖에 없지. 7월 달에 뵙고 나서 개혁당 만들면서 이제… 좀 시끄러워졌죠. 내가 새천년민주당 후단협 욕하고, 맨날 싸우고 그랬으니까. 그때부터는 영 답답하시면 가끔씩 같이 밥 먹으면서 얘기도 좀 하고, 저녁에도 만나고 (그랬죠). 내가 뭐 특별히 해 드릴 게 있나요.

그러다가 단일화 때, 저는 그때 강연을 많이 다녔어요. 그해 가을 겨울에 혼자 차 몰고 쉰 개 이상 도시를 다니면서 '단일화 필요 없다. 정몽준이 뭔데 단일화를 하냐. 그냥 노 후보가 하면 되고, 당선 안 되면 또 야당하면 되지. 우리 당 소속 후보는 아니지만 개혁당은 반대다' 하고 다닐 때예요. 근데 후보님이 전남 순천인가 어디 조찬 간담회에서 여론조사 (방식의) 단일화 수용하겠다고 말씀하시는 게 뉴스에 나오더라고. 그래서 내가 전화를 했지. '후보님 어떻게 된 겁니까?' 이랬더니 '어젯밤에 보고를 받았는데 한겨레

신문하고 다른 데하고 두 군데 여론조사에서 이회창 씨 지지율이 40퍼센트를 넘겼어요.' 그러시더라고. '그러면 이 선거는 절대 못 이기는 선거예요. 생각을 해 봤는데 정몽준 씨하고 단일화를 하면 내가 50프로 정도 확률은 있잖아요. 본선에만 가면 내가 이길 것 같거든. 본선은 100프로 이길 것 같애. 그러니 단일화를 하면 50프로는 내가 대통령이 될 수 있잖아. 안 하면 0프로란 말이야. 그래서 내가 하기로 했어' 이러시는 거야. '예. 그러셨어요' 그랬더니 '그러면 유시민 씨는 어떻게 해? 지금까지 반대했는데?' 그러시더라고. '아니 지금까지야 반대했고요. 후보님이 결단을 하셨으니까 이제는 단일후보 만들기 운동을 해야죠' 그러고 전화를 끊었어. 그러니까 사람들이 막 웅얼웅얼해요. 아니, 원래 지지자의 자세는 항상 이런 거 아니겠냐고. '후보님이 결단하기 전에는 우리는 열심히 우리의 후보를 위해서 하고, 후보가 결단하시고 나면 그 결단 따라서 또 하는 거지. 이거 안 하려면 뭐 하러 선거운동을 해?' 그래서 이제 '노무현 단일후보 만들기 캠페인' 이쪽으로 바꿔 가지고 했지.

경선 초기 때처럼 후보 단일화 TV토론 준비도 챙겨 보셨나요.

유시민　　그때 경선 끝나고 나서 처음으로 후보 일정에 결합해 봤어요. (정몽준 후보하고) 토론을 한 번 하고 여론조사를 하기로 했잖아요. 이 토론을 봐 드려야 되는 거야. 정태인하고 나하고 '경선캠프 때 우리가 다 봐 드렸는데 단일화 토론 딱 한 번인데 봐 드려야지' 그래 갖고 새천년민주당에 문의했더니 후보의 소재를 안 가르쳐 주는 거야. 우리가 바보야? 안 가르쳐 주면 몰라? 여택수한테 전화하면 아는데. 당 후보실로 그냥 밀고 들어갔지 뭐. 가니까 (후보님이) 되게 반가워하시지. 분위기가 이상하더라고. 당 실무자들이 모두 발언이라고 버전 1, 버전 2, 버전 3, 이렇게 만들어 놨는데 다 마음에 안 드시는 거라. 그날 저녁에 TV토론이 있었을 거예요. '후보님 지금 심정이 어떠세요? 시민들한테 딱 한마디 하라 그러면 무슨 말하고 싶으세요?' 이렇게 여쭤 봤더니 억울하다고 하시더라고. 또 그러시는 거야, 광주 때처럼. 나는 여기까지 죽을 고생을 하고 몇 번 고비를 넘기고 왔는데. 월드컵 4강 지가 했나, 정몽준은 한 게 뭐 있어 가지고 공짜로 여기 와서 둘이 또 단일화를 하라니까 사실 억울하다는 거예요. 그래서 '모두 발언 그거 하셔야 되겠네요' 그랬거든. 모두 발언을 '저는 좀 억울합니다. 서럽습니다' 이걸로 준비하고, 그다음에 전략 회의를 하면서 '오늘 토론은 져야 됩니다' 그랬거든. 오늘은 져 주고 어눌해 보이고 불쌍해 보여서 표를 얻으셔야 된다고. 토론 컨셉을 그렇게 정하고 모두 발언부터 마무리 발언까지 다 그 컨셉으로 짜 놓고 나왔지. 그리고 TV로 모니터링을 하는데 진짜 잘하시더라고. 정태인 씨는 걱정이 돼서, 왜 저렇게 토론을 못하냐고. 그때는 트위터가 없을 때고 인터넷에 댓글들이 막 올라오니까 불안했던 거라. 괜찮다고, 원래 돼야 되는 토론대로 갔다 그랬죠. 그러고 나서 이제 단일후보 되셨지.

우리 노 대통령님이 보면, 참 한사람 안에 공존하기 어려운 양면을 가진 분이세요. 굉장히 진심이 있으면서도 필요한 연기를 기가 막히게 잘하세요. 단일화 토론도 그런 거였거든. 말로 상대방을 누르려면 얼마든지 누를 수 있는 분인데 전략적으로 검토를 해서 오늘의 각본을 드리고 그 각본에 맞는 연기를 하셔야 된다고 하면 그걸 딱 내면화해서 정확하게 하세요. 진짜 그 캐릭터로 완전히 감정이입을 해서 본인은 연기를 하는 게 아니라 진심으로 하신 것 같애. 그게 객관적으로 보면 연기를 되게 잘하시는 거지. 그리고 자존심이 되게 강한 분인데 또 필요할 때는 수모를 그렇게 잘 견디세요. 그런 게 되게 특이한 분이라. 한사람 안에 같이 있다는 게 어떨 때 보면 놀라운 대목들이 있어요. 단일화 토론도 그런 것 중의 하나였고. 물론 결과가 좋게 나왔으니까 이렇게 말할 수 있는 거겠지. 결과가 안 좋게 나왔으면 뭐, 그래서 졌다고 말할 수도 있겠죠.

또 단호하셨죠. 정몽준 측에서 공동 정부 요구할 때도 그렇고.

유시민　　그것도 재밌는 건데. (이회창 후보와) TV토론이 세 번 있었죠. 첫 번째 TV토론을 하고 나서 지지율이 한 6, 7프로 이상 앞서 가고 있었어요. 두 번째 TV토론을 하기 전날에 이해찬 의원한테서 긴급 호출이 와서 갔더니 이해찬, 김원기 또 몇 사람 이렇게 너덧 분이 계시더라고. 김원기 고문이 '캠프 때려치우고 외국 나가 버린다' 그러고 있는 거라. 정몽준 쪽에서 4대 권력기관 그다음에 공공기관, 투자기관, 출연기관 반을 문서로 약속하라면서 선거 유세를 안 나오고 있을 때예요. 후보님이 '그거 절대 안 된다' 그러니까 김원기 고문님이 워낙 마음이 급하니까 '그러면 문서로 안써 줘도 되고 구두로만 약속해도 된답니다' 얘기를 했나 봐요. 그러니까 '지도자는 글이나 말이나 똑같은 거기 때문에 문서로 못쓰는 거는 말로도 못합니다' 이렇게 됐대요. '그러면 구두로 약속했다고 내가 그 캠프에 거짓말을 하겠다. 근데 내가 거짓말을 하는 거를 후보가 알고 있어야 된다. 선거 끝나면 약속한 적 없다고 말씀을 하시고 김원기가 책임지고 정계 은퇴를 할 테니 그렇게 할 수 있게 허락을 해 달라'고 했는데 못 하게 하셨다는 거야. 그러니 김원기 고문이 엄청 화가 나신 거야. 입장을 바꿔 놓고 생각하면 김원기 고문님은 당신의 정치적 자산을 다 걸고, 엄청난 욕을 얻어먹을 각오를 하고 선거에 힘을 보태려고 진심으로 얘기한 건데 그거마저 못 하게 하신 거니까 화가 날 만도 하죠.

'근데 저를 왜 부르셨느냐'고 물어봤더니 민주당 안에는 이 문제를 가지고 더 이상 말을 해 볼 수 있는 사람이 없대요. 그래 갖고 밤 9시인가 해서 명륜동으로 갔어요. 후보님한테 있는 대로 얘기는 안 하고 '후보님, 근데 사람들이 걱정이 많은 것 같아서 제가 찾아뵀습니다. 이러이러한 문제 제기가 있는데 후보님은 어떻게 하시려고 그러십니까?' 그랬더니 탁 이러시는 거야. '아직 시간이 있지 않아요?' 그래서 '아직 한 4, 5일 정도 있죠' '그러게. 시간이 있는데 왜들 그러는지 몰라' 이러시는 거예요. '사람들은 걱정이 돼서 그렇죠' 그랬더니 아직 시간이 있으니까 주말까지 보자는 거예요. '내일 경제 분야 토론도 있고 주말 가면 또 있고 토론이 두 번이나 더 남았는데. 이제 선거 초반인데 여론 추이를 좀 더 봐서' (그래서 제가) '근데 왜 그렇게 생각을 하셔요?' 이랬더니 '못 믿겠어요' 그러시더라고. '못 믿겠어요, 정몽준 씨를. 사람이 괜찮으면 다 줘도 되는데. 문서로도 쓸 수 있고 뭐든 다 할 수 있는데, 겪어 보니까 못 쓰겠어요. 저런 사람한테 권력을 줘 가지고는 나라가 잘 못될 것 같아서 그것 때문에 내가 안 줄 수 있으면 안 주고 가 보려고 그러는 거지 사람만 괜찮으면 왜 못 주겠어요?' '아니, 그래도 이회창이 집권하는 것보다는 나으니까 뭐라도 줘야 되면 주는 건데, 안 주고 갈 수 있으면 그게 제일 낫죠. 근데 일요일 여론조사까지 시간이 한 5일 정도 있는 것 같습니다. 차이가 더 벌어지면 그냥 가시고요 좁혀지면 결단하셔야 될 것 같아요' 그랬더니 '그래, 내 말이. 아직 시간이 있잖아. 근데 왜 난리야. 내일 토론 잘하면 되지' 그러시는 거예요. '근데 후보님, 사실은 이만저만해서 밖에다가는 반쯤 설득을 했다고 내일 한 번 더하면 될 것 같다고 이렇게 얘기를 할 테니까 내일 저하고 연락 안 되는 데 가 계십시오' 하고 나왔어요. 그리고 그다음 날 경제 (분야) 토론을 했고, 여론조사가 나왔는데 (지지율 격차가) 두 자리로 딱 벌어진 거야. 그리고 정몽준 씨가 '자기 빼고 딴 사람은 단상에 안 올린다' 이 옵션 하나만 걸고 유세장에 나온 거예요.

그리고 김원기 고문님이 연락하셔 가지고 의원회관으로 갔더니 '아, 내가 정치를 몇 십 년 했는데 저런 분은 처음 본다' 그러더라고. 그분들 정치 문법으로는 후보님을 자기 자존심, 자기 결벽을 위해서 나라의 운명을 도박에 거는 사람으로 인식하신 거라. 그니까 화가 나신 거지. 정치 그렇게 하면 안 된다고 생각을 한 거고. 근데 2, 3일 사이에 지지율이 두 자리 격차로 벌어져서 (노무현 후보가) 확실히 이기는 거로 나오고 정몽준 씨가 유세를 하러 나왔잖아. 노무현 후보와 정몽준 대표는 2002년 12월 13일 대전에서 처음으로 합동 유세를 함께 한다. 결국 누구 말이 맞았는지 선험적으로는 알 수 없으나 일단 노 후보가 밀어붙인 게 효과를 냈고, 최선의 결과를 낳은 거 아니에요. 아무것도 약속 안 해 주고, 유세장에서 의전 몇 가지만 옵션을 걸고 조건 없이 나온 거기 때문에. 그러면서 선거전 기간 막판에 노무현 후보의 당 장악력이 확 커졌어요.

저는 그 과정을 보면서도, (후보님이) 도박을 한 게 아니에요. 계산을 다 하신 거라고. 뭘 주더라도 최소한으로 주기 위해서는 전술적으로 어떻게 판단해서 어느 시점에서 뭘 할까에 대해서 굉장히 체계적으로 생각하는 분이에요. 사람들은 그분이 그러리라고 생각을 안 하기 때문에 '자기들이 옳은 방침을 주면 후보가 이해하고 받아들여야지. 왜 말도 안 하면서 고집만 부리냐' 이거야. 근데 노 후보님 입장에서는 '내가 며칠 더 본 다음에 이렇게 할게요'라고 말하는 순간 비밀이 유지된다는 보장도 없잖아, 그 당이. 그러니까 흉중에 있는 말씀을 선거 캠프에 주요 직책을 가진 분들한테 할 수가 없었던 거예요. 혼자서만 가지고 있었던 거지. 단일화도 그랬던 거 같아요. 어떤 상황이 왔을 때 어떤 방식으로 응해야 될지 속으로 오랫동안 생각을 하셨지만 후보가 그 말을 밖으로 뱉어 내는 순간 그게 다 무너지잖아요, 전부 다. 속마음을 들키는 순간. 그런 게임을 되게 잘하는 분이세요. 단일화 때는 멀리 있어서 몰랐는데 절반 내놓으라는 정몽준 씨 요구를 다루는 과정에서 보니까 '하, 이런 지독한 면도 있구나' 어떤 전략가로서의 면모? 다만 말을 안 할 따름이지. 김원기 의장님이 '내가 다 책임질 테니 거짓말을 하게 해 달라'고 한 것도 저는 되게 놀라웠어요. '오래된 정치 문법에는 이게 있구나. 살신성인의 한 표현 방식이. 이런 정치도 있구나' 이해찬 의원이 설명하는 동안 그날 피우지도 않는 담배를 물었다 놨다, 물었다 놨다…. 내가 잊어버리지도 않아요. 너무너무 불안한 모습. 그 불안이 내가 뭐 손해 볼까 불안한 게 아니고 '선거가 잘못 될까, 나라가 잘못 갈까' 이 걱정. 저도 김원기

의장님 참 새롭게 봤어요.

그러다 대선 전날, 18일 날 단일화 철회가 공식화되죠.

유시민　그날 저는 개혁국민정당의 선거운동을 다 정리하고, 퇴근하고 있었어요. 차를 몰고 자유로를 달리는데 (정몽준 후보가 지지를 철회했다는) 전화가 와서 여의도로 다시 돌아왔을 때가 한 10시 반쯤 됐던 것 같아요. 김행 씨가 기자회견을 한 직후였나 그랬어요. 바로 한 일이, 그때 우리는 여론조사를 할 돈이 없으니까 새천년민주당 여론조사표를 제가 좀 가지고 있었거든요. 시계열 데이터를, 선거 시작 전부터 다시 다 갖다 놓고 표가 어떻게 움직일지 한 30분 동안 막 분석해 봤어요. 이렇게, 이렇게. 별로 움직이는 것 같지 않은 거예요. 저쪽에 빠져나갔다고 치더라도 투표만 하면 지지 않을 것 같다는 생각이 들었어요. 진짜 안 질 것 같더라고. 투표만 하면. 그거를 글로 정리해 가지고 '투표만 하면 이긴다' 그렇게 홈페이지에 12시 20분인가, 자정 넘어서 올렸던 것 같아요. 그걸 올려놓고 당사에 앉아 가지고 각 지역에서 뭔 일이 벌어지고 있는지. 그리고 사람들이 질 거라고 생각하고 포기하면 안 되기 때문에 '투표하면 이긴다' 이거를 전파하기 위해서 밤새도록 통화하고. 사람들이 다 밤에 잠을 못 잤어요.

　그다음 날 집에 들어가니까 한 8시 됐더라고요. 1시쯤 일어나서 점심 먹으러 갔는데 오전 출구조사에서 졌다고 소식이 들어오더라고요. 얼마 졌냐니까 방송 3사 다 합쳐서 한 2점 몇 프로 졌다 그러더라고요. 그래서 '아니 12시까지 2점 몇 프로밖에 안 졌으면 오후 되면 이기지. 나도 이제 투표하러 가는데?' 밥을 느지막이 다 먹고 집에 오니까 3시 반쯤엔가, 엎은 것 같대요. 여사님한테 전화를 해 봤죠. 오후 4시 좀 넘어 가지고. '여사님 방송차들 왔습니까?' 이랬더니 방송차, 중계차가 오전에는 없었는데 밥 먹고 나니까 그 동네에 막 왔대. '여사님 우리 이기나 봐요' 내가 그거 확인해 보고 나서 '아, 이게 엎어졌구나'(했어요.) 정몽준 씨가 그렇게 안 했으면 나는 노 후보가 대개 10퍼센트에 육박하는 차이로 이겼을 거라고 봐요. 근데 그렇게 하는 바람에 근소한 격차로 선거가 치열하게 진행이 됐고 그 바람에 불행한 일이 덜 생겼다고 말할 수 있죠. 온전한 정권 교체가 처음 된 거죠. YS 때 3분의 1, DJ 때 3분의 2, 노무현 때 이제 1.

노무현을 대통령으로 만든 것은 어떤 힘이었을까요?

유시민　정권이 바뀔 때가 안 된 거예요. 정부 수립을 1948년에 해 가지고 김대중 대통령이 1998년도에 취임하신 거니까. 50년 동안 사실상 소위 보수세력이 집권했잖아요. 5.16 이후만 보더라도 36년을 한 세력이 집권했어요. 그러다가 넘어와서 5년이었잖아요, 5년. 바다에도 밀물 썰물이 있는 것처럼 밀물이 한번 들면 시간이 걸리는 거예요. 이회창 씨가 가지고 있는 특권층의 낡은 행동 양식들, 살아온 방식들, 한나라당의 금권정치 문화. 모든 낡은 요소들을 그대로 안고 있는 정당과 인물에게 정권이 넘어가기에는 5년이 너무 짧은 시간이었다고. 국민들이 안 바꿀 수만 있으면 이번에는 안 바꿨으면 좋겠다는 게 기본으로 깔려 있었다고 봐요. 적정한 사람이 없으면 할 수 없는데 계속 찾다 보니까 노무현이라는 인물이, 그전에 존재감이 별로 없었는데 확 두드러지게 눈에 띈 거예요. 그니까 사람들이 노무현을 발견한 거지. 왜? 찾고 있었으니까. 눈에 띄어서 봤는데 뭐 하자도 있는 것 같고, 신상품 같아서 작동 방식도 잘 모르겠고 좀 낯설어. 그니까 중간에 '이 산이 맞는 거야? 저 산인 거 아니야?' 이게 있었어요. 종국적으로 대선에 임박했을 때 '그래도 저 사람이네' 이렇게 해서 뽑아 준 거예요.

그러니까 참여정부 5년은 민주정부 2기예요. 저는 국민의정부 5년이 1기고, 요게 2기였다고 봐요. 또는 전체를 묶어서 1기라고 보면 돼요. 민주정부 1기의 전반전과 후반전. 게임이 아직 안 끝났기 때문에 바꿀 수가 없는 거야. 그때 사람들의 눈에 노무현이라는 캐릭터가 들어온 거예요. 아니면 이 대선 승리는 다른 비결을 찾을 수가 없어요. 사회계층 분석이든 경제상황 분석이든 다 해 봐도 '필연적으로 노무현이 될 수밖에 없었다' 이거는 없어요. 노무현 대통령과 똑같은 캐릭터를 가진 똑같은 인물이 지금 나타나도 될까? 안 된다고 봐요. 그때니까 된 거지. 이게 일종의 운명 같은 것일지도 모르죠. 운명.

노무현이라는 독특한 캐릭터를 가진 정치인이, 그 개인의 경력으로 보나 사회적 기반으로 보나 정치적 기반은 비주류의 비주류고 (대통령이) 될 수 있는 요소가 없어요. 근데 그 시기에 사람들로 하여금 '이 사람'이라고 말할 수 있는 매력적인 요소를 가진 분이었어요. 사람들이 나름대로, 그것이 사실이든 아니든 상관없이 노무현이라는 이 캐릭터에서 어느 한 대목인가를 자기 마음에 들어 하고 '그래서 난 노무현'이라고 말할 수 있게 해 준 사람이에요. 많은 결점과 더불어서 많은 미덕을 가진 분이었잖아요. 이분이 지금 대선에 나온다면 안 된다고 봐요. 또는 그전에 나왔더라면 역시 안 됐으리라고 봐요. 이거는 그때 딱 일회적으로 벌어진 사건이었어요. 그리고 그런 캐릭터를 가진 분이 대통령이 되는 일은 앞으로도 상당 기간 동안 안 생길 거라고 봐요. 우리나라 같은 조건에서는 대통령 될 수 없는 분이에요.

2002년 여름에 마포 제 작업실에 오셨을 때 (대통령님이) 저한테 물어봤거든요. '노무현의 시대가 오겠어요?' 그러시더라고. 그래서 제가 '아, 오지요. 100프로 오죠. 반드시 올 수밖에 없죠' 그랬더니 '근데 그런 시대가 오면 나는 없을 것 같아요' 그러시더라고. 그래서 '후보님은 첫 물결이세요. 새로운 조류가 밀려오는데 그 첫 파도에 올라타신 분 같아요. 근데 이 첫 파도가 가려고 하는 곳까지 바로 갈 수도 있지만 처음 파도가 못 가고 그다음 파도가 오고 파도들이 여러 차례 밀려와서 거기 갈 수는 있겠죠. 가시고 싶은 데까지 못 가실 수도 있죠. 근데 언젠가는 사람들이 거기까지 갈 거예요. 그렇게 되기만 하면 뭐 후보님이 거기 계시든 안 계시든 상관 있나요' 했더니, '하긴 그래요. 그런 세상이 되기만 하면 되지 내가 꼭 거기 있어야 되는 건 아니니까' (하셨죠.) 너무 냉정하게 말했다는 후회를 나중에 좀 했는데. 그렇게 말씀드려도 하나도 서운하게 생각하지 않을 분이라는 걸 알기 때문에 그렇게 말씀드린 건데. 그랬던 것 같아요. 노무현이라는 이 사람의 존재 그 자체, 그분이 가지고 있는 그 모든 것들의 총합으로서의 한 인간, 그런 정치인을 우리가 받아들일 수 없는 풍토예요. 그래서 굉장히 힘들었던 거예요. 마치 좋은 결과를 못 낸 것 같은 시선을 받는 거고. 사람들이 이해를 못 하는 면도 많아요, 왜 저러는지. 노 대통령 자신이 너무 앞서간 거는 아니에요. 그분은 대중과 함께 가려고 계속 노력했던 분이고. 그니까 참 묘한 아이러니인데 (대통령님이) 앞서가려고 했던 거는 아니에요. 그냥 성정대로 사신 거예요. 근데 그 모든 성정들이 이 시대의 다수가 가지고 있는 통념이라든가 가치관, 문화양식에 비하면 너무 새로웠던 거지. 그때 하필 그분이 거기 있었기 때문에 그렇게 (대통령이) 된 거라. 그게 내가 이해하는 운명이라는…. 운명이란 단어를 난 별로 좋아하진 않지만 '이런 거를 운명적이라고 하는 거 아닐까?' 그런 생각은 하죠.

문성근

노무현의 눈물

구술자 문성근은 1953년 일본 도쿄에서 태어났다. 늦봄 문익환의 3남이다. 서강대 무역학과 졸업 후 직장생활을 하다 1985년 연극 〈한씨연대기〉로 배우의 길에 들어섰다. 청룡영화제 남우주연상을 수상하는 등 영화·드라마에서 탁월한 연기로 다수의 작품을 남겼다. 〈꽃잎〉, 〈아름다운 청년 전태일〉, 〈초록 물고기〉 〈오! 수정〉 등이 대표작이다. 1992년 시작한 SBS 시사프로그램 〈그것이 알고 싶다〉의 진행자로도 활동했다.

1989년 문익환 목사 방북사건 재판의 변호를 부탁하기 위해 의원실을 찾아가면서 노무현과 처음 만났다. 대선 레이스가 본격적으로 시작하기 이전인 2001년부터 '노사모', '노문모(노무현을 지지하는 문화예술인 모임)' 활동을 통해 노무현을 응원했다. 2002년 대선 중반 개혁국민당 창당에도 힘을 실었다. 노무현 자서전 《운명이다》는 "문성근·명계남 씨 같은 유명 인사들이 쏟아지는 비를 맞으면서 선거인단을 한 사람씩 방문해 무릎을 땅에 대고 노무현을 도와달라며 눈물로 호소했다(183쪽)"고 기록하고 있다.

2016년 현재 연기자로서 활동 외에 노무현재단 이사, 정치연대 커뮤니티 '백만송이 국민의명령' 상임위원장, 사단법인 '시민의 날개' 이사 등을 맡고 있다.

●

선거운동이 시작된 2002년 11월 27일, 9시 뉴스가 끝나자 평등을 노래하는 존 레논의 '이매진(Imagine)'이 잔잔히 흘러나왔다. 아이들의 웃음, 노동자의 손을 잡아 주는 노무현의 모습에 이어 볼을 타고 굵은 눈물 한줄기가 흐르는 얼굴이 비친다. '노무현의 눈물 한 방울이 대한민국을 바꾼다'는 TV 대선광고는 선풍적인 반향을 일으켰다.

실제 노무현은 2002년 10월 20일 열린 개혁국민정당 창당 발기인대회에서 이 눈물을 흘렸다. 단상에서는 문성근이 '노무현 후보가 다 찢어진 민주당 깃발을 들고 벌판에 서서 비바람을 맞고 있습니다. 외롭지 않다고 당당하게 이야기합니다. 그러나 그의 가슴에 흐르는 피눈물을 왜 보지 못하겠습니까'라며 피를 토하듯 외치고 있었다. 87년 양김의 대립이 가져온 지역주의와 분열, 여기에 끝없이 부딪치는 노무현의 모습에 이끌려서 아버지의 제사를 올리는 심정으로 뛰어든 2002년 선거였다. 우연한 계기로 연설에 재능이 있음을 알게 된 문성근은 기꺼이 사람들의 가슴에 불을 지피는 기폭제가 되어 노무현을 도왔다.

문성근과의 구술은 두 차례에 걸쳐 진행됐다. 수록 내용은 2014년 6월 23일 서울 노무현재단 사무처에서 진행한 2차 면담 내용을 발췌·정리한 것이다.

처음 만났을 때 이야기 좀 해 주시죠.

문성근   맨 처음에 만난 거는 노무현 후보 초선의원 시절 1989년 3월 25일에 문 목사(문익환)가 방북문익환 목사는 1989년 3월 25일 방북해, 김일성 주석을 만난다. 당시 71살의 나이였다. 평양에서 김 주석과 뜨겁게 껴안는 장면은 세계적인 화제가 됐다. 그러나 정부와 사전협의 없이 독자적으로 방북했다는 이유로 국가보안법 위반 혐의가 적용돼 징역 7년을 선고받는다. 1993년 3월 가석방으로 풀려나지만 1994년 1월 심장마비로 숨을 거둔다.을 했어요. 그때 (야권이) 평화민주당하고 통일민주당으로 분당이 되어 있는 상태였고 이제 서울로 돌아오셔서 구속되자마자 당연히 평민당 현역 의원들 중에 변호사 자격을 갖고 있는 분들 중심으로 변호인단이 구성됐어요. 그런데 통일민주당 쪽에서 아무도 없었던 거예요. 그래서 제가 의원회관으로 찾아갔죠. 통일민주당에서 말이 통하는 사람은 노 후보밖에 없다 생각을 한 거죠. '변호인단이 전부 평민당 쪽이라 모양이 이상하니 맡아 주실 수 있겠는가?' 그랬더니 그 자리에서 '좋습니다. 하겠습니다' 길게 이야기드릴 것도 없었어요. 제가 말을 하고 있는 동안에 이미 결심이 서신 거 같애. 그러고 나서 일어나려고 하니까 이해찬 의원이 들어오시더라고. 노동위 삼총사13대 국회 노동위원회에서 활약한 통일민주당 노무현, 평화민주당 이해찬, 이상수 의원을 말한다. 시절이니까 그 두 분 떠들썩하게 얘기하시는 거 잠깐 보다가 나온 게 첫 번째고.

두 번째는 1992년 대선 때 제가 그해 3월부터 〈그것이 알고 싶다〉를 시작했는데 어마어마하게 히트를 쳤거든요. 평균 점유율이 40프로였으니까. 10월인가 11월쯤 SBS로 찾아오셨어요. 그때 이해찬 의원, 임채정 의원 그다음에 노무현 의원 세 분이 같이 오셨던 거 같아요. '물결 유세단'^{노무현은 1992년 14대 대선에서 민주당 청년특위 위}원장. 2030물결유세단 단장을 맡아 김대중 후보를 지원했다.이라고 젊은이들 중심으로 유세단을 만들었는데 거기에 참여를 해 달라고 얘기를 하시더라고요. '저는 할 생각이 없습니다' 그랬죠. 그때 노무현 의원이 저한테 얘기하시는 게 '인기라는 거 그거 별거 아닙니다. 그냥 어느 순간에 갑니다' (하셨어요.) 제가 굉장히 싫었던 거예요. 본인은 5공 청문회 때 엄청 떴다가 사표 내고 이런 과정1988년 13대 총선에서 부산 동구에 출마. 정계에 입문한 노무현은 '제5공화국 비리조사 특별위원회'에서 돋보이는 활약으로 청문회 스타가 되지만, 이듬해 3월 제도정치에 한계를 느끼고 의원직 사퇴서를 제출한다. 이후 사퇴 의사를 철회하고 의정활동을 재개하나 1990년 3당합당을 거부, 1992년 14대 총선에서 첫 낙선의 고배를 마신다.을 다 겪은 거잖아요. 그러니까 '너 인기 때문에 그렇게 연연하냐? 그 정도 밖에 안 되냐?' 이런 의견이신 거죠.

세 번째 만남이 이제 2001년인데요. 1999년에 스크린쿼터 (screen quota) 문제가 생겼어요. IMF 당하고 김대중 대통령이 급하니까 미국한테 투자 협정을 요청했고 미국이 선결 조건으로 스크린쿼터 해제를 요구했던 거예요. 그래서 '그거 하면 안 된다' 하면서 영화인들이 투쟁에 들어갔어요. 그때 결과적으로 막아진 거예요. 이를테면 한다 하는 글쟁이들이, 예술적인 깊이가 대단한 사람들이 전부 다 스크린쿼터 싸움을 했으니까. 이창동영화감독. 〈박하사탕〉, 〈오아시스〉, 〈밀양〉 등 대표작이 있다. 1998년 '스크린쿼터 사수 범영화인 비상대책위원회' 대변인을 맡았고, 2003년 참여정부 초대 문화관광부 장관을 역임했다.이 대표 집필을 했어요. 대통령께 드리는 장문의 편지를 썼죠. 두 가지 측면이 작용을 해서 스크린쿼터 문제가 해소됐죠. 하나는 우리가 문화에 대한 굉장히 합리적인 탄원서를 보냈다는 거하고, 또 하나는 1999년, 2000년 국내에서 하도 반대하니까 타결이 안 되고 시간이 가면서 점차적으로 외환사정이 나아지기 시작한 거예요. 그러니까 꼭 BIT'양자간 투자협정'(Bilateral Investment Treaty)은 외국인 투자가에게 투자 행위의 규제를 없애고 내국인과 동등한 법적 지위를 보장해 줌으로써 투자보호 및 투자자유화를 목적으로 하는 국가 간 투자협정이다. 한미 BIT는 1998년 IMF 이후 추진됐으나 미국이 스크린쿼터 철폐를 전제 조건으로 요구하면서 국내의 강한 반발에 부딪쳐 시간을 끌다 체결이 사실상 무산되었다.를 안 해도 되는 상황으로 간 측면이 있어요. 그 투쟁하는 과정의 핵심 멤버들이 일산에서 살았어요. 저하고 이창동, 정지영영화감독. 〈남부군〉, 〈하얀 전쟁〉, 〈부러진 화살〉 등이 대표작이다. 1998년 '스크린쿼터사수 범영화인 비상대책위원회' 집행위원장을 맡았다., 명계남 뭐 다 일산 사니까 시위 끝나고 대책회의하고 들어갈 때 같은 차를 타고 들어가는 거죠. '(스크린쿼터는) DJ니까 해소된 건데 그러면 다음은 어떻게 하지?' 그거를 누가 물었는지 모르겠어. 근데 나하고 명계남하고 동시에 '노무현이지' 이렇게 된 거예요. 이창동은 심사숙고하는 사람이라 즉답을 안 했을 뿐이지 몽땅 다 동의가 된 거예요. '노무현이다. 다음은 볼 거 없다' 그렇게 해서 2000년 총선에 노무현 후보로 가야 된다 해 가지고 명계남은 부산으로 가서 북강서을에서 유세를 했고 저는 서울에서 386유세를 했어요. 마음속에는 '2002년은 노무현 후보다'라는 생각을 갖고 있는 상태에서 역할 분담을 한 거죠. 그랬는데 총선 떨어지고 이제 노사모가 태동된 거잖아요. 명계남 씨는 (북강서을에) 유세를 갔기 때문에 노사모가 태동될 때 그거를 주도적으로 한 거죠. 시간이 지나면서 명계남이 계속해서 '너 이제 들어와라. 들어와라' (나는) 들어가는 순간 상업배우로서는 끝나는 거잖아요. 너무나 명백한 거거든. 스크린쿼터 때도 안 할라고, 안 할라고 그러다가 끌려들어가고 그랬거든요. 그니까 배우는 점점 멀어지고 있는 거예요. 영화운동만 해도 이미 배우로서 멀어진 건데 이건 정말 끔찍한 거지. 나는 한국사회에서 살아가는 방법을 달리해야 되는 거예요. 그런데 (노 후보) 상황을 보니까 지지도가 1.5프로, 2프로 나오고 당에서 지지하는 사람도 없고. 이건 산수예요. 노무현 후보가 되기 전에는 이길 수 있는 방법이 없어. 산수인데 왜 딴 생각들을 하냐 이거예요. 이인제가 되겠냐고.

그래서 아무래도 이제는 결심을 해야 되는 거 같다, 그래서 수유리 집에 갔죠. 아버님은 돌아가셨고 어머니하고 큰형이구술자의 어머니 박용길 장로는 민주화실천가족운동협의회 공동의장, 6.15남북공동선언실현을위한통일연대 공동준비위원장 등을 역임했다. 2011년 9월 유명을 달리했다. 구술자의 큰형 문호근은 예술의전당 공연예술감독 등 대표적인 문화예술인으로 활동했다. 2001년 5월 작고했다. 살아계실 때 (두 분 앞에) 앉아서 '결정을 해야 된다. 이제는 할 때가 됐다'(했어요.) 나는 문 목사에 대해서 정말 죄송한 마음을 갖고 있거든요. 그 양반이 만으로 59세 때 처음 감방에 가셔서 76세에 돌아가셨는데 생애 마지막 17년 중에서 11년 3개월을 감방 생활한 거예요. 전두환, 노태우 때 각각 두 번씩 총 여섯 번 감방을 갔죠. 하이고, [한숨] 그러고 돌아가신 거예요. 정권 교체도 못 보고. 역사적으로 보면 영광된 삶을 산 분이에요. 일제, 해방정국, 한국전쟁, 4.19, 유신 독재에 1987년, 그 후에 1989년 방북…. 이 기간이 다시는 오지 않잖아요. 다시는 그런 사람이 나타날 수 없다는 점에서 참 영광된 삶을 살았는데, 아들로서 기가 막히잖아요. 그 싸우시는 걸 보면서 나는 아예 근처를 안 갔어요. 무섭기도 하고, 아버지만 한 아들이 어디 있습니까? 괜히 애가 왔다 갔다 하다가 누를 끼칠 수 있고. 여섯 번 감방 생활 중에서 사실 재판은 세 번밖에 안 받았고, 나머지는 형집행정지 취소, 재수감 이렇게 된 거거든요. 세 번이 1976년 민주구국선언사건 3.1민주구국선언 사건.

박정희 유신정권은 1976년 명동성당에서 개최된 3.1절 미사에서 지도자급 재야인사들이 긴급조치 철폐, 민주인사 석방, 의회정치 회복, 사법권 독립 등을 요구하는 '3.1민주구국선언'을 낭독하자, 정부전복 선동혐의로 이들을 구속한다. 정치인 윤보선·김대중·정일형을 비롯해 함석헌, 윤반웅·문익환 목사, 함세웅 신부 등 구국선언 서명자 20명 중 18명이 기소되었고 문익환·김대중·윤보선·함석헌에게 징역 5년, 자격정지 5년이 선고되는 등 기소자 전원에게 실형이 내려졌다., 1980년 김대중 내란음모사건1980년 전두환 신군부 세력은 김대중이 북한의 사주를 받아 내란을 목적으로 5.18광주민주화운동을 일으켰다는 누명을 씌우고, 김대중과 문익환 등 20명을 연행해 군사재판에 회부했다. 이듬해인 1981년 대법원은 김대중에게 사형을 확정 선고한다., 1989년 방북사건이란 말이에요.

그렇게 살았으니 시비 걸 게 뭐 있겠어요? 근데, 딱 하나 남는 비판 거리가 분열입니다. 1987년 왜 못 막았냐.1987년 13대 대선 당시 통일민주당 김영삼, 평화민주당 김대중 두 후보가 야권 단일화에 실패하면서 민주정의당의 노태우 후보가 36.6%라는 낮은 득표에도 대통령에 당선, 전두환 정권의 뒤를 잇는다. 아버지의 삶에 대해서 그게 늘 남아 있어요. 근데 노무현이라는 분이 그 분열 구도를 극복하겠다, 분열의 극복과 도전이 정치인 노무현을 만들어 낸 거니까. 문목아버지 문익환 목사를 지칭한다.도 87년 대선 직후에 혜화동 수녀원에 들어가서 20 며칠 국민께 사과하는 단식을 하신 적이 있거든요. 방북도 그 연장선상이에요. 87년 정권교체 실패 후에 젊은이들이 분신, 투신하고 그러니까 남북관계를 개선하는 것이 (분열 구도를 깨는) 핵심이다, 이런 생각으로 방북하신 측면도 있어요. 그래서 아버지는 세상에 안 계시지만 한 번 더 국민께 사죄를 드리고 싶다. 내가 노무현이라는 후보를 돕는 행위에 대해서 어느 국민이 그렇게 받아들이겠어요? 그냥 나 혼자 아버지께 죄송한 그 마음, 돌아가신 그분의 고통스러운 삶에 대해서 아들로서 제사를 드리는 마음이 있었던 거죠. 어머니하고 형하고 그 얘기를 쭉 했어요. 그런데 문제가 문 목사는 김근태를 재야의 차기 리더로 생각하고 계셨던 거죠. 그니까 집안에 먼저 말씀을 드려야죠. 아버님이 말씀해 놓으신 게 있는데.

그래서 (집안) 동의를 다 얻고 (노 후보에게) 만나자고 연락을 드렸어요. 당시에 윤석규2002년 경선캠프 상황실장과 대통령후보 비서실 정책팀장을 맡았다. 씨가 캠프에서 좌장 비슷한 걸 했어요. 윤석규, 명계남, 저, 노 후보 그렇게 시청 앞 어디 음식점에서 만나서 '돕고 싶습니다' 그랬더니 굉장히 기분 좋아하시더라고요. 그때 만나고 나서 안희정 지사한테 들었나? 도와줘서 그렇게 기분 좋아하셨다고. 그때 당에서는 천정배 의원이 지지 선언천정배 의원은 2001년 7월 25일 노무현 후보 지지를 선언한다. 당시 새천년민주당 현역의원으로는 처음이었다.을 하기 전일 거예요. 한 명도 없는 거예요. 1992년도 얘기를 하시더래요. '92년에 내가 찾아갔는데 그 인간이 말이야 안 한다고 그래서 내가 얼마나 성질이 났었는데 요번에 나를 돕겠다고 한다' 그렇게 기분 좋아하셨대요. 그런데 (노 후보도) 저의 고민하고 비슷했을 거예요. GT(김근태) 문제. 사실은 경선 들어가기 전에도 몇 번 그런 얘기를 하신 적이 있어요. 단일화 안 되고 그러니까 '내가 그냥 김근태 지지 선언하고 말어?' 사무실에 들어오셔서 소리 버럭버럭 지르면서 '그러면 바람 불 거 아니냐' 하시더라고요.

그래서 어떤 활동을 하셨나요?

문성근　근데 돕겠다고 그러고서 그다음부터 왔다 갔다 다니기 시작했는데 내가 뭘 도울 수 있을지는 나도 모르고 캠프도 몰랐던 거예요. 뭘 해 달라는 얘기를 캠프에서 나한테 주문한 적이 없어. 그래서 재야 어르신들을 만나 보자, 혼자 판단하고 여러 분 찾아뵀어요. 안 되더라고. 동교동과 매우 가까운 분들은 한화갑 얘기, 좀 덜 가까운 분들은 김근태…, 그래서 그냥 우리끼리 '뭘 하지?' 지금도 생각하면 한심한 기억인데 저는 제가 연설을 할 수 있는 사람이라는 사실을 몰랐어요. 한 번도 한 적이 없어요. 386 1990년대를 기준으로 30대이며 1980년대에 대학을 다닌 1960년대 생들을 이르던 말. 지금은 흔히 86세대라 칭한다.들은 열린 공간이니까 연설을 많이 했지만 난 70년대 학번이니까 할 기회가 없었어요. 플래카드 꺼내다가 붙들려 가는 거거든. 학생회장, 아니 우리 땐 학도호국단이었지. 그 단장도 연설할 기회가 없어요. 주동자도 연설을 못해. 게다가 졸업 후에는 아버지 근처를 안 갔으니까. 나는 문 목사가 강연하는 걸 거의 들은 적이 없어요.

　2001년 9월에 부산 롯데호텔에서 노무현 후보가 무슨 출판기념 후원회 노무현은 2001년 9월 6일 부산 롯데호텔에서 열린 후원회에서 대권 도전 의사를 처음 공식화한다.를 했어요. 그때 명계남이 사회 보고, 근태 형도 오시고, 한화갑 대표도 오고 하튼 시끌벅적하게 했어요. 무지하게 큰 홀인데 나하고 이창동은 저 뒤에 5분의 4, 3분의 2 지점에 앉아 있었거든요. 갑자기 명계남이 나를 불러올리는 거야. 사전에 아무런 얘기가 없었어. 너무 놀라 가지고 (무대까지) 한 40미터쯤 되겠지? 그거를 거의 뛰다시피 빠른 걸음으로 가면서 생각한 거예요. '무슨 얘기를 하지?' 한 10초쯤? 10초도 안 걸렸을 거야. '무슨 얘기를 하지. 내가 길게 이야기할 순 없지. 온통 시끌벅적한 사람들인데 내 주제에 올라가서 한 1, 2분 짧게 해야지' 정신이 없으니까 얼마나 했는지 모르겠는데 굉장히 짧게 하고 내려왔어. 이창동이 죽인다고 (하더라고). 그 이후부터 이제 행사가 있으면 캠프에서 후보를 소개하는 마지막 연사로 나를 배치하기 시작한 거죠. 미치겠는 거지. 대통령 후보가 연설하시는데 그 앞에서 내가 마냥 길게 얘기할 수도 없는 거고 정해진 시간 안에 요약을 해서 전달해야 하는 거죠. 그래서 연설문을 쓰기 시작했죠.

경선 과정에서 인상 깊게 기억하는 바가 있으신가요.

문성근　명계남은 춘천에서 강원경선 때 용공(容共)이라고 빨간 딱지 붙인 거를 밤새도록 울면서 떼러 다니고 그랬잖아요. 2002년 3월 24일 실시한 강원경선은 대전·충남 경선에서 몰표를 얻고, 누적득표 1위로 선두에 오른 이인제 후보가 대세론을 확실히 굳히느냐를 판가름 짓는 분수령으로 인식됐다. 이 후보 측은 색깔론과 음모론을 앞세워 노무현 후보를 공격했다. 당시 노사모 회장으로서 현

_사료번호 38819
2001년 11월 26일,
광주시국강연회에서 두 손을 맞잡고 들어 올린
노무현 새천년민주당 상임고문과 구술자 문성근.

장에 함께 있던 명계남은 이렇게 회상한다. "전날(23일) 노사모 회원 150여 명이 일을 돕는데, 상대 후보 일꾼들이 '노무현 빨갱이'라는 전단을 밤새 붙이고 다니는 거야. 우린 괜한 싸움으로 먼저 노짱한테 해가 될까 봐 그 사람들한테 뭐라 하지도 못하고 그저 붙이면 떼고, 또 붙이면 또 떼고 그렇게 밤을 새웠어요. 울면서 말이야" 그날 버스 안에서 '이런 더러운 정치판' 이랬다가 노짱*노사모 회원들이 노무현 대통령을 친근감 있게 부르는 호칭.*이 '더럽다고 외면하지 말고' 이런 얘기를 들었다는 거잖아요. 근데 저는 그렇게 (후보와) 대화를 하지도 않았고, 제가 아는 게 있어야 하죠. 특별히 제안드릴 것도 없고 그러니까. 근데 이제 선명하게 기억이 나는 건 그때 제주도 우리 지구당에 갔어요. 그 사무실이 진짜 낡았는데 다 찌그러진 소파 있잖아요. 새까맣고 다 찢어진, 한 열 명 정도 앉을 수 있는 비닐 소파가 있는 거죠. 거기 들어간 거예요. 간담회니까 의자를 하나 끌어다가 나도 옆에 앉아서 보는데, 거기 앉아 있는 분들 평균 연령이 70세쯤 돼. (속으로) 무슨 당이 이러냐. 노 후보가 소파에서 일어나서 '제가 왜 후보에 나왔고, 뭐 잘 하겠습니다' 하시는 거예요. 다 말씀하시고 끝나고 거기서 나오는데 내가 뭐 말씀도 안 드렸어요. 나오시면서 제 귀에다 대고 '참 웃기죠. 그런데 이렇게 해야 됩니다' 그러시더라고요.

(노 대통령) 돌아가신 후에 '국민의 명령' 시작하고 정당의 변천사, 민주당의 변천사 이런 것들을 연구하면서 나이 든 원로 당원들을 존중해야 된다는 걸 깨달았어요. 나중에 깨달은 거죠. 그전

에는 한심하게만 보이더라고. '이렇게 해서 어떻게 당이 움직일 수 있나?' 그분들은 1971년에 입당하신 분도 계시고, 1987년에 입당하신 분들도 계시고 손자 돌반지까지 빼다 바친 분들이에요. 민주당에 백 모 의원이 계신데 그분이 기초의원, 광역의원, 국회의원 다 하신 분이라고 그러더라고요. 그분 말씀이, 자기가 기초의원 할 때 당원이 지금도 당원이라는 거예요. 그니까 그 구조 속에서 새로운 피가 수혈되지 않는 거죠. 지금 민주당의 문제는 단순하게 일반 구성원들을 비판하면 안 되는 거예요. 역사를 충분히 이해하고, 싸안고 혁신을 해 나가는 방법을 채택해야 된다(고 생각해요). 제주도 지구당의 노쇠함에 엄청 충격을 받았는데 당시 노 후보께서 '이거 이렇게 해야 됩니다'라고 양해를 구하는 그 말이 그 이후에 정당 혁신 운동하면서도 늘 남아 있어요. 같이 가야 되는 것이다.

그리고 경선 과정에서 노사모가 눈물겨운 노력들을 했는데 회원 숫자가 당시 7천 명이었어요. 내가 5천 번 정도로 입회를 했고 7천 몇 백 명밖에 안됐었는데 (선거인단) 70만 명을 등록했잖아요, 200만 명 중에. 우리는 어떻게 했냐면 만약에 내가 다니면서 한 장에 20명 선거인단 등록을 받아온다 치면 그거를 컴퓨터에 입력하면서 받아 온 사람의 이름을 (같이) 쓴 거예요. 그게 잘한 거야. 제주경선 때 그나마 선전하고 광주에서 이긴 게 그거거든. 이인제 후보는 활동가들한테 돈을 줘서 받아 왔단 소문이 많았는데, 우리는 7천 명이 자기 돈 들여서 다니는 거지. 노 후보로부터 돈이 안 나오는 거죠. 제주도에서 선거인단 300명이 추첨이 됐는데 무작위로 추첨을 하는 거니까, 뽑혔을 때 누군지를 아냐고 이거를. 이 인제 쪽은 모르는 거지. 우리만 알아. 우리는 우리가 등록한 사람 30명이 추첨됐다는 걸 아는 거죠. 그러면 등록한 사람이 그분을 투표장으로 모셔 오도록 임무를 주는 거예요. 근데 누구였는지 모르겠는데 배짱 두둑한 한 40대 여성이 투표를 안 한다는 거야. 그때 나는 얼굴이 알려져 있는 상태니까 밤에 거길 찾아갔어요. 가가지고 30분이고 한 시간이고 설명하는 거지. '이거 투표하셔야 된다'라고. 처음에는 틱틱거리다가 한 시간쯤 지나니까 알았다고, 가겠다고 그러시더라고. 그래서 '만세' 하고 나왔죠. 늘 그런 식으로 일을 했었어요, 아무튼.

그러면서 경선 과정을 거친 거네요.

문성근 제가 〈그것이 알고 싶다〉를 하고 있었을 때거든요. 노사모 활동은 하지만 언론에서 노사모를 주목하고 있지 않았기 때문에 보도가 전혀 안 됐어요. 그때는 이를테면 전북일보에 노무현 후보 동정이 조그맣게 구석에 실리잖아요? 그럼 그거 보도됐다고 사진 찍어 가지고 홈페이지 올리고. (지지율이) 1.5프로일 때니까 난리가 나던 시절이에요. 노사모는 아예 언급도 안 됐고. 근데 광주경선에서 뒤집어진 거잖아요. 그때 나하고 명계남이 연단에 올라 갔어요. 거기서 천정배 의원하고 만세 부르고 난리를 쳤는데 그게 YTN에 매 시간 나온 거예요. 그니까 SBS에서 발칵 뒤집어진 거 죠. SBS에서 묻더라고. '어떻게 할 거냐?' '이제 그만하겠다'고 했 죠. 캠프에다는 '광주경선 이겼으니까 후보 된 거 아니냐? 방송을 해야 되니까 나 그만하겠다' 그다음부터 안 갔어요. 인천경선 끝난 다음에 (후보님이) 전화를 하셨더라고. 이기고서 흥분된 상태죠. '왜 경선장에 안 보이십니까?' 그래서 '이제 당선되신 거니까 방송 때 문에 저는 빠지기로 했습니다' '그래요? 쉬고 계십시오' 끝났어요.

그리고 방송을 하고 있는데, 경선 돌파가 된 거죠. (당 대선후보 로) 확정됐어요. 그리고 노사모에서 후보 축하연 노사모는 2002년 4월 27일 밤 경기 이천시 덕평수련원에서 당선 축하연과 노사모 국민경선 대책위 해단식을 겸한 '2002 희망 만들기' 행사를 가진다. 이 자리에는 노사모 회원과 가족 1,000여 명이 참여했다. 이 열린 거예요. '무대 안 올라간다' 계남이한테 다 이야기 하고서 저 구석에서 맥주를 마시는데 또 불러올리는 거야. 술도 마셨겠다, 한참을 뛰어갔겠다. 올라가서 '동아일보, 조선일보 절 독 운동을 하자' 내가 그런 얘기를 한 거지. 흥분이 되니까. 이성 적으로는 내가 안 한다고 통보를 했는데 마음은 거기까지 안 갔 던 거지. 경선과정에 '동아일보, 조선일보는 손을 떼십시오' 이런 연설도 있었고 머릿속에 그게 부글부글 있었던 거지. 올라가서 그 말이 쭉 나갔네. 조선일보, 동아일보가 엄청나게 기사를 쓴 거예요.동아일보는 기사와 사설을 통해 이날 문성근이 "조선일보와 동아일보를 눈을 부릅뜨고 감시해야 한다", "구독 부수를 50만~100만 부 떨어뜨리고 그 구독 부수를 떨어뜨린 만큼 노사모 회원을 늘려야 한다"고 발언했다며, 노무현 후보의 언론관이 의심스럽다고 공격했다. 방송국에서 또 보자고. '에이, 약속했는데 이거는 의도하지 않았지만 그렇게 말이 나가 버렸다. 어쩌겠냐. 내가 약속을 어겼으니 그만두겠다' 그리고 쫓겨난 거죠. 쫓겨났으니 이제 어떻게 할 거야. 거기다가 (후보) 되자마자 YS시계 사건으로 엉망 되고. (선거운동을) 안 할 수가 없는 상태가 된 거죠. 담배 좀 핍시다.

개혁당 창당과 관련해서는.

문성근　　그게 6월쯤이었을지 모르겠는데 후보 흔들기가 시작된 이후죠. 후보가 좀 흔들리기 시작할 때지. 지지도 많이 떨어지고 후단협은 형성되기 전이에요. 그때쯤에 노 후보께서 저랑 명계남을 불러서 '노사모를 중심으로 해서 새로운 당을 만들 수 있겠냐?' 얘기하셨어요. 그래 가지고 논의를 시작했는데 이창동이 엄청 반대하는 거예요. 이유는 뭐냐면 '노무현 후보가 김대중 정당의 당적을 갖고서 지역 구도를 극복하겠다고 맨땅에 헤딩한 결과 후보가 됐는데 민주당 후보가 된 뒤에 당을 만들면 어떻게 하나? 정치적으로 논리가 안 맞지 않느냐' 토론을 거듭하는데 도대체가 이창동 논리를 못 넘어가겠는 거야. 나중에 보니, 노 후보는 민주당에서 후보직 뺏길 가능성을 미리 염두에 두고 말씀하신 건데 나는 미처 그만한 사고를 못한 거지. 그래서 논의를 한 달쯤 진행하다가 (노사모) 지역짱들은 대략 하는 쪽으로 의견이 모아졌는데 결정적으로 이창동이 도저히 감당이 안 되더라고. '나 못 하겠다' 내가 포기를 했어요. 통보를 한 거지, 캠프 쪽으로. '못 하겠습니다' 그때 유시민이 바리케이드를 치고 돌 던진다 나온 거예요. 유시민은 2002년 8월 1일 오마이뉴스와 인터뷰에서 '화염병을 들고 바리케이트 앞에 서는 심정'이라며 절필을 선언한다. 이후 '국민후보 노무현 지키기 시민운동', 개혁국민정당 창당 작업을 구체화한다. 이제 유시민과 정태인이 사무실에 출근하기 시작한 거죠. 얼마 있다가 유시민이 점심 먹고 오더니 '형, 노 후보께서 당을 만들자고 이야기하셨는데 이게 될까?' 그러더라고. '돼. 내가 두 달 전에 다 점검했거든. 깃발만 들면 될 수 있어' 그래서 (개혁당이) 시작이 된 거죠. 그러니까 주문은 나하고 명계남이 받은 거잖아요. 맨 처음에 가다가 서 버린 거잖아. 그런 상태에서 유시민이 하겠다니까 노사모가 전체적으로 합류를 안 한 거예요. '문성근 니가 해야지. 경선 돌파한 건 우리다' 이런 게 당연히 있을 거 아니에요. 나는 '우리가 가다가 멈췄으니까 유시민이 가는 걸 도와야 된다. 노 후보의 의사 아니냐' 나는 개혁당에 합류를 했고, 명계남은 안 한 거지. 노사모는 보면 '개미 386'이 핵심이에요. 6월항쟁 이후 생활전선에 있다가 역사적 과정에서 지금 우리가 뭔가 해야 되겠다고 생각한 386들을 주축으로 해서 아래위로 퍼진 구조거든요. 근데 개혁당은 과거에 민주화 운동했던 간부들이 주류가 된 거죠. 개미 386 입장에서는 '우리가 애써 놓고 열매는 저쪽에서 가져간다'는 불만이 생길 수밖에 없는 거죠.

내가 잘못한 건데, 사실은 내가 갔어야 됐는데 못간 거는 (노 후보가) 당선만 되면 나는 아버지 대신 한 번 더 사죄하는 거잖아요. 내 논리는, 그러려면 내가 그 안에서 뭔가 과실을 얻으면 안 되는 거예요. 근데 그거는 나라는 사람 자체가 워낙에 정치인의 심성과 먼 사람이라서 일부러 그런 논리를 만들었는지도 몰라요. 당을 만든다는 주문을 분명 노 후보가 나한테 하셨는데 내가 감당을 못 한 거잖아요. 그런 체질이니까. 그런데 유시민이 그걸 하겠다니 좋잖아요. 해라 그럼. 내가 돕기 시작하면서 노사모 주류가 초반에 참여를 안 하게 된 거죠. 유시민 씨가 물어봤을 때 내가 된다고 했던 것은 점검도 했지만 그때 후단협이 뜬 거예요. 2002년 10월 4일 김영배·김원길·박상규·김기재·최명헌 의원 등 민주당 내 비노·반노로 분류되는 34명의 의원들이 '대통령 후보 단일화추진협의회'를 출범시킨다. 개혁국민당은 8월 30일 창당 설명회, 10월 20일 창당 발기인대회를 가진데 이어 11월 16일 개최한 창당 대회에서 '반부패·국민통합·참여민주주의·인터넷정당'을 표방하고, 노무현 후보와 정책연대를 선언했다. (민주당이) 언제 후보를 잘라 낼지 모르겠다. 그러면 개혁당 후보라도 유지하고 있으면 나중에 단일화가 될 거 아니냐? 그런 생각 때문에 개혁당이 절실하게 시작된 거죠. 그래서 돕기 시작한 거고.

'노무현의 눈물'이 있었던 그 연설 이야기를 해 주시죠.

문성근　개혁당 창당 발기인대회가 10월 20일에 63빌딩에서 열리는데 그때 제가 연설을 했어요. 하라고 그래서. 주문이 '386을 울려라' 딱 하나야. 그래서 2주 동안 정말 연설문에 매달렸어요. 그 당시에는 인터넷 환경이 어땠냐면 동영상은 20분 넘어가면 상하로 잘라야 돼요. 그니까 20분 안에 해야 되는 거야. 20분의 시간 제한, 386을 울려라. 이 두 가지를 가지고 썼죠. 일주일쯤 지나서 초고를 썼는데 내가 봐도 눈물이 안 나. '아내를 위해 먼저 판사로 시작한 사람'경선 당시 이인제 후보 측이 제기한 장인의 좌익 시비와 관련해. 구술자는 이날 연설에서 "사법연수원 끝날 때 판사임용 신청하지 않으면 '장인 때문이냐' 아내가 시댁에 눈총받을까 두려워 아내를 위해 먼저 판사로 시작한 사람입니다"라고 말한다.은 정윤재2002년 당시 민주당 부산 사상구 지구당 위원장직에 있으며, 노무현의 당선을 이끈 386세대 주역으로 활약했다. 이후 참여정부에서 국무총리실 민정2비서관과 청와대 의전비서관을 지냈다.가 제안해 넣었는데 아직도 눈물이 안 나. 내일 모레면 연설을 해야 되는데 죽겠더라고. 근데 노사모 게시판을 보고 있는데 그날 유시민이 연세대에서 강의를 한 거예요. 강연 후기에 누가 그런 말을 썼어. 내용인즉슨 '이번 대선 진다. 전체가 모이지를 않으니까 안 된다. 노무현 후보는 찢어진 깃발을 흔드는 거다'(였어요.) 찢어진 깃발, 아 이거다. 그게 그렇게 반갑더라고. 연설문에 찢어진 깃발을 넣었어요. 그러니까 진짜 내가 읽으면서도 눈물이 나더라고.

그리고 이제 당일 날 갔는데 행사가 자꾸 늦어지네. 노 후보는 일찍 도착하셨고, 행사는 늦어졌고 정윤재한테 '이거 어떻게 하냐? 연설 뺄까? 노 후보가 와 계시는데 20분을 어떻게 하냐. 10분만 할까?' 그랬더니 그냥 가자고, 막 이러더라고. 그런데 노 후보가 연설을 하시는 거 아니야. 그러면 연설하신 내용이 내 연설에 들어가고, 대구(對句)가 있어야 할 거 아니에요. 그래서 원고는 가지고 올라갔는데 원고대로 할 수가 없는 거예요. 이를테면 '불만이 없다고 하지만 우리가 왜 그의 가슴에 흐르는 피눈물을 모르겠습니까?' 이런 말들은 거기서 그냥 한 거예요. 후단협에서 개차반이 났는데 그 양반이 자꾸 '나 괜찮다'고 얘기하시니까 그렇게 했던 거죠. 그런데 나는 연설하고 있었기 때문에 노 후보가 눈물을 흘리는지 몰랐고 이날 연설을 시작한 지 12분 55초쯤부터 해당 내용이 시작된다. "우리의 국민후보 노무현. 군사독재 잔존세력과 족벌신문의 공격으로, 그 스스로 자신 있다고 얘기하고 있지만, 온 몸에 피멍이 든 채 속으로 피눈물을 흘리고 있습니다. 다 찢어진 민주당 깃발 들고 서있습니다. 애초에 이 깃발을 만들어 세울 때 달려들었던 사람들이 마치 개떼처럼 달려들어서 스스로 자기 깃발을 찢어발기고 있습니다. 그렇게 찢어발기는 동안 이 깃발도 한 번 본 적 없는 우리 노무현 후보는, 이 우직한 사람은, 그래도 그것이 민주화 세력의 법통을 잇고 있는 깃발이라면서 손에서 놓지 않고 벌판에 서서 비바람을 맞고 있습니다. 노무현 후보. 당당하게 얘기합니다. 외롭지 않다고 얘기합니다. 그러나 그의 가슴에 흐르는 피눈물을 왜 보지 못하겠습니까? (여기서부터 카메라가 돌아가 노무현 후보를 비추고 '노무현의 눈물'이 잡힌다.) 편안한 길, 비단길 다 마다하고 국민을 위해서 가시밭길을 걸어온 그 사람입니다. 지역감정의 저 높은 벽을 향해서. 제 머리 짓이기며 저항해 온 사람. 그렇게 처참하게 깨지고도 농부는 밭을 탓하지 않는다면서 우리를 울린 사람입니다" 그 장면은 육미리(6mm)가 찍은 거거든요. 박상우'육미리(6mm)'라는 ID를 사용했다. 후에 참여정부 청와대 국정홍보비서관실에서 근무했다.가.

우리가 오랫동안 같이 다녔기 때문에 그 화면이 잡힌 건데, 어떻게 됐냐면 나는 강연을 다녀. 공식 행사가 있을 때 노 후보가 나타나면 그 앞에 연설을 배치하는 일만 캠프에서 나한테 요구한 거고 그다음에는 캠프하고 아무 상관없이 노사모 차원에서 전국을 다니는 거예요. 그런데 캠프에 카메라가 없으니까 노 후보 연설도 안 찍어요. 그때 내가 돈이 좀 있을 때니까 같이 방송했던 PD한테 카메라 한 세트를 사 달라고 했어요. 소니를 사 줬는데 무선 마이크 포함해서 삼각대까지 그때 750만 원이야. 내 돈으로 샀어요. (노사모에) '디지털무비'라는 친구가 있고 그 밑에 박상우가 있었거든. 상우가 내가 지방 다닐 때 운전을 한 거예요. 노사모에서 월급을 주고. 얼마나 줬겠어. 그리고 전국을 다니면서 내가 연설하는 거 그다음에 노 후보 연설하는 거 그 친구가 계속 찍은 거지. 나는 우시는 거 몰랐고, 나중에 들은 얘기인데 (박상우가) 나를 찍고 있는데 노 후보가 궁금해지더래. 감정이 올라가고 자기도 울컥하니까 '노 후보가 어떨까?' 이렇게 보니까 눈물이 눈에 맺혀 있는 게 보이더래요. 얘가 확 카메라를 돌린 거야. 그것도 순간적인 선택인데 자기의 임무는 나를 찍는 거잖아요. 피사체를 버린 거잖아. 근데 뒤통수가 땡기더래. (카메라를) 돌려 가지고 그렇게 된 거죠.

그 밖에 개인적인 기억이 있으신지.

문성근　토론회 같은 거를 준비할 때 경제 부분은 유시민하고 정태인하고 그 둘이 맡았거든요. 후보한테 갔다 와서 소감 같은 걸 이야기를 해요. 아침에 10시에 자료 이만큼 갖고 호텔방에 들어가서 5시까지 읽어 보시라, 그다음에 이제 궁금한 거 질문하는데 유시민이 감탄을 하더라고. 아니 그 짧은 시간 읽는 것만도 부족할 텐데 내용을 완전히 파악한 다음에 핵심을 물어보신다는 거야. '진짜 천재다' 그런 얘기를 한 기억이 있는데 나도 같이 몇 번 얘기를 하다 보면 그, 혼신의 힘을 기울이는 집중이 있어요. 그게 탁월하다고 느껴졌지. 아직 다른 분들한테서 그런 느낌을 받아 본 적이 없어요. 어떤 건의나 제안이나 토론을 시작하면 딴 생각을 하고 있다가도 딱 집중모드로 들어가. 그 집중도가 어마어마한 힘이 있는데 기세가 너무 강하기 때문에 본인이 의식하지 못한 채 상대방을 눌러 버리는 거예요. 에너지가 엄청 강한, 어마어마한 집중력을 가진 천재다. 그런 걸 여러 번 느꼈죠.

　배우 입장에서 보자면 노무현이란 인간은 연기하기가 굉장히 어려워요. 태음인, 태양인, 소음인, 소양인 체질별로 성격을 얘기하는 사상의학이라는 게 있잖아요. 그런데 우리나라에는 태양인이 없어. 한의사들 얘기는 태양인이 만 명에 하나 정도 있대요. 물론 브란도, 알파치노 다 태양인이지. 근데 우리는 거의 없고 드문데 저는, 노 대통령은 성격적으로 소음인과 태양인이 섞여 있는 체질이라고 생각해요. 기세등등한 태양인과 아주 낯가리는 소음인이 섞여 있기 때문에 짐작이 어려운 거죠. 굉장히 진폭이 큰 사람인 거예요. 이를테면 정치인들 경우에 '하로동선노무현은 민주당 후보로 출마해 15대 총선에서 낙선한 통추 소속 인사들과 1997년 한우고기 식당 '하로동선'(夏爐冬扇)을 개업한다. 하로동선은 여름 난로와 겨울 부채라는 뜻으로 지금은 쓸모가 없더라도 언젠가 다시 요긴하게 쓰일 때를 기약하는 정치 야인들의 소망을 담은 상호이다.' 멤버들이 노무현이라는 정치인을 그다지 좋아하지 않잖아요. 이인제가 부각됐을 때 순간 판단으로 딱 집중을 해서 어마어마한 기선으로 반대를 하거든.1995년 6·27지방선거를 거치며 민주당은 김대중 아태평화재단 이사장의 정계 복귀와 새정치국민회의 창당으로 분당 사태를 겪는다. 노무현을 비롯해 국민회의 합류를 거부하고 잔류, 통합민주당을 창당한 정치인들은 1996년 15대 총선에서 대부분 낙선하고 그해 11월 '개혁과 통합을 위한 국민통합추진회의'(약칭 통추)를 결성한다. 1997년 15대 대선이 다가오면서 통추의 행보를 둘러싼 내부 의견이 분분한 가운데 노무현은 이인제 경기지사와 연대하자는 일각의 주장에 강하게 반발한다. 이인제는 노무현과 함께 통일민주당 소속으로 13대 국회에 진출했지만 1990년 3당합당 당시 김영삼 총재를 따라 민자당에 입당. 이후 문민정부에서 최연소 노동부 장관과 민선 1기 경기도지사를 역임하며 정치적 탄탄대로를 걸었다. 1997년 당시는 한나라당 대선 경쟁에서 이회창 후보에게 패배한 후 경선에 불복, 당을 나온 상태였다. 이인제를 지역주의에 편승한 기회주의자라고 비판하던 노무현은 통추가 그를 지지할 경우 자신도 출마하겠다는 입장을 밝히기도 했다. 그런 사람이 없는 거예요. 노 대통령은 태양인 기세가 뜰 때는 주변 사람들이 감당이 안 돼요. 그러니까 거칠어 보이고, 동료 의원들이 좋아하기가 어렵죠. 그런데 어쩔 때는 말도 못하고 그러니까. 저를 지방선거 때2002년 6월 13일 실시된 전국동시지방선거에서 새천년민주당은 서울시장까지 한나라당에 내주며 참패했다. 당의 대선 후보인 노무현에게도 무거운 책임론이 제기됐다. 후보 재신임을 내건, 막중한 부담 속에 치른 지방선거였음에도 불구하고 노 후보는 문성근·유시민 등을 선거에 차출하라는 요구를 거절했다고 전해진다. 불러내셔 가지고, (도와달라고) 이야기를 하시면 될 거 아니에요. (그런데) 미안해서 말도 못 하는 거예요. 대선 후보 경선에 나가면서 이해찬 의원한테도 그랬다고 그러더라고. 30분을 빙빙 돌면서 딴 얘기만 하는 거야. 그건 소음인이 작동되고 있는 상황.

그러니까 진짜 매력적인데, 그런 특성 때문에 노무현이라는 정치인이 후보가 된 거예요. 전혀 굴하지 않고 냅다 도전하는 어마어마한 에너지가 감동을 불러내면서 결국 대통령 후보가 되는데, 대통령이 되자마자 인자한 왕이 돼 달라는 거지. 안 되는 거지, 이 양반은. 그 기세로 대통령이 됐는데 갑자기 어떻게 선한 임금이 되나? 모든 이의 아버지, 이게 안 되지. 모순이 보이면 격렬한 분노가 일어나니까 성격적으로 불가능하죠. 노사모 때는 우리가 진짜 희귀 동물이라고 했어요. 희귀 동물, 다시는 안 나타날 인간이다. 우리나라 교육은 통조림을 만드는 거거든. 기세등등이라는 것 자체를 교육이 깎아 버려요. 그러니까 고등교육까지 끝나면 그런 기세를 갖고 있는 사람은 이미 떨어져 나가고 없어요. 그 양반은 정말 희귀한 경우지. 대학을 안 간 게 굉장히 다행인 측면도 있다고 봐요. 교육으로부터 두들겨 맞는 통조림 공격을 덜 당한 거죠. 배우는 뭐냐면, 어렸을 때 자연스러운 상태로 되돌아가려고 노력하는 거거든요. 교육과 사회생활과 가정생활이 끝없이 통조림화한 내면의 벽을 털어 내는 게 배우예요. 이 양반은 (이미) 털려져 있는 거야. 그러니까 어울리기가 쉽지 않은 거예요. 매력 있다고 느낄 수 있는데.

일련의 상황을 보면 2002년이 더 새삼스럽게 느껴지는데, 그때는 어떻게 노무현이라는 사람이 승리했을까요?

<u>문성근</u>　지금 생각해 보면 기적이죠. 민주당, 개혁당, 노사모라는 조직체들이 있었고. 노사모는 2001년에 만들어졌으니까 2년 반 작동된 상태였거든. 한국 역사상 그렇게 어마어마한 동력을 가진 조직체는 그때가 처음인 거 같아요. 그니까 1971년, 1987년 대선 때는 김대중 후보 중심으로 움직였던 조직이 그렇게 강력하다가 대통령에 당선되시고 나서 동력이 없어졌죠. 민주당 안에서 김대중을 중심으로 모였던 그 조직은 서서히 노쇠화해 가고 있었

고, 바깥에서 운동권은 개혁당으로, 개미 시민들은 노사모로 해서 2002년 때 마지막으로 새로운 세력화가 다시 시도된 거죠. 개혁당은 한 반년 정도밖에 작동이 안 됐지만 노사모는 2년 반 작동되면서 바닥 실핏줄로 기능을 참 많이 했던 거죠. 삼원 구조의 선거 운동이었다.

지금까지 우리 역사는 김대중, 노무현이라는 탁월한 또는 아주 매력적인 인간 중심으로 움직여 왔어요. 그런데 이제는 그런 매력적인 인물이 없다는 데 문제가 있어요. 그러니까 김대중 중심, 노무현 중심의, 개인의 능력과 카리스마와 매력으로 유지되던 조직체들이 있었는데 지금 후보들은 그렇지가 않다는 거지. 이미 그 시대는 지나간 거 같아요. 노무현 같이 극적으로 산 사람은 없는 거지.

4장

노사모가 말하다

명계남   황의완   이상호   김진향

명계남

저런 사람이 없으니까

구술자 명계남은 1952년 충청남도 공주에서 태어났다. 1973년 연극 〈동물원 이야기〉로 연기 인생을 시작했다. 1985년 광고회사에 몸담은 이후 한동안 직장생활을 하다가 1993년 영화 〈그 섬에 가고 싶다〉에 출연하며 연기에 복귀했다. '한국 영화는 명계남이 출연한 영화와 그렇지 않은 영화로 나뉜다'는 소리가 나올 정도로 왕성하게 활동했다. 1996년 영화사 이스트필름을 설립해 〈초록물고기〉 (1997), 〈박하사탕〉(1999), 〈오아시스〉(2002) 등을 제작했다.

2000년 총선에서 부산 북강서을 유세 지원을 계기로 노무현과 처음 만났다. '노무현을 사랑하는 사람들의 모임(노사모)' 초대 대표일꾼을 맡으며 국민경선과 대선 과정에서 노무현을 적극 지지했다. 노사모 아이디는 '바밤바'였지만 '명짱'이라는 호칭으로 더 많이 불렸다.

2006년 언론권력과 싸움, 노무현과 만난 이야기를 담은 《조선 바보 노무현》, 2012년 자신이 겪은 노무현의 모습을 기록한 《봉하로 간다》를 펴냈다. 2016년 현재 노무현재단 상임운영위원으로, 봉하마을을 지키며 노무현의 말과 연설을 자신의 글씨로 옮기는 작업을 계속하고 있다.

명계남은 2000년 부산의 선거유세 현장에서 노무현을 처음 만났다. 그의 연설은 여느 정치인과 달랐다. '존경할 만한 사람', '사랑할 만한 사람'이라 생각했다. 지역 구도 극복에 도전한 '바보' 노무현의 낙선은 노사모 결성으로 이어졌다. 초대 대표일꾼에 뽑혀 다양한 행사를 주도했다. 국민통합, 정치개혁, 언론개혁이라는 노무현의 가치를 알리기 위해서였다.

국민경선 국면에 들어서자 노사모 회원들과 전국을 돌며 노무현 지지를 호소했다.

크고 작은 행사 사회를 도맡으면서 같은 무대 위에 서 있었지만 정작 노무현과 많은 대화를 나누지는 못했다. 명계남의 구술 중 두 사람의 대화 장면은 강원경선 직후가 유일하다. 대통령 후보 확정 이후 흔들리는 노무현을 지키기 위한 고군분투도 이어진다. 그의 구술에는 모든 것이 호의적이지 않은 상황에서 기꺼이 '사서 고생하며' 힘을 보탠 노사모라는 사람들, 시민들의 이야기가 담겨 있다. 그 원동력을 명계남은 노무현이라는 '섬광'으로 설명한다.

명계남의 구술은 2016년 6월 14일 서울 노무현재단 사무처에서 진행한 1차 면담 내용을 발췌·정리한 것이다.

노 대통령과 인연을 맺은 건 2000년 부산 북강서을 선거 때였나요?

명계남　바로 그때죠. 그전에는 저도 그냥 일반 시민으로서 '청문회 스타 노무현, 다른 정치인들한테서 발견하기 힘든 저런 올곧은 정치인이 있다. 참 대단하다. 참 좋다. 저런 사람들이 많아야 정치가 좋아질 텐데' 그런 생각을 하는 정도였고 대통령을 알거나 면식(面識)이 있거나 그렇지는 않았습니다. 그 시절에 저는 영화 쪽에서 활발히 활동하고 있을 때죠. 문성근 씨랑 같이 영화 쪽에 여러 가지 법 제도 정비가 필요하다는 그런 운동을 했죠. 그런 운동을 하기 위해서는 정치인들을 접촉해야 했어요. 그러면서 각종 선거가 있으면 정당 쪽에서는 얼굴 팔린 사람이 들어오면 도움이 되니까, 그쪽에서 도와달라고 하면 그 사람들을 우리 편으로 해서 법 개정도 하고 그래야 되니까 많이 다닌 겁니다. 개인적으로 일면식도 없는 국회의원 후보자나 정치인들을 따라다니면서 '명계남입니다. 도와주세요. 찍어 주세요' 이렇게 이야기하고 다니는게 그렇게 편하지는 않죠. 해야 되는 일이긴 했으나, 좀 지치기도 했고. 2000년 4월 13일 총선을 즈음해서는 문성근이랑 '야, 이번엔 아무데나 가지 말고 좀 마음에 드는 데 우리가 골라서 갈 수 없냐?' 이런 생각을 한 거예요. 우리도 알고 마음에 드는 후보자랑 해야 더 신이 나고 하니까 '그렇게 합시다' 그러던 단계였어요. 그때 전국의 후보자들 중에서 제일 이슈는 역시 부산 북강서을에 출마하는 노무현이었죠. 정치 1번지 종로의 현직 국회의원이 그때 부총재까지 했었나? 하여튼 그런 사람이 느닷없이, 가면 백번 떨어지는 게 분명한 부산에 가겠다고 해서 이슈가 되고 이런 거죠. 참 대단한 사람이다, 그런 정치인들이 없었죠. '가면 저기 간다' 그랬던 거예요. 나중에 이강철1987년 민주화운동 동지로 노무현 변호사와 인연을 맺었다. 이후 후보시절 조직특보와 제16대 대통령직인수위원회 정무특보를 거쳐 참여정부 청와대 시민사회수석비서관 등을 지냈다. 수석인가요? 강철이 형이 창구가 돼서 부산에 간 겁니다. 그렇게 해서 대통령님을 처음 뵙게 된 거죠. 예, 그게 시작입니다.

처음 뵀을 때 상황을 좀 기억하세요?

명계남　자세히는 기억이 안 나는데, 제가 도착해서 북구 화명동 쪽인가? 저쪽에 아파트 새로 지은 지역에서 유세를 하고 계시더라고요. 거길 갔어요. 아직 인사도 안 하고 그랬으니까 그냥 (연설하는 모습을) 봤죠. 거기에서 제가 받은 충격이 있어요. 당시 노 후보께서 연설하시는 게 전혀 달라요. 만들어진 말이 아니라 당신의 가슴으로다 진정으로 하는 얘기들이더란 말이죠. 말을 잘하고 연설을 잘한다고 생각하는 내가 봐도 '저렇게 연설하는 정치인도 있구나, 저렇게 말하는 사람도 있구나' 그리고 나는 연극하고 배우했던 사람이니까 (그런 면이) 바로 전달이 되지. 쭉쭉. 투박해 보일지 모르나 당시에 대통령 연설은 나중의 그 유려한, 몰아치는 폭풍연설까지는 안 가고 다른 종류의 연설이었어요. '야, 기가 막히다' 그런 인상을 받았죠.

구체적인 사안까지 얘기하면 그때 아파트를 새로 지은 동네였는데, '여러분들, 무슨 동 주민여러분들 그동안 고생 많으셨죠? 여기 아직 학교가 만들어지지 않아서 한 시간, 두 시간씩 애들이 통학하고 그래서 굉장히 불편하게 해 드렸습니다. 학교가 예정대로 빨리 안 와서 대단히 죄송합니다. 그런데 여러분들 다 아시지만 학교가 내년 3월에는 열린다고 합니다' 그래서 그걸 자랑해야 되는 연설이잖아요. 그런데 '학교가 열리게 돼서 불편이 없어졌습니다. 근데 내가 한 게 아니고 원래 이렇게 되어 있던 게 순서에 의해서 이렇게 된 거니까 그동안 불편하셨던 거…' 이런 식이라고요. 나는 그런 거를 (이전에) 들어 보지를 못했어요. 보통 국회의원들이나 후보자 같으면 그렇게 절대로 안 한단 말이죠. 자기가 한 거라고 티를 내잖아요? 근데 노 후보는 전혀 달랐어요. 그래서 아, 내가 잘 내려왔단 생각을 했죠. 그러고서는 그냥 끝나고 인사했던가? 아주 덤덤했던 거 같아요. 그 양반이 살갑게 얘기하시는 스타일은 아닌 걸로 아는데. 뭐, '반갑습니다' 그런 정도의 의례적인 만남이었고 다른 정치인들 만나면 저도 그렇게 굽혀지지도 않고 그냥 '아휴 그래' 이런 거였는데 그분한테는 처음부터 그렇게 안 되더라고. 이게 숙여지더라고. 이 사람 대단하구나. 존경할 만하구

나. 사랑할 만하구나. 그렇게 만났죠.

당선될 거라고 생각하셨나요?

명계남 　저는 그때 당선됐다고 생각하고 제 투표할 쪽이 서울이었기 때문에 서울로 왔어요. 서울로 왔는데 (결과를 보니) 떨어진 거예요. 기가 막힌 거죠. 매체에서도 난리가 났고. 될 줄 알았는데 또 노무현의 실패다, 이런 식의 기사가 날 거 아닙니까. 그래서 '실패? 웃기고 있네' 그러고선 하루 이틀 지났나? 어느 신문에 보니까 전국에서 네티즌들이 뭘 한대. '도대체 이게 말이 안 된다. 왜 노무현이 떨어지냐?' 강물처럼 그런 분위기가 일어나고 있대. '그래? 전국에서? 그런 사람들이 있어? 나처럼 그렇게 생각하는 사람들이 있어?' 그래서 (사이트에) 들어가 본 거죠. 독수리 타법으로다가 쳐서 들어가 보니까 전국에서 좌우지간 진짜 많은 글들이 올라와 있더라고요. 이름도 모르는 사람들이 뭐 노사모라고. 나도 서슴없이 가입을 했죠. 가입하고 좀 있었는데 노사모 그쪽 준비하는 사람들한테서 연락이 왔어요. 그때 2000년이니까 내가 영화 쪽에 뭘 하고 있었을 땐데 연락이 왔어요. 노사모 오프라인(offline)으로. '진짜 영화배우 명계남이 맞느냐? 회원가입이 됐는데' '그렇다' 나중에 얘기를 들으니까 회원들이 좀 늘어났으면 좋겠다, 그런 생각을 황의완_{노무현 의원실 사이버보좌관 출신으로, 홈페이지 제작 등에 참}

여하며 노사모 초대 온라인 팀장을 역임했다. 닉네임은 '다문'이다. 이나 이런 사람들 몇 명이 모여서 하다가 '영화배우가 회장을 하면, 간판으로 내세우면 관심 있어서 사람들이 더 많이 들어올 거 아니냐?' 그렇게 논의를 했다는 거죠. 나보고 할 수 있겠느냐고 해서 '하지, 못할 거 없지' 그리고 그 사람들 보고 싶기도 하고 그래서 광날모 '광안리에서 날밤 새우는 모임'의 줄임말. 광주노사모 회원이던 '초록물고기'가 동서화합을 위해 제안했다. 라는 모임을 처음 간 거죠.

그날 밤이 아마 노사모 대표 전자투표 선거가 있는 때였어요. 새벽인가가 발표되는 타이밍이었고 내가 대표가 됐다는 얘기 나오고, 밤새 이야기하고, 서로 소개하고. 얘기할 게 많잖아요. 노무현 대통령 얘기서부터 뭐. 그러면서 제가 대표가 됐다는, 전자투표 끝났다는 소식을 듣고 사람들이 저를 헹가래 친다고 이렇게 들어가지고서 물에다 던진다고 던지는데 앞에 사람이 손을 먼저 놨던가? 발에 걸려 넘어지면서 제가 발부터 박혀서 오른쪽 발등 뼈 세 개가 부러진 거야. 그때는 몰랐으니까 '아야' 그 정도였는데 좀 붓길래 그냥 낄낄대고 재밌는 상태로 끝났고. 제가 '바밤바' 아이스크림을 좋아해서 제 아이디가 바밤바가 됐는데, 바밤바 아이스크림을 여든 개 사서 돌려서 먹고, 밤에 해수욕장으로 짜장면이랑 짬뽕이랑 시켜서 먹고 그렇게 밤새 보냈어요. 근데 아침에 (발이) 붓고 해서 서울 올라가 보니까 부러졌더라고요. 그래서 그다음 영화, 드라마 촬영을 깁스를 한 채로 아주 이상하게 찍었던 기억이 납니다.

그날 대통령님이 들르셨죠?

명계남 들렀죠. 낮에 들리신 건가? 들렀는데 아직도 잊어버리지 않는 게 실제로 대통령을 처음 본 경우가 많죠, 사람들이. 수수한 차림으로 오셨는데 무슨 2층 카페 같은 데서 노래도 부르시게 하고 그랬는데 거기서도 대통령을 좋아하니까 헹가래를 친다고 하다 천장이 낮아서 천장에 머리를 찧으셨다고요. 근데 표정이 진짜 화나고 짜증난 표정이었어요. 분위기가 싸할 정도로 '에이 씨' 뭐 이런. [웃음] 전 대통령 화난 거는 그때, 뭐 가까이 뵌 적이 별로 없지만 그때 처음 봤습니다. 그렇다고 그걸 분위기를 위해서 '아 괜찮다'가 아니라 진짜 아프고 짜증나는 표정을 여지없이. 우리도 옆에서 누가 장난이라고 쳐도 세게 맞으면 화나서 '에이, 진짜 확' 하는 그런 표현이 나오잖아요? 그게 기억이 납니다. 굉장히 고마워하고, 신이 나고, 그러면서도 중간에 그런 이벤트가 하나, 싸한 분위기가 하나 있었어요.

2000년 선거 이후로는 대통령을 그날 처음 보신 건가요?

명계남 그전에 뵌 적이 없어요. 따로 뵌 적이 없죠.

이후에 행사 사회 같은 것도 보셨어요?

명계남　했죠. 그때부터는 캠프에서 저를 그런 데에 써먹기 시작 했죠. 행사 사회는 계속 봤죠.

그런 과정에서 인상 깊게 기억하시는 바가 있으신지.

명계남　그, 롯데호텔2001년 9월 6일 부산 롯데호텔에서 연 후원회. 노무현 당시 새천년민주당 상임고문은 인사말에서 '다음 대통령 선거는 시대정신의 대결이 될 것'이라 며 함께 새로운 시대를 열어갈 것을 다짐했다. 그때는 전국에서 사람들이 모 이고. 출정식이라는 걸 다 알고 있었으니까. 우리 노사모는 내부 적으로 노무현의 가치를 국민통합, 정치개혁, 언론개혁 이 세 가 지를 모토로 해서 모이는데 국민통합이니까 '본격적으로 오프라 인(offline)에서 하자'고 제가 부산에서 광주를 자전거로 가 보자는 무모한 제안을 한 거죠. 할 사람은 참여를 해라. 저도 자전거 그 렇게 타 본 적 없는데 '하자, 우선' 그래서 대통령 얼굴이 들어간 큰 티셔츠 만들고 해서 가자고 했어요. 그때 부산노사모한테 '준 비해라' 그랬더니 가는 시늉만, 사진만 찍고 말 줄 알았대. 그래 서 자전거를 쉰 대인가 빌려서 롯데호텔 앞에 갖다 두고 사진 찍 으면 그걸 다시 반납하려고 기다리고 있는데 그냥 출발을 하더란 거야. [웃음] 자전거도 시원찮았어요. 그러니까 나중에 광주 갔을 때 자전거 잘 타는 사람이 '도대체 이걸로 어떻게 왔냐'고 할 정도로. 중간에 막 수리해 가면서 갔죠. 그 기억이 납니다. 대통령이 우리 자전거 배웅하고…. 가는데 굉장히 힘들었어요. 320킬로미터를 나흘 동안 갔죠. 하루에 한 80킬로미터씩 인데 거의 느린 속도로 가다 힘들면 쉬고. 대열을 이루어서 가야 되니까. 그때는 디지털 카메라도 없을 때였으니 사진 자료도 많이 남아 있지 않습니다. 조금 가다가 쉴 때 되면 여기 사타구니 다 까지고. 자전거가 부서진 애도 있고. 쉬면서 제가 불러 주면 (닉네임) '나백수'랑 결혼한 '눈물'이가 이렇게 받아 적어 가지고 PC방에 가서 (게시판에 글) 올리고, 후기 또 누가 가서 올리고, 그다음 날 아침에 출발하고 그러면 또 선관위에서 지키고 있고.

행사 현장에서 기억나는 대통령의 면모 같은 게 있으세요?

명계남   저는 항상 연설하시는데 바로 옆에, 한 2미터 옆에 서 있지 않습니까? 사회자니까. 뭐 감동 자체죠. 그러니까 내가 쓸데없이 췌언을 많이 할 필요가 없는, 아주 정확한 연설, 제가 기회 있을 때도 몇 번 무슨 인터뷰 때 이야기했는데 그런 연설이 없죠. 진짜 교과서적이고 가슴으로 이야기하고. 무슨 기법이 필요합니까? '끝을 올려서 계속 점층법으로, 나열하는 것은 끊지 말고, 제스처 (gesture)는 어떻게 하고' 이런 연설의 기법이 필요 없는 사람이죠. 특별한 에피소드는 없어요. 대통령과 말을 많이 못했어요, 저는.

그냥 이렇게 옆에서 있는 거. 그랬습니다.

2001년 12월에 새천년민주당이 국민참여경선 도입방침을 밝히죠.

명계남 　그 전에 대통령선거에 나선다는 것이 거의 공개된 상황에서 노사모는 흥분하기 시작하죠. 그런데 노사모는 온라인(online) 모임의 특성상, 싸움이 굉장히 잦습니다. 노무현을 사랑하는 사람들의 모임인데 수준이나 정서나 정보의 편차들이 많으니까 얘기들이 막 얽히는 거야. 그러면 사소한 거 가지고 싸우게 되고, 누구나 다 정제되고 쉽게 표현하는 건 아니니까. 뭐 하나 결정하려면 굉장히 힘들어요. 온라인 회의 같은 거 하면 무지하게 시간 걸리잖아요. 채팅방에서. 이건 와, 난 미치고 환장하는 일이더라고. 회의 붙여서 뭘 결정을 하려면 (너무) 힘들어져서 저는 제안자가 행동을 해서 저지르는, 번개 형태의 모임이나 행사들 위주로 (활동) 했어요. 제가 대표임에도 불구하고 자전거 타고 가는 것도 노사모의 공식 결정에 의해서 한 게 아니에요. 내가 '나 여기서부터 자전거 타고 가겠다. 갈 사람 모여라' 그렇게 해서 한 거예요.

　근데 국민경선을 도입하기로 됐다고 하니까 이거는 '우리가 되는 거다' 이런 생각이 드는 거예요. 이거 기회다. 그래서 (노사모가) 참여를 하려면 공식논의를 거쳐야 된다고 해서 회의를 했죠. 전국에 각 지역 대표 일꾼들하고 모여서. 그 전부터 의견이 분분

했어요. '이러려고 우리가 노사모를 한 거 아니다' 그러면 나는 '무슨 소리냐, 이해가 안 된다' 하고. 그런 논의가 있는 거예요. '국민경선? 이거 안 된다. 대통령 후보? 우리가 대통령 후보 만들려고, 정치하려고 하는 거 아니다' 나도 본뜻은 알지만 받아들이기는 힘들죠. 회의를 제대로 하자 해서 회의 싫어하는 내가 '좋아. 해, 다해' 그래서 금강캠프에 모였어요. 왜 장소가 금강캠프냐 갖고 또 문제를 제기하는 사람들이 많았어요. '왜 거기서 하냐? 캠프랑 우리가 관련 있냐'면서. '명계남이 정치적이다' 이런 식이 되는 거죠. 여하튼 난상 토론 한 거예요. 가만히 지켜봤어요. 할 이야기 다 하게. 아홉 시간을 했어요. 밤을 새서. 지쳐 나가떨어지게끔 전술을 썼다고나 할까? 할 얘기 있으면 다 합시다. 사회자가 정리할 거 없이 모두가 발언하고 얘기합시다. 막판에 이래저래 떨어져 나가니까 그 논리가 질 수밖에 없죠. (노무현이 국민경선) 가는데 노사모가 뭘 할 거야, 그러면 국민경선에 참여 안 할 거야? 방법이 없죠. 국민경선 참여하는 걸로 결정이 나고 그 자리에서 국민경선대책본부를 만들어서 제가 본부장 2명에 김진향(진솔)하고 이상호(미키루크)를 임명했죠. 그렇게 아홉 시간을 회의하고 아침에 나가서 5명인가 6명이서 당구장 가서 또 아홉 시간 당구를 쳤어요. 내 체력에 다 죽었어요. 나는 끝까지 치자. [웃음] 짐을 벗은 거 같아서 '야 가자, 당구 치러 가자' 양지탕 서울 여의도 인근의 한 식당. 가서 밥 한 그릇 먹고, 여의도 당구장에 가서 제가 우겨서 내기 당구로 아홉 시간을 쳤던 기억이 납니다. 하루 종일. [웃음] 체력, 이런 걸로 나를 학대하면서 리더십을 확보했다고나 할까? 제안자가 선창 작업을 나서서 하는 거. 그다음에 지역별 조직이 있으니까 지역의 자율성을 두는 거. 중앙에서 이렇게 하니까 (너희도) 이렇게 해라 이런 식이 아니었어요. 노사모는 그건 참, 진짜 열린 조직이었던 거 같아요.

그러면서 이제 국민경선 간 겁니다. 우리가 할 일이 분명해졌죠. 국민경선인단을 모으는 거니까, 그 숫자를 많이 확보하는 게 왕이니까 이건 뛸 수밖에 없는 거죠. 눈물 흘리면서 뛸 수밖에 없는 거죠. 조선일보는 씹고, 조지고, 계속 흠집 내고. 여기는 정치인들도 아무도 없고. 그때는 천정배 의원도 아마 합류하지 않았을 때고. 없는 거예요. 그냥 뭐 가는 거죠. '가자' 하고서. 그 전쯤부터 나랑 문성근은 전국 대학 강연을 많이 했어요. 강연요청이 많았죠. 그럼 노사모나 노무현이라는 이름자를 안 내고 '왜 우리 정치가 바뀌어야 되느냐' 이런 것들만 가지고 한 1년 반 사이에 저는 거의 200여 군데 대학을 갔던 거 같아요. 영남대학교에서는 네 시간 반 한 적도 있고요. 그리고 (노사모) 바닥에서는 경쟁이 붙기 시작한 거죠. 국민경선인단을 모으는. 주변 사람들한테 모아서 당에다 신청을 해야 되지 않습니까? 그거 모으는 경쟁들이 붙는 거죠. 버스, 택시 타면 노무현에 대해 한참 이야기하고. 무지하게들 했어요. 바닥에서들. 진짜 이름 없는 사람들 무지하게 많죠. 무지하게 많아. 노사모라는 이름이 상징으로서 표현이 되지, 노사모에 가입하지 않았어도 노무현을 위해 나선 사람들, 나는 그들을 어떻게 기록할 것이냐가 중요하다고 봐요. 그러니까 투표만 하고 멀리서 지켜보던, 1987년 이후에 좌절하고 넘어져서 뒤에 있다가 노무현이라는 사람이 등장함으로써 투표를 결심하게 되고 이렇게 살 결심을 다시 한 사람들이, 386으로부터 의식 있는 30, 40대로 넘어간 그런 사람들이 나오는 거죠. 그 사람들은 이름도 없다고요. 나보다도 정치적으로나 사회역사적 인식이, 수준이 훨씬 높은 이름 없는 사람들이 노사모의 바탕이었다고 봐요. 나는 그 사람들도 노사모지, 노사모 홈페이지에 와서 가입하고 이런 사람만 노사모라고 보는 데는 동의하지 않습니다. 그 숫자가 굉장히 많다. 그렇게 해서 국민경선을 한 겁니다.

지금도, 선거 직후에도 '내가 대통령선거 때 뭐했지?' 하면 저는 그것밖에 없다, 강연. 얼굴 팔렸으니까 부르는 데 찾아가서 강연한 거하고 유세 때 마이크 잡은 거 이외엔 내가 뭘 크게 기여했다고 보진 않아요. 실제로 그렇습니다. 바닥에서 친구들이 고생을 실제적으로 많이 했고, 돈도 많이 썼고. 다 자기 재산 털어 가면서 했으니까. 나중에 편지 쓰기 광주노사모 회원 '샤인(임병택 현 경기도의원)'의 제안으로 3월 11일부터 시작한 '선거인단에게 편지 보내기 운동' 노사모 회원 한 사람이 많게는 수백 통씩 노무현 후보의 지지를 호소하는 내용을 자필로 써서 선거인단에게 보냈다. 같은 거를 또 시작해서 손이 부르트게 편지 쓴 사람들. 자료가 남지 않아서 기록들이 그렇게 있는지 모르겠어요. 편지 쓰기 그런 거.

아무래도 중요한 모멘텀(momentum)은 광주경선이었잖아요.

명계남　광주경선이죠. 경선이 시작됐는데 제주도에서 3등인가 했죠. 그러고 울산에서 하고 넘어오는 거지. 그러면서 경선에서 정치인 응원문화가 우리가 만든 걸로 바뀌어지기 시작합니다. 일단 거의 자발적이야. 이상호 주도 하에 춤추고 이런 걸로 사람들한테 밝고 즐겁게. 우리가 할 게 뭐 있냐, 우린 경선단에 뽑히지 못한 거야. 대의원도 아니야. 그런 사람들이 더 많잖아요, 노사모 회원 중에. 그러니까 안타까운 거야. 대의원들이랑 경선장으로 오는 사람들한테 인사하는 거 이외에는 할 게 없는 거야. 진짜 허리 디스크가 걸리도록. 나도 거기서 마이크를 잡을 수 있어요, 뭐가 있어요. 명계남이라는 얼굴을 파는 수밖에 없고. 최대한 성실하게 낮은 자세로. 대의원들이랑 이런 사람들한테 폼 잡고 사진 찍어 주는 게 아니라 허리 숙여서 인사하는 걸 시범을 보이자 하고선 진짜 허리가 끊어지게 인사하고 눈 마주치고. 나는 그것만 맨 앞에서 했고, 다른 노사모 친구들이 노래도 만들고 구호도 만들어서 춤추고 분위기를 우리판 축제로 밴드왜건(bandwagon)서커스나 정치집회 때 행렬 맨 앞에서 밴드를 태우고 다니며 분위기를 유도하는 자동차를 말한다. 유행이나 대세에 편승하도록 유도하는 행위이다. 하는 걸 한 거예요. 울산에서 그게 기폭제가 됐죠. 경선 직전에 저희 어머니가 병환 중에 돌아가셨어요. 저는 임종도 못 지켜드렸어요, 돌아다니느라. 장례식장에 그때 대통령께서도 오셨는데 난 장례만 3일 치르고 다시 전국을 돌았죠.

그러고서는 울산경선이 딱 끝났는데 '문제는, 포인트(point)는 광주다' 그래서 제가 우리 회원들한테 이상호랑, 한 친구한테 '먼저 가자, 먼저 가서 광주는 어떻게 하지 않으면 안 된다' 그랬어요. 광주 가서 캠프 관계자들한테 대의원 명단 받아서 거긴 다 한화갑하고 이인제 대세론이라 생각하고 무조건 몇 명이라도 모아 달라고 가서 이렇게 무릎 꿇고 비는 거예요. '명계남인데, 경상도에서 김대중 딱지 들고 저렇게 싸워 온 노무현 아닙니까. 여러분들이 잡아 주십시오' (하는데) 막, 그냥 눈물이 나는 거야. 처음엔 좀 냉랭한 분위기였어요. 그걸 일주일 동안 계속 한 거예요. 회원들은 편지 쓰기하고 뭐 하고. 시간이 가면서 조금씩, 토요일 경선 날이 다가오면서 분위기가 달라지는 걸 느끼겠더라고요. 택시 운전사들이나 이런 사람들이 대하는 게. 우린 하여튼 일주일 전부터 가서 계속 돌아다니는 거였으니까. 대의원 다섯 명 모아 놓은 데 가서 무릎 꿇고 빌고 막 울고 그런 거지. 근데 저절로 눈물이 나더라고. 아는 사람들도 아니고 내가 정치 뭐 안다고. 근데 그걸 한 거예요. 그러니까 분위기가 좀 바뀌는 거예요. 경선 전날쯤 됐는데 그런 이야기가 들어오더라고. 누가 그랬더라? 누군가가 이인제 쪽 캠프에 있는 애랑 친해서 이야기를 들었는데 '자기들이 질 거 같다'는 얘기를 하더라. 이인제 쪽 스태프가 하는 얘기가 '한화갑은 지금 조직으로 하고, 이인제는 돈으로 하고, 노무현은 감동

_사료번호 16378

2002년 3월 10일,
새천년민주당 울산지역 국민경선에서 1위를 차지한 후
감격에 울먹이는 구술자 명계남을 안아 주는 노무현 경선후보.

으로 하고 있어서 노무현이 이길 거 같다' 이런 자조적인 예상을 하더래. 하루인가 이틀 전에. 광주경선 전날, 전국에서 또 200여 명이 모였죠. 애들 데리고 다 온 거야. 광주민주화공원광주 서구 소재의 5.18기념공원을 말한다. 거기서 결의 다지고, 촛불 들고서 행사를 또 뜨겁게 하고 그다음 날 염주체육관으로 가는 거죠. 염주체육관 가서 그냥 무릎 꿇고 막 절하고 그것밖에 없죠. 이게 '될 거다, 안 될 거다' 이런 게 아니고 무조건 하는 거. 그 외에는 할 게 없었으니까 하는 거죠.

그러고서는 개표 발표를 기다리고 있는데 검표하던 한 명이 뛰어올라오더라고, 나한테. '명짱님 이긴 거 같아요' 그러니까 가슴이 뛰는데…. 김영배새천년민주당 국민경선 당시 선거관리위원장을 맡았다.가 '오백'2002년 3월 16일 광주경선은 노무현 후보 595표, 이인제 후보 491표, 한화갑 후보 280표로 노무현 후보가 압도적 1위를 기록했다. 이러는데 뭐 뒤집어졌죠. 다들 놀라고. 그렇게 광주경선 끝난 거죠. 됐다, 그러고선 경선 갈 때마다 전국에서 모여서 갈비탕 한 그릇 먹고. (보통, 경선) 전날 오니까 찜질방에서 떼거리로 자고. 애들 데리고 온 회원들이 많았어요, 부부가. 그런데 다른 캠프에도 자원봉사자들이 있잖아요. 피켓 들고. 걔네는 점심시간 되면 빠지잖아요. 근데 우리는 안 빠지거든. 그러니까 옆에 이인제 쪽 아줌마들이 '거긴 얼마 받는데 이렇게 오래 하냐' 이러고. 기존 사람들이 볼 때는 이해가 안 되는 거죠. 말이 안 되는 짓이지. 그걸 따라서 김중권 캠프나 이런 데서도

_사료번호 16448

2002년 4월 13일,
새천년민주당 충북지역 국민경선이 열린 청주실내체육관에서
이인제 후보 지원유세단 옆에 서 있는 노무현 경선후보.

대학생들, 젊은 애들을 사서 하기 시작하는데 되나, 자발적이 안 되는데. 우리는 목이 쉬도록 들고 뛰고 하는 거고 걔네들은 정해진 거 가지고 이렇게 하는 거니까. 대통령은 대통령대로 후보 연설에서 뭐 죽이는 거지. '그렇다고 아내를 버리란 말입니까'부터 시작해서 하여튼 인천경선 그 비 오는 날 거기서 '나는 언론에 절대로 굴하지 않고 비굴하지 않은 정치인이 되겠다. 동아일보와 조선일보는 민주당 경선에서 손을 떼십시오' 하고 선언하고 이런 것들. 그런 것들이 기폭제가 되는 거죠. 그런데다 저쪽 애들이 사고도 치고, 음해를 하기 시작하고. 광주 다음이 춘천이었나?

대전으로 가요. 대전, 충남, 강원, 경남.

명계남 춘천에 하루 전에 도착을 했죠. 전국에서 하루 전날 온 회원들이 150명이었는데 내일 어떻게 할 건지 조 짜고 회의를 하고 있는데 한 친구가 오더니 난리가 났다는 거예요. 밤에 춘천시내 골목골목, 버스 정류장에 요만한, A4용지 반만 한 빨간 딱지가 붙었는데 '노무현 빨갱이' 이런 게 붙는다는 거야. 붙이고 다니고 있다는 거야. 그래서 회의 하다 말고 '전부 다 나가, 시내로 나가라. 그거 다 떼라. 근데 싸움은 하지 마라' 싸움하면 분란이 생기니까, 그런데 붙이는 걸 잡으면 싸움하니까 울면서 기다렸다가 그놈 붙이고 간 다음에 떼고. 돌아다니면서 그 짓을 새벽까지 한 거야, 100명이. 분란의 소지를 안 주려고. '잡아서 어떻게 할 거야. 때려죽일 거야, 어떡할 거야. 괜히 뉴스나 나오고' 이렇게 된 거지. 밤새 붙이고 가면 떼고, 또 따라가서 붙이면 떼고 그러면서 경선 날까지 온 거죠. '강원도는 이인제가 세다' 이런 이야기도 있었기 때문에 사고 날까 봐 특별히 주의를 시켰어요. 발표 전에도 체육관 들어가면 응원하고 했는데 '자제하고 조용히 있자. 깃발 너무 흔들지 말고' 그런데 일곱 표, 일곱 표 차이로 이겼잖아요. 강원경선 결과는 노무현 후보 630표. 이인제 후보 623표였다. 게임 끝난 거죠, 거기서. 실제적으로는 춘천 끝나고서 우리는 이제는 되지 않았느냐 이런 생각을 했어요.

대통령 후보로 확정된 날은 기억하시나요.

명계남　후보로 확정되고 나서 덕평에 간 거죠. 4월 27일 국민경선 마지막 순서였던 서울경선 승리 후 경기도 덕평에서 열렸던 노사모 '희망만들기' 행사. (후보가) '이제 나는 됐으니까 여러분들 뭐 할 거죠?' 하니까 어떤 분이 '감시'라고 소리치고. 괜히 분위기 따라서 전부다 '감시, 감시' 그렇게 재밌게 했더니 대통령이 정색을 하고 '나 말고도 감시할 사람이 많은데 무슨 소리냐' (하는데) 그 얘기도 일침처럼 들리는 말이었죠. 따지고 보면, 분위기에 쏠려서 넘어간 말이지만. (나중에) '어머니' 노래도 부르고.

나하고 대통령과의 일화는 춘천에서, 춘천경선이 끝나고 강원경
선은 3월 24일 춘천 호반체육관에서 열렸다. 그날은 뒤풀이 자리 가는데 캠
프 관계자들도 있고 대통령도 있고 우리도 같은 식당에서 먹었어
요. 소주 한 잔씩 하고. 근데 대통령께서 기차로 이동하기 위해서
남춘천역으로 가는 버스에 있었는데, 경선캠프 버스요. 그때 누군
가 같이 타고 가자 그러더라고. 기분도 좋으니까. 나는 그전에는
그렇게 이동 안 했거든요. 후보님이랑 캠프 스태프들이랑 같이 탄
거야. 이동거리가 얼마 되진 않으니까. 나도 술이 올랐고 얼굴 빨
간데 흥분이 가시지 않았어요. 이 판이. 전날 밤 일, 이런 것들을
보면서 '야, 진짜 지저분하고 개판이구나' 뭐, 오그라드는 소리인
지는 모르겠지만 이런 판에 저런 사람이 있는 게 재미없기도 하고
안타깝기도 하고 그러고선 멍청하게 앉아 있는데 대통령께서 뒷
자리로 오더라고요. 기분이 좋으셨나 봐. 그렇게 말을 건 게 처음
이었던 거 같아요. '명계남 씨 어떻습니까? 영화배우보다 이게 더
재밌습니까? 좋습니까?' 뭐, 재밌게 농담한다고 물어보신 거야. 근
데 내가 튀어나온 말이 '재미 하나도 없습니다' 이랬어. '왜 그래
요?' '어제 그런 일들, 이런 추악하고 더러운 게 정치입니까. 신물
납니다. 대통령님 이런 거 하지 말았으면 좋겠습니다' 그런 투로
이야기했어. 그랬더니 대통령께서 선 채로 내 의자를 잡고 비스마
르크 독일의 정치가(1815~1898). 냉철한 현실주의 정치를 구사하며 1871년에 독일 통일
을 완성했다. 얘기를 하면서 '정치라는 게 원래 좀 그렇습니다. 원칙

과 명분을 가지고 신념을 가지고 싸워야 하기도 하지만 세상에서 (뜻을) 펴기 위해서는 뒤로는 세력을 모으고 이런 것도 해야 됩니다. 두 개의 얼굴을 가지고 있는 겁니다. 그러니까 여러분들 같은 사람들이 지켜보고 잘 해야죠. 정치가 원래 그런 점이 있습니다' 뭐 할 말 없게 만들더라고. 그렇게 도리어 위로를 해 주시니. '원래 판이 그런 것인데 어쩌겠습니까' 그러고서 노래 부른다고 '어머니'를 부르셨어요. 나는 '어머니'라는 노래 처음 들었어요. 난 운동권도 아니니까 그 노래 알지도 못했고. 그러면서 나도 화가 좀 누그러지고 이런 계기가 됐죠.

대통령 후보로 확정되고는 어떠셨어요? 출마할 때부터 '된다'고 생각하고 한 건 아니지 않았나요?

명계남 '아니, 노무현이 국민들로부터 안 받아들여진다면 이게 나라야? 돼야지, 되는 것이지. 세가 약할지 몰라도. 이회창? 안 되지. 노무현이 돼야지' 그거죠. 돼야지. 받아들여져야지. 아니라는 사람한테는 저 사람이 잘 모르니까 우리가 설득해야 되는 거지. 그런 거밖에 없었죠. 이게 될까, 안 될까라는 생각은 크게 안 한 거 같아요. (당연히) 돼야 되는 거 아니야? 막판에 가서 좀 '안 되는 거 아니야? 이거?' 이런 생각이 잠깐 들기도 했어. (그래도) '아니, 돼, 돼' 그렇게 생각한 거였지. 노사모 회원은 제가 국민경선대책위를 끝내고 나서 회원 숫자를 급격히 늘리지 않으면 안 된다 그래서 3만 명 목표로 했는데 3만 명 넘은 게 아마 광주경선 직후 그때 넘었나? 그럴 거야. 그때 폭발적으로, 광주경선 직전에 SBS 여론조사가 이회창을 앞서는 걸로 나오고 SBS는 2002년 3월 13일 문화일보와 공동으로 TNS에 의뢰해 조사한 대선주자 선호도 여론조사 결과를 보도했다. 결과에 따르면 이회창 후보와 노무현 후보가 양자대결을 벌일 경우 각각 40.6%, 41.7%로 노무현 후보가 1.1% 앞서는 것으로 조사됐다. 그러면서 (노사모에) 왕창 들어오더라고요.

경선 이후 상황은 좋지 않았죠.

명계남 (후보를) 인정을 안 하는 거예요. 그래서 우리가 사이버정당을 만들자. 이걸로 뒷받침을 하자. 앞으로도 회원들이 이런 일들을 하려면 사이버정당에서 우리가 내각도 구성하고 청소년당도 만들고 하자. 그래서 '정정당당' '낮은 문턱, 편안한 만남, 신명나는 광장, 생활 정치 시민네트워크'를 표방하며 명계남을 중심으로 9월 15일 발족한 인터넷 정당. 홈페이지를 정교하게 만들고 이걸로 바닥을 모으자, 이런 걸 하고 있었죠. 전국 노사모에 '정정당당'을 띄운다, 가입하자 하는 분위기가 됐어요. 회원들이 '갑자기 명계남이 이것 또 뭐야, 정정당당은' 이러고서 출범을 하려고 한 판인데 위에서 전체적으로 회의를 하더니 '이거는 오히려 해가 된다. 후보한테' 이렇게 결론이 나더라고. 내가 그때 흥분해서 잘 기억이 안 돼요. 개혁정당이랑 맞물리는 거였을 거야, 아마. '이건 아니다. 접어라' 그래서 접었다니까. 그러더니 개혁정당이 뜬다는 거야. 나는 그거 몰랐지. 그런 걸 알려 준 사람이 있었으면 갈등이 좀 없었을 거예요. 그러면서 본격적으로 선대본이 구성되는 단계가 와요. 나는 병 찌고 같이 준비한 사람들도 황당해 하고 그랬는데 개혁국민정당, 개미정당 뜬다는 시기에 이광재가 나를 찾아왔어요. '형님, 어떡합니까. 후보가 저기 안에 있는데. 후보가 있는 당이 싫어서 지지를 못하겠다는 바닥 세력은 많고. 밖에 개혁정당이라는 게 만들어지니 문성근 선배는 거기 가서 하고 형님은 민주당 안에서, 선거대책본부에 들어오셔서 투 트랙(two-track)으로 갑시다' 이런 제안을 했던 같아요. 제안이 아니라 '형님 그렇게 하시죠'였지. '그래? 그러지 뭐. 그렇게 하지' 그래서 나는 국민참여운동본부로 들어갔고 우리 회원들은 **백만서포터즈단**새천년민주당 중앙선거대책위원회 국민참여운동본부 산하 단체다. 투명한 정치자금 마련과 자발적 정치참여 운동의 일환으로 노사모와 결합해 '희망 돼지 분양 사업'을 펼쳤다. 구술자는 백만서포터즈 사업단장을 맡았다.에 들어갔고. 개혁정당이 출발하고 바닥에서 약간 균열이 있었던 거죠, 결국은 다 노무현을 위해서인데.

여하튼 '우리는 뭘 하지? 사무실은 얻어 놨는데' 하다가 희망 돼지 하자고 해서 '좋다' 하고 그것부터 (시작한 거죠). '무착'이라는 친구가 있어요. 나중에 보니 그 친구가 처음 이야기를 했대요. 전에 어느 시민단체에서 그런 운동이 있었다네. 희망편지인가? 그걸 하자고 이야기를 했고. 자기가 했다는 얘기를 드러내지 않아서 나는 몰랐는데 그 친구가 예순 개인가 희망돼지를 맨 처음 사서 나한테 보냈다고 그러더라고요. 나중에 대통령 취임한 다음에는 나한테 영수증을 가져왔어. '이거 자랑하려는 건 아닌데 사료가 될지 모르니까, 처음 희망돼지 저금통 예순 개 샀던 영수증입니다' 하고서 나보고 보관하시라고. 여하튼 그래서 (희망돼지가) 자연스럽게 후두둑 채택이 돼서 밀어붙였죠. 이상호가 실무자로 '전국에서 언제 어느 타임까지 모여라' 행사를 기획하고. 맨 마지막에는 전국의 희망돼지를 집결하기 위해 쭉 트럭이 돌면서 여기서 가져오고 저기서 수거하고 이렇게 여의도로 가져 온다, 그런 걸 기획한 거죠. 여의도에서 다 모으고 그걸 민주당사에서 개봉하는 행사를 하자 해서 그렇게 했고. 그다음에 (닉네임) '소나무'는 포장마차라도 하자 그래서 희망포장마차로 전국을 돌기 시작하고. 희망포장마차도 바닥에 있는 사람들 결속하는 큰 계기가 된 거예요. 여의도에서 희망돼지 개봉할 때 대통령도 물론 오시고. 희망돼지는 놀라웠어요. 그 전에 개별적으로다가 10년, 20년 근속 메달을 보내온 사람, 금반지 이런 걸 보내 온 사람들도 있었죠. 실제로 강원도에서는 새끼돼지를 대통령한테 안겨 드린 사람도 있고. 개인적으로 저금하던 것들을 갖고 오는 사람들도 있고. 희망돼지에 백 원짜리 동전 딱 채우면 2만 5천 원인가 들어가요. 하루하루씩 20일이면 모아진다고 해서 일정을 줬는데, 급해 가지고 2만 5천 원을 은행가서 동전으로 바꿔서 보낸 사람들도 있고. 편지들도 있고.

당내 상황은 어땠나요.

명계남　엉망이었어. 당내 상황 엉망이지. 하여튼 그런 것들이 우리를 다 결집하게 한 거야. 그 당시에 흥분하고 그랬지만 (그게) 우리를 지치지 않게 했던 요소였어요. 그래도 민주당 후보인데 어떡하냐, 투 트랙 전략이 그런대로 간 거지. 개혁정당에 힘이 모이고 문성근이가 또 명연설을 해서 '노무현의 눈물'이 나오고 이러면서. 우리 쪽 애들은 그런 면에서 주목을 덜 받은 점이 있어요. 우리 애들이라고 얘기해서 그렇지만, 나랑 같이 참여했던 사람들은 내가 그런 것들을 하지 않았으니까, 그런 빛이 나는 건 없었으니까. 바닥에서 열심히 많이 했죠. 대통령선거 때 내가 기억하기로는 중앙당에서 공식 선거운동 시작하면서 각 지구당에 맨 처음 내려 보낸 돈이 한 1,500만 원 정도였던 걸로 기억해요. 내가 들어서 알게 됐어요. 유세지원 회의를 하면서. 유세차를 처음 만드는 비용이었던 걸로 아는데 움직이지도 않는 유세차를, 거의 고물 유세차를 포장만 씌워서 해 놓은 데도 있고 유세차가 있는데 움직이지 않고 그냥 서 있는 데도 있고. 그러니까 우리 회원들이 지구당 사무실로 가서 '열쇠 내놔라'하고 싸우듯이 해서 열쇠 받아 가서 기

_사료번호 16190
2002년 12월 12일,
강원도 원주 지역유세 중 원주노사모에서 전달한
새끼돼지를 품에 안은 노무현 후보.

름 넣고 운영한 데도 많고. 움직이려고 하는데 시동이 안 걸리는 차 이런 거 갖다 놓고. [웃음] 실제로 그렇게 뛴 사람들의 모습은 다 기록으로 남아 있진 않아요. (우리끼리) 눈물 흘리면서 유세차 몰고 다니고.

(나는) 대통령 메인 유세차를 타긴 탔는데, 대통령이랑 같이 움직인 건 몇 번 안 돼요. 만약에 순천서 광주로 간다 그러면 순천유세에서 내가 사회 보고 분위기 띄운 다음에 대통령이 저쪽 벌교에서 도착하면 대통령 올리고서 나는 차로 다시 광주로 가고. 대단위로 이동할 때 유세차 메인 캠프버스를 한두 번 탄 적이 있죠. 대통령하고. 길게 이동할 때, 예를 들면 정몽준 단일화 협상 진행될 때 버스 타고 가다 휴게소에 들르면 우리는 내려서 담배 피우는데 대통령은 얼굴이 있으니까 저 뒷좌석 가서 담배 피우고 뭐 이러시던 거 보고. 그 어디쯤 휴게소인가, 유세문안 때문에 아마 저쪽에서 연락이 왔는데 대통령이 '마, 해 달라는 대로 다 해 줘라' 이런 소리를 잠깐 들은 기억, '저게 무슨 소리인가' 했는데 나중에 보니까 저쪽에서 (말하는 게) 단일화 문안 그거였던 거 같아요. 인상 딱 쓰고 있다가 '다 해 줘라' 그때 가만히 생각하시고. 가만히 계시는 순간들이 많았어요.

선거 마지막 날 명동유세 때도 사회 보셨죠?

명계남　사회 봤죠. 메인 유세차는 항상 사회였으니까. 앞에서 바람 잡고 사회 보고 그러고서는 종로가 마지막 유세였는데정몽준 국민통합21 대표와 함께 명동과 종로 유세를 마친 노무현 후보는 밤 9시 30분 경 동대문에서 홀로 유세를 이어갔다. 10시 경 정 대표 쪽에서 지지철회를 통보했고, 30분 뒤 국민통합21 대변인이 기자회견을 통해 이를 공식화했다. 나는 거기는 안 갔어요. 난 거기까지 하자고 하고 정리하고 여의도로 가는데 가는 도중에 택시 안에서 정몽준 지지 철회 얘기가 들린 거야. 그때 '야, 국민당사로 가자' 해서 국민당사로 가는데 이미 상황 끝. 김행이 발표하고 나서 민주당사 갔더니 '이거 어떡해요, 이거 큰일 났네' 이러고들 있고. 아침 조간 나오는데 '정몽준, 노무현 버렸다' 조선일보 사설 나오고. 전국에서 신문 수거 작전을 회원들이 시작하고. 나는 문성근이랑 밤새 울면서 방송하고 막 그랬죠.김갑수 씨가 온라인으로 첫 방송을 시작한 '노무현라디오'로, 2002년 11월 4일부터 12월 25일까지 방송했다. 참 위태위태했지. 뭐가 어떻게 되는지 알 수가 있어야지.

무엇이 사람들을 그렇게 뛰게 한 걸까요? 결국 대통령이 됐잖아요.

명계남　글쎄요. 내가 그런 걸 분석할 능력은 많지 않은데 억지로 이야기하라고 하면 인물 자체가 가지는 매력과 끌어당기는, 내가 가끔 표현하는 귀한 존재(라는 거예요), 저런 귀한 존재가 우리 앞에 있다는 것이 우리가 그렇게 고생하면서 뛰어도 굉장히 행복할 수 있었던 거고. 그런 매력이 있었어요. 우린 그걸 발견한 거죠. 우리 나름대로 찾은 거지. 저런 사람이 없으니까. 그리고 저 사람이 자기 뜻을 실어 펴는 일을 하고 있었으니까. 그래서 우린 기대까지 한 거지. '저 양반만 되면, 이 나라는 다 된다. 다 끝난다. 이제 정리가 된다' 전혀 아니었음에도 불구하고. 그러니까 '저 사람이다. 저 사람 때문에 그랬다' 뭐, 기적 같은 일이었어요. '강물은 바다를 포기하지 않는다'라는 게 딱 맞는 말이라는 생각이 들지만 또 거꾸로 갈 때도 있는 거잖아요. 지금처럼 말이죠. 그 당시로서는 저 양반이 안 되면 이상한 거라고 나는, 그렇게 생각했어요.

사람들이 얘기하기 좋은 말로 그러잖아요. '아 뭐 노무현 대통령이 다 잘했다는 건 아니지만' 이런 췌사를 앞에다, 딱 전제를 붙이는데 '뭐 잘못했는데? 그게 뭔데? 얘기를 해 봐' 하면 그냥 붙이는 말이야, 붙이는 말. '뭐 잘못했는데?' '아, 뭐 실수도 있었고…' '실수가 뭔데?' '…' 잘 모르는 얘기라는 거지. 제일 유명한 역대 대통령인데 제일 잘못 알려지고 덜 알려진 대통령이라는 거지. 덜 알려진 정치인이라는 거죠. 저 사람이 어떤 사람인지 나는 그걸 볼수록 느껴요. 저 양반이 하신 말이나 글을 볼수록. 노무현재단이 해야 될 건 뭐냐? 나는 그거라는 거지. 그거 아닌가? 모른다니까. 잘 안 알려졌다니까. 무지하게 유명하긴 유명한데 저 양반의 실제 모습이 알려진 적이 별로 없어요, 이상하게. 언론에서 왜곡한 적도 있고 우리 세력들이 쭈그러들어서, 능력이 부족해서일 때도 있고. 진짜 저 양반에 대한 연구가 이루어진다는 건 좋으나 여전히 대중들한테는 덜 알려졌다는 거지. 그런 걸 알리는 일을 해볼 수 있는 게 뭘까? 정권을 또 잡아서 한 20년, 30년 해야 저 양반과 함께 했고 꿈꿨던 세계로 조금씩 갈 수가 있을까? 하아. [한숨] (여전히) '저런 사람 없다'는 생각밖에 없어요. '그래서 기분 좋은 거는 니들 모르지? 나는 저 사람 알아' 이거지. 그리고 '2002년 때 저 사람 때문에 춤추고 떴다떴다 노무현 부르고 놀았어. 얼마나 죽였었는데, 니들은 모르지, 저런 섬광 본 적 없지? 얘기만 듣지? 조선일보만 봤지? 그러니까 니들은 웃겨, 니들은 불쌍한 거야' 뭐 이렇게 하고 살면 되는 거지. 그럼 되는 거지. 이런 생각을 하는 정도야. 뭐 있어? [웃음]

황의완

조용히 사라진 그들

구술자 황의완은 노사모 아이디 '다문'이다. 1964년 부산에서 태어나 1988년 부산대학교 미술교육과를 졸업한 뒤 광고회사 등을 운영하며 경성대학교 광고홍보학과 겸임교수로 재직했다. 문화운동에 몸담은 대학 재학시절, 80년대 부산지역 민주화운동의 구심이던 부산민주시민협의회(부민협)와 교류하는 과정에서 노무현을 알게 됐다. 1988년 총선에서 노무현의 홍보물 제작에 참여한 것을 시작으로 1992년 총선과 1995년 부산시장 선거 등에 힘을 보탰다. 이러한 인연으로 노무현이 1994년 결혼식 주례를 서기도 했다.
1999년 노무현 당시 민주당 고문의 사이버보좌관 활동을 시작했다. 2000년 노사모가 태동하면서 자연스럽게 홈페이지 제작, 관리 등에 관여하게 됐다. 노사모 국민경선대책위원회와 대선투표참여특별연구위원회 등 2002년 대선에서 노무현 당선을 위한 활동에 참여했다.

황의완의 구술은 노사모가 태동할 당시에서 시작한다. 노무현이 2000년 총선에서 낙선한 후 인터넷 홈페이지를 중심으로 일었던 팬클럽 결성 제안과 실행, 6월 6일 창립총회를 비롯한 일련의 과정이 이어진다. 노사모에 대한 접근 태도와 방향을 잡아 준 건 노무현과 나눈 두 번의 대화였다. 황의완은 당시의 경험을 개안(開眼)에 비유하고 있다.

국민경선은 초유의 상황이었다. 노사모는 특유의 에너지로 분위기를 주도했다. 황의완은 묵묵히 참여하고 조용히 사라지던 그 사람들이야말로 노사모의 저력이었다고 기억한다. 노무현의 대통령 당선 이후 느꼈던 공허함과 갈등도 이야기한다. 당시의 경험은 자신을 포함해 노사모 모두에게 '해피(happy)하게 살아야 할 의무'를 남겼다.

황의완의 구술은 2012년 9월 26일, 11월 9일과 23일 세 차례에 걸쳐 경기도발전전략연구소에서 진행한 면담 내용을 발췌·정리한 것이다.

2000년 총선 끝나고노무현 대통령이 2000년 제16대 국회의원선거(4·13)에서 부산 북강서을에 출마해 낙선한 것을 말한다. **상황이 어땠나요?**

황의환　총선 끝나면서 (저는) 사이버 보좌관온라인 상에서 노무현을 지원하는 보좌진의 개념으로 1999년 '노하우' 사이트에서 처음 도입했다.으로서보다는 그냥 네티즌의 한 사람으로 게시판에 글 올리고 하는 정도였죠. 그런데 이제 떨어지고 게시판에서 난리가 나니까 벙 쪄서 딱 두 음절. '멘붕', 뭐 '우찌 이런 경우가 있나. 이거 무슨 선거냐, 도대체가' 이런 정도 생각만 하고 있었죠. 그러다가 게시판에, '노하우'노무현 공식홈페이지 노하우(www.knowhow.or.kr)를 말한다.에 다시 가니까 난리가 난거야. 완전히 게시판에 비가 오는 거야. 글 올렸는데 좀 지나면 없고 저 밑에 가서 찾아야 되고 이런 지경이었는데 선거 지고 하루 이틀 정도를 그렇게 지냈어요. 며칠 좀 지나서 누군가가 '팬클럽을 만들자' 그땐 누구인지는 몰랐죠. 그다음 또 누군가가 팬클럽 만들려면 여기선 안 된다, '절세미녀'구술자와 마찬가지로 노무현 사이버 보좌관 활동을 했다. 노하우 사이트 외부에 '회원가입 임시게시판'을 개설해 노사모 회원 가입을 받았다.가 그랬죠. 이제 이 게시판에선 안 되고 그때 게시판의 프로그램을 공개해 놓은, 공짜로 공개해 놓은 게시판이 있었어요. 그래서 거기에다가 게시판을 만들고 회원으로 가입할 사람을 모집하고 이렇게 된 거죠.

　　그렇게 돼서 노사모 홈페이지가 6월 6일 창립총회쯤에 맞춰

가지고 오픈한 것 같은데, 그날 (대통령이) 거기에 오셨죠. 오셨는데, 머쓱해 하시는 그런 (모습이었습니다). 그러니까 노사모가 스타트 되고 나서 그때 우리 개념은 이를테면 기획사에서 관리하는 팬클럽 하나 있는 정도, 노사모를 그런 정도로 인식을 하고 나도 마찬가지였어요. 그래서 인터넷을 활용하는 정치라고 하는 기획안을 하나 짰어요. 그래서 노짱님하고 자리를 만들었어요. 부산에서. 노사모 창립총회를 하고 나서 그러니까 한 7, 8월경쯤 되지 않았나 싶은데요. 8, 9월 그쯤이었을 거예요. 한참 설명을 쭉 드렸는데 노짱님이 '사업이냐, 일이냐?' 그렇게 질문을 던졌어요. 아, 그때는 '사업이냐'가 아니고 '비즈니스(business)냐, 아니면 일이냐' 그리고 '네가 여기에 참여하겠다는 뜻이냐' 묻더라고. '예? 일입니다' 이렇게 설명을 했어요. '그러면 이거를 가지고 서울 올라가서 이광재를 만나라. 종로에 어디 가서 만나라' 하시더라고.

당시에 서로 알아보셨죠?

황의완　그쵸, 알죠. 내 주례했던 분이셨는데요.부산 민주화운동 시절부터의 인연으로 1994년 구술자의 결혼식 주례를 맡았다. 그래서 혼자 막 열이 나 가지고 설명을 했죠. 그때 내가 브리핑한 것들도 지금 생각해 보면 짜달시리부산 사투리로 '별로, 그다지'를 뜻한다., 좋은 내용도 별로 아니었던 것 같아요. 그러니까 노짱 님이 쭉 들어 보고 내용이야 뻔한

_사료번호 22620
2000년 6월 6일,
노사모창립총회에 참석한
노무현 새천년민주당 지도위원.

이야기하는 거 같고 그러니 태도만 보고 태도가 어느 쪽이냐, 그러면 가서 의논하고 방향을 잡아라, 이렇게 말씀하신 거 같아요.

(서울에 올라와서) 안티 붙은 것까지도 쭉 리스트를 만들어 가지고 칠판에다 다 적어 놓고 그래 가지고 도메인을 한 마흔 갠가 쉰 갠가 될 거야, 그 등록을 다 했어요. 다 해 놓고 어디서 보고를 했더라. 자랑삼아 보고를, 저 혼자 한 것도 아니고 여러 사람들이 해 갖고 '방어를 위해서 이렇게 준비를 철저히 하고 있습니다' 그거 하는데 우리 시간 억수로 많이 썼다고. 머리도 많이 쓰고, 여러 사람 봐 가면서 '뭐 빠졌네, 넣어라' 이러면서. 그랬더니 딱 1초도 안 돼서 얘기를 듣자마자 (노무현 후보가) '그걸 왜 하는데?' 이러시는 거예요. '아니, 방어를 하고 뭐…' 하니까 '야, 이 사람아. 안티를 할 사람은 안티를 하도록 내버려 두자고 우리 인터넷 하는 거 아니냐' 딱 이 한 마디야. 몸에 전율이, 머리카락까지 쫙 서는 거야. 다 깨진 거야. 지금까지 내 인생에 대한 것들이. '와, 뭐야 이거 지금. 우리 지금 뭐하고 있었던 거야' 이렇게 된 거야. 어쨌든 판단은 정확한 거야. 거기에 더 논의하고 말 것도 없어. 그걸 왜 하는지 막을 이유가 없는 거잖아요, 따지고 보면. 근데 우린 그 생각을 못했던 거지. 내가 그분한테 느끼는 게 머리로 정치를 하는 사람이 아니라는 거. 가슴으로 정치를 생각한다고. 단 1초도 생각 안하고 '그거 왜 하냐? 안티 할 사람들은 안티 하도록 두자. 그러자고 우리 인터넷 하자는 거 아니냐. 그걸 왜 당신은 막으려고 하냐?' 그

게 내 인생이 망가지는 순간이죠. [웃음] 처음에는 멍하니 있다가 조금 더 생각을 해 보니까 '이걸 왜 했지 우리가?'라는 생각이 이해되기 시작하면서 지금까지 내가 봤던, 아주 가까이서 보기도 했었고 서로 부딪치면서 그 사람을 좋아하기도 했지만 그것과 전혀 다른 급의 상황으로 몸을 때리는 전율이 온 거죠. '야, 이거 뭐 좀 다르다. 지금까지 생각했던 거하고 많이 다르다. 어떻게 된 거지?' 다른 사람들보다는 더 가까이 노무현을 알고 있었다고 생각했는데 그것을 얘기하는 순간 '내가 저 사람을 몰랐구나'라는 생각을 다시 하게 됐어요. 이를테면 개안(開眼)을 한다고 할까?

그런 차원에서 우리를 다시 돌아보니까 '야 이건 뭔가 좀 안 맞는 거 같다' 이를테면 일반 팬클럽들이야 기획사에서 기획하고 하면 얼마든지 만들어 낼 수 있는 거지만 노사모라고 하는 것은 인위적으로 만들 수 있는 조직이 아니잖아요? 다른 여느 것들과 전혀 다른 조직인데 지금처럼 우리가 이렇게 뭔가를 한다는 것 자체가 좀 아니다 라는 생각을 했던 거고. 이 분은 자신의 모든 것을 열어 놓고 그냥 달리는 사람인데 그걸 막을 이유가 없는 거잖아요. 막아야 될 이유가 있는 사람한테나 그런 게 필요한 거죠. 그게 그 사람이 가지고 있는 가장 큰 파워 아닌가. 그것이 노사모를 만든 것이었고, 대선 때 사람들을 움직이게 만드는 것이죠. 수없이 많은 사람들의 에너지에 의해서 경선에서 이기고 후보가 됐던 거 아니에요. 그걸 걸고, 정몽준하고 후보 단일화를 걸었다는 거 아니에요. 어떻게 보면 열 받잖아요. 그럼에도 불구하고 그만큼 밀고 갔던 것들에 대한 배경도 이런 부분들을 생각하지 않으면 안 풀리는 문제라고요, 그게. 머리가 아니라 가슴으로 살아왔잖아요, 이 양반이 가지고 있는 살아온 내력 자체가. 진실한 사람한테는 유비무환이 필요 없는 거예요. 그냥 가면 되는 거야. 그게 연설에서도 나타나잖아요. '부인을 버리란 말입니까' 그냥 그게 자기 삶인데요. 그러니까 이런 분하고 같이 뭘 하려고 하는데 내가 나름대로의 비전이고 등등 잔머리 굴리고 할 계제가 아닌 거죠. 노사모가 어디로 가야 되는가에 대한 판단을 하는데 있어서 충격적인 그 한방이 일거에 (고민을) 해결해 버린 거죠. 그러지 않았다면 이게 결국은 기획사 집단에 소속되어 있는 아류적 팬클럽밖에는 안 됐을 수도 있죠.

이제 경선 참여를 둘러싸고 논란이 벌어지죠.

황의완　경선 국면에 들어갈 즈음에 참여하자고 하는 사람과 우리가 노무현 '대통령' 만들려고 온 건 아니지 않냐 라고 하는 사람, 논쟁이 굉장히 많이 있었어요. 노사모 안에서. 지금 생각해 보면 무슨 논쟁거리가 된다고 그렇게 논쟁을 했을까 싶지만. 사실 우리가 군부독재를 너무 오래 거치면서 대통령하면 권좌, 그리고 부정적인 이미지가 많았기 때문이기도 했죠. 정치라고 하는 게 당연히 권력을 잡아서 바른 정치를 펴는 건데. 시민의식도 그 전 단계였던 것 같아요.

국민경선은 노사모가 비약적으로 발전하는 과정이었어요. 국민경선을 처음에 참여하자, 말자 논쟁이 굉장히 심했고, 그래도 노사모 본진이 거기에 참여하는 것은 옳지 않다는 인식 때문에 옆으로 비켜서서 별도의 조직을 만들었어요. 국민경선대책위원회 이런 식의 이름이었죠. 그리고 거기 기획 책임자로 제가 결국 뛰어들었고요. 노사모의 가장 중요한 부분은 노무현이 좌절했을 때 그 좌절 때문에 만들어졌던, 노무현에게 다시 용기를 주고자 하는 부분. 그것과 노무현이라는 이 퍼스널리티(personality), 노무현의 정신이라고 하는 부분이 있죠. 즉 북강서에서 떨어졌을 때 동서화합을 주장하는 그의 정신이 지역감정에 무너지면서 '도대체 이건 있을 수 없는 일 아니냐' 해서 동서화합이라고 하는 측면이 노사모에 강하게 들어 있었단 말이죠. 결국 국민경선이라고 하는 과정에 노사모가 같이 참여했고 광주경선에서 1위를 함으로써 노사모가 만들어진 목적의 90퍼센트는 난 이루어졌다고 생각했어요. 사실 저는 대통령에 당선됐을 때보다도 광주경선에서 승리했던 날이 더 감동적이었고 더 중요했던 날이었다고 생각해요. 노사모 탄생의 시점을 포인트 1로 둔다면 포인트 2는 대선 승리가 아니라 광주경선 승리가 포인트 2. 그리고 중요도로 따진다면 그거의 10퍼센트, 20퍼센트 정도가 대통령 당선이 아닌가, 난 그렇게 느껴진단 말이죠.

광주경선이 왜 그렇게 중요하다고 생각하셨나요?

황의완 그때 당시에 우리 인식 수준에서는 대한민국이 남북으로 갈린 것도 답답한 현실인데 동서로 갈려 가지고 '우리가 남이가' 하는, 지역정서 하나만 들이대면 호남이든 영남이든 거기에 매몰돼서 정치 이슈가 제대로 논의될 수 없는 그런 구도에 노무현은 정면으로 부딪친 정치인이었잖아요. 그것이 좌절되는 것을 보고 노사모가 탄생된 거란 말이죠. 노무현 정신이라고 하는, 그리고 노무현의 정치 철학이라고 하는 전반에 대한 것을 제대로 이해하고 있지 않은 상태. 그럼에도 불구하고 오로지 한 포인트, 그 지역감정이라고 하는 것에 정면으로 부딪치는 한 정치인의 감동적인 모습. 이것이 자기에게 득이 된다, 실이 된다는 걸 따지지 않고 '저건 뚫어야 돼'라고 생각하고 그냥 밀고 가는 것에 대한 감동. 그것 때문에 모였고 광주라고 하는 공간에서 인정받았다는 거죠. 그 측면에서 감동, 이거죠. 노무현이라고 하는 사람이 영남지역에 기반을 두고 있던 사람인데 광주 대의원들이, 광주 사람들이 노무현을 인정해 준 거잖아요.

우리가 꼭 성지순례 하듯이 광주 가서는 하루 전날 전야제를 했어요. 그러니까 경선 전날. 거기가 어디였더라? 5.18 기념지 같은 곳이었어요.광주 서구 소재의 5.18기념공원을 말한다. 밤에 묵념도 하고 촛불 들고 제발 이기게 해 달라고 영령들한테 특별히 제사도 지내고. 그 전야제에 모였던 사람이 200명에서 300명 정도 됐던 것 같아요, 하루 전날 전국에서. 그리고 그다음 날 사람들이 더 많이 모이는 거 아닙니까? 그 두 배, 세 배가 모이죠. 경선장까지 가는데 몇 백 미터 앞까지 나와서 풍선도 달고 이렇게 하는 거죠. 그건 현장에 나타난 사람들이었고 그 전에 손이 부르트게 편지를 쓴 사람들광주노사모 회원 '사인'의 제안으로 3월 11일부터 시작한 '선거인단에게 편지 보내기 운동' 노사모 회원 한 사람이 많게는 수백 통씩 노무현 후보의 지지를 호소하는 내용을 자필로 써서 선거인단에게 보냈다., 그렇게 노력을 했던 사람들이 있으니까요. 그것이 '오백'이라고 하는 그 숫자광주경선에서 노무현 후보가 얻은 득표수를 말한다. 노무현 후보 595표, 이인제 후보 491표, 한화갑 280표 순이었다.에 터져 나왔던 거죠.

국민경선 과정, 참 재밌게 했죠. 야구장 분위기 비슷한 걸 경선 현장에서 우리가 연출해 냈으니까. 야구장 가면 파도타기 있잖아요, 그런 거 다 처음이죠. 응원, 춤, 풍선 뭐 한국정치 현장에서 다 없었던 것들이잖아요. 다른 캠프나 등등에서 보면 이해 안 되는 상황들이 많이 발생하는 거죠. 예를 들면 500명이란 사람을 동원해서 밥을 먹이려고 생각해 보세요. 1인당 만 원 하면은 500만 원 나가잖아요. 하룻밤 재우면 1인당 4만 원, 5만 원씩 들어간다고 봐야 되잖아요. 그럼 500명을 1박2일로 동원하면 돈이 얼맙니까?

계산도 잘 안 돼. 그 큰 금액이 나갈 텐데 노무현은 도대체 무슨 돈을 가지고 저렇게 하냐고 다른 캠프에서 얘기할 거 아닙니까?

노사모에서는 전부 다 자기 차 끌고 오고, 카풀해서 오고 그리고 다 더치페이. 만 원씩 내고 전부 현지 조달 가능하게 시스템으로 운영이 됐으니까. 신기한, 초유의 그런 상황들이 노사모나 참여하는 사람도 신나게 놀다 가게 한 거죠. 무엇보다도 경선 결과도 신났고. (경선 현장에서) 보면 90도 각도로 막 두 시간씩 세 시간씩 인사하시는 분들이 있단 말이죠. 난 그분들 보면 정말 경이롭다고밖에 달리 표현할 말이 (없어요), 제가 노사모 일을 많이 해 봤지만 밑으로 갈수록 강하다는 생각이 그런데서 늘 드는 거죠. 뭐 다 나름대로 정말 빵빵한 사람들이, (노사모) 논의구조나 이런 데 와서는 한마디도 안하고 그냥 묵묵히 입 닫고 있던 사람들이 거기와 가지고 그렇게 인사하고 또 그냥 사라지고. 난 그런 거 보면서 노사모라고 하는 것의 저력, 힘 그런 게 밑으로 내려갈수록 강한 조직이라고 하는 생각을 많이 했어요. 초기부터 큰 틀에 대한 맥이 잘 잡혀 있으니까 그랬던 거 같아요. 그런 맥들이 클린(clean)하게 잘 굴러가는 도덕성과 아름다움과 신남, 이런 것들과 어우러진 거죠. 광주에서 '오백' 그 순간이 노사모의 클라이맥스(climax)라는 생각이 들어요.

후보가 된 다음에도 당 안팎에서 흔들기가, 어려움들이 있었죠.

황의완　그런 즈음에 우리 노사모 안에서는 선거운동 자금 모으기 이래 가지고 희망돼지 운동을 시작했어요. 아, 그거 정말 멋진 운동이었다고 생각해요. 첫 제안을 누가 했는지는 모르겠습니다. 어쨌든 희망돼지 운동을 하자고 그랬고 그 전에 제가 아는 맥을 따라가면 노사모 안에서 대선은 다가오고 후보의 지지율은 막 엉망진창이고 그런 상황에서 '이걸 어짜면 좋노' 하다가. 당시 노사모도 경선 이기고 나서부터는 '낮은 노사모론'에 빠져 있었어요. 좀 조심하자, 후보까지 만들어 놨는데 이제 우리 역할로 돌아가서 조심하자, 이런 입장이었어요. 저도 부산에 제 본래 업이 있으니까 거기에 집중하고.

　그랬는데 부산노사모의 동력이 상당히 강했어요. 그래서 다시 제안을 했죠, 제가. 또 그때 국민경선 과정에 두각을 나타내는 친구가 하나 생겼어요. 이상호, 미키루크라고 하는. 그래서 대선에서 뭔가 역할을 해야 되지 않겠냐, 같이 협의를 한 거죠. 일단 큰 단위에서 대특위^{2002년 9월 9일 노사모 '대선투표참여 특별연구위원회'를 구성했다.}라고 하는 논의체를 만들어 두긴 했는데 활동이 거의 지지부진한 상태였어요. 그런데 희망돼지에 대한 얘기가 나와서 그걸 진행하자고 했고 미키루크하고 저하고 대특위 기획위원장, 대특위 단장 이래 가지고 둘이서 서울로 다시 올라간 거야. 둘 다 '회사 사장이어서 뭐 출근 안 해도 됩니다. 그냥 뜰게요'하고 올라갔어요.

사실 그때까지만 해도 나도, 미키루크도 돈에 대해서 아주 아쉬운 상황은 아니었기 때문에 서울 사무실로 올라갔지요. 올라가서 전국 단위의 일을, 사무실에서 시작했어요. 그렇게 하면서 참여하는 사람들이 몇 사람 더 생기고 실질 동력들이 생기는 거죠. 거기서 희망돼지 사업을 하고 캐릭터 같은 그림도 만들고.

캠프에 가서 같이 의논도 하셨나요?

황의완　별로 안 했어요. 우리끼리 그냥 갔어요. '희망돼지 모으기 전국 투어를 하자' 그랬죠. 출발점을 부산으로 잡았어요. 기가 막힌 게 미키루크가 트럭을 구해 놨는데 그 트럭이 이삿짐 회사 트럭이었어요. 색깔이 노란색이었고. 거기에 우리가 따로 만든 것도 아니었는데 뭐라고 적혀있느냐면 '그날이 오면' 딱 적혀 있는 거야. 그렇게 꼭 맞는 차를 구한 거야. 그것도 굉장히 큰 트럭이었어요. 그 트럭을 가지고 부산에서부터 출발을 한 거야.2002년 9월 26일 부산에서 희망돼지 전국 투어가 출범했다. 그 즈음에 또 희망포장마차노사모 회원 '소나무'가 주도. 2002년 10월 광주를 시작으로 전국을 순회한 '희망 포장마차'를 말한다.가 합류를 한 거야. (우리도) 뭔가를 하자 해서 몇 명이서 희망돼지 일정에 따라 붙은 거야. 그래 희망돼지 투어에 희망 포장마차가 같이 다니면서 포장마차가 열리고, 사람들 와서 먹고 그렇게 해서 모은 저금통 양이 상당히 많이 됐죠. 그리고 그렇게 모인 돼지들을, 부산에서 '희망돼지 잡는 날' 이래 가지고 부산 선대위 주관으로 희망돼지들을 한꺼번에 다 모아서 갔던 행사가 있었고. 이어서 서울에서도 중앙당사에서도 한 번 했죠. 그거 할 때에 (후보가 희망돼지) 들고 웃으시는 모습과 첫 멘트 내가 기억나는 것은 '이 돼지들, 절대 버리지 말고 돼지 껍데기 버리지 말고 남겨서 탑이라도 만들자'고 하셨던 게 기억나요. 그 돼지가, 뭐랄까요? 정말 사연들이 많아요. 그때 생각하면 또 눈물이 핑 돌 정도인데 그 돼지 하나하나에 사연들 다하면…. 저금통 한 개 한 개가 하루 이틀에 모여지는 게 아니잖아요? 아이들이 조그맣게 써서 넣은 글씨들이 있고 동전 10원짜리 그런 것도 있고. 여의도광장이었나요? 민주당 당사 앞이었나요? 모르겠는데 돼지 잡는 날, 돼지 저금통 부수는 날이죠. 이게 어마 어마하게 나오는 거죠, 동전이. 10원짜리는 10원짜리대로 100원은 100원짜리대로 1,000원은 1,000원짜리대로 막 이렇게 정리한 게 있어요. 거기서 나오는 사연들 보면, 저금통에다가 글들이랑 이런 것들 써서 보내 줬거든요. 그 자료들이 문구 하나하나는 기억나지 않는데 보면서 울기도 하고 '이런 것도 있다'(면서) 서로 돌려서 읽기도 하고 그런 기억이 나요.

대통령 당선 때는 어디 계셨어요?

황의완　발표 나는 날은 부산에 있었고요. 부산 선대위에서 같이

_사료번호 15742
2002년 10월 21일,
전국을 돌며 희망포장마차를 운영해 온 '소나무'를 비롯,
함께 자리한 노사모 회원들에게 인사하는 노무현 후보.

봤고. 그러고는 그냥 집에 갔다가 서울에 정리한다고 올라가서, 노사모 사무실에 제 짐들하고 뭐 이런 것들이 많이 있으니까요. 정리해 가지고 부산으로 내려왔죠. '이제 끝났으니까 다시 내 생활로 돌아간다' 그런 생각이었고 회사로 복귀했죠. 개인적으로는 그 뒤에 여러 가지로 공허함과 갈등의 시간들이 많이 존재했어요. 왜 그런가하면 대선이라고 하는 격동의 과정들 속에서 일정 단위 자기 역할과 그 이후 일상으로 돌아오는 것, 그 갭(gap)에서 발생하는 공허함 이런 것들이 막 생기더라고요. 대표적인 게, 주변에서 쉽게 '야, 너 이제 뭐하냐?' 이런 류의 이야기들. 또 그 판 안에서 아무튼 그런 묘한 상황 속에서 자기 자리들을 찾아가는 과정의 어려움 이런 것들이 발생하는 시간이죠. 노사모의 상당히 많은 사람들이 아마 그런 걸 겪지 않았을까. 특히 주도적으로 많이 뛰었던 사람일수록 더 강했을 거예요.

저는 그렇게 생각해요. 그런 측면에 있어서 노짱님은 냉정한 스타일이거든요. 국민경선 때였던가요? 아주 멋진 배반이 있어요. 경선 딱 끝나고 그다음 날인가? 발표가 나왔는데 발표 내용이 뭐였더라? '오늘 이 시간 이후 무슨무슨 조직의 명함은 모두 무효입니다'라는 선언이 나온 거야. 한편은 공허하지만 정말 맞는 이야기죠. 그래서 저한테 그런 이야기를 한 적이 있어요, 명짱님이. '봐라, 역할을 한 거 아니냐? 그럼 그걸로 만족하면 안 되냐? 그럼 됐지' 그러면 행복해야죠. 해피(happy)하게 살아야 할 의무가 있어요. 행복해져야 할 의무가 있는데 상당히 오랜 세월, 지금 저도 그렇고 개인적으로 랜딩(landing)을 잘하는 축에 속한다고 생각하지만⋯ 좀 어려워졌죠. 요즘 저는 그럼에도 의무적으로 행복해야 된다는, 그런 생각들을 많이 가지고 있어요.

전국을 돌고 또 돌자 '희망돼지'가 모이기 시작했다

구술자 이상호는 노사모 아이디 '미키루크'이다. 1965년 부산에서 태어났다. 일찍이 양말사업으로 성공을 거뒀다. 스스로를 '사회에 대한 문제의식이 전혀 없이 살다가 30대 중반에 우연히 노사모를 접하게 되어 세상의 삶이란 정치와 무관할 수 없다는 문제의식을 발견하고 활동하게 됐다'고 소개한다.

국민경선과 대선을 거치며 노사모에서 뛰어난 마케팅 기획력과 추진력을 유감없이 발휘했다. 2002년 노사모 부산대표와 국민경선대책위원회 및 대선투표참여특별연구위원회 위원장, 새천년민주당 백만서포터즈 부단장 등으로 활동했다. 이후 정치에 입문, 열린우리당과 민주당 전국청년위원장 등을 맡은 바 있다.

이상호는 정치인 노무현보다 노사모를 먼저 알았다. 인터넷 검색하던 중 '실수'로 찾아 들어간 사이트였다. 노무현의 소신에 반해 그를 도와야겠다고 생각했다. 지인과 택시기사들을 상대로 혼자 노사모 가입운동에 나섰던 좌충우돌 에피소드와 첫 만남에서 노무현에게 '이 사람 영 아닌 것 같은데?'라는 말을 들었던 사연도 흥미롭다.

특유의 돌파력으로 노사모가 새로운 선거참여의 문화를 만드는 데 일조했다. 노란손수건 탄생 비화와 국민경선 현장을 축제로 만든 활약, 새로운 동력으로 노무현에게 힘을 모아 준 희망돼지 전국투어 등이 그의 구술 속에서 생생하게 살아난다.

이상호와 구술면담은 모두 세 차례에 걸쳐 진행했다. 수록 내용은 2013년 9월 25일과 26일 두 차례에 걸쳐 서울 노무현재단 사무처에서 진행한 면담 내용을 발췌·정리한 것이다.

노사모에는 어떻게 가입하게 되셨나요.

이상호　　저는 사업을 하던 사람이었기 때문에, 양말 유통 사업을 했었습니다. 인터넷 쇼핑몰을 하고 싶었어요. 보통 우리 세대는 디지털을 만지는 이런 것들에 대해서 직장생활 하는 사람들이 거의 취급을 안 하던 때였고 그래서 컴퓨터라는 것에 접근성이 떨어질 때였습니다. 인터넷 쇼핑몰을 하게 되다 보니까 어쩔 수 없이 컴퓨터를 처음 만졌는데 노사모랑 인연이 만들어지게 되었어요. 당시에 '소리바다'2000년 5월 서비스를 시작한 P2P 형식의 MP3 공유 프로그램. 음원을 무료로 공유하는 이용자가 늘어나자 저작권 침해 논란이 일었다. 2002년 7월 폐쇄됐으나 이후 수차례 버전을 업그레이드해 서비스를 재개했다. 저작권 문제가 있었습니다. 인터넷 쇼핑몰을 하려고 했기 때문에 소리바다에 대한 문제에 관심을 가지고 있었어요. 근데 컴퓨터에 앉아 가지고 '소리바다'를 검색해 보려고 하는데 갑자기 사이트명이 생각이 안 나는 거예요. 분명히 노래 사이트였는데 그래서 '노찾사' '노사모' 이래 찾다가 노사모를 잘못 들어가게 된 거지. 노사모를 잘못 들어갔는데 정치에 관심이 없었기 때문에 노무현 대통령 얼굴도 나오고 해서 '도대체 뭐하는 거야?' (했죠.) 2000년도 말이었어요. '뭐하는 거야?' 하고 보다가 제가 홈페이지를 개발 중이었기 때문에 홈페이지가 어떻게 되어 있는지 보려고 거기에 나와 있는 메뉴들을 다 눌러 봤어요. 그리고 (노사모 홈페이지를) 닫았어요. 닫았는데 인터넷을 켜면 야후(Yahoo)가 나와야 되는데 그 이후부터 계속 노사모가 나오는 거예요. 바이러스를 먹었는지 알았어요. (나중에) 알고 보니까 좌측 상단에 '이 화면을 시작페이지로' 그 메뉴를 잘못 눌러 가지고 인터넷만 켜면 노사모가 나오는 거예요.

그렇게 하다가 우연히, 노사모 메인 페이지에 나와 있는 '이회창 문부식 김현장의 아이러니한 인연'부미방 사건과 이회창 문부식 김현장의 기묘한 인연'이라는 제목으로 〈신동아〉 2001년 8월호에 실렸다.이라는 장문의 〈신동아〉 기사를 봤어요. 그게 부산 미문화원 방화사건1982년 3월 18일 문부식, 김현장 등 부산 지역 대학생들이 부산 미국 문화원에 불을 지른 사건이다. 문부식, 김현장은 대법원에서 사형확정 판결을 받았으나 무기징역으로 감형됐다.에 대한 것이었고 변론을 당시 노무현 후보가 하더라고요. 노무현 변호사가 변론하는 글을 보면 훈계를 해요, 판사에게. '오늘의 이 재판이 훗날 우리 후손들에게 어떤 평가를 받을지 역사의 두려움으로 재판을 해 달라. 판결을 해 달라' 이렇게 훈계하듯이 합니다. 그러니까 거기에 나와 있는 기자가 그 스케치를 뭐라고 했냐 하면 '그 당시의 판사 표정이 붉으락푸르락 하면서 속전속결로 사형선고를 한다' 이렇게 나와요. 그래서 빨갱이로만 알고 있던 문부식, 내 고등학교 선배에 대해서 새롭게 알게 되는 계기가 되었고 '노무현이 남자다'라는 생각이 훅 들더라고요. 정치적으로 맞다 틀리다에 대한 문제는 그렇다 치고 '역사'라는 단어가 이렇게 의미심장하게 들린 건 그때가 처음이었어요. '훗날 후손들이 어떻게 평가를 하느냐, 이게 역사다'라는 것을 의미심장하게 들었고 남자로서 가지는 매력 이런 게 저한테는 상당히 확 와 닿았습니다. 거기까지였어요. 그런데 저를 흥분하게 만들었던 것은 2심 재판에 대한 문제가 또 나와요. 2심 재판장이 이회창입니다. 합의부에서 항소심 재판장이 이회창이었는데 그냥 짧게 속전속결로 '사형선고를 한다' 이렇게 나와 있어요. 그리고 더 열 받게 된 것은 그다음 장면이었습니다.

당시에 무료 인권변론 (해 주고), 그리고 언성을 높이면서 판사를 훈계하듯이 '어떻게 이 학생들이 사형이냐? 말이 안 된다'라고 하면서 자기를 변론했던 노무현 후보랑, 자기에게 사형선고를 했던 이회창 중에, 다음에 술을 한잔 사더라도 노무현 후보한테 한잔 더 사야 되고 양말선물을 하더라도 노무현에게 하는 게 세상 이치죠. 그런데 이어진 기사에 김현장이 이회창 지지선언을 했었다는 내용·해당 기사의 관련 대목은 이렇다. '그런데 이렇게 얽히고설킨 관계들 가운데서도 단연 눈길을 끄는 것은 이회창 총재와 김현장 씨의 별난 인연이다. 지난 1997년 12월 중순, 대통령 선거를 1주일 앞둔 어느 날 김현장 씨가 돌연 시사주간지 인터뷰 기사를 통해 모습을 드러냈다. 기사의 제목은 '그 분만이 지역감정 극복할 대안'. 인터뷰에서 김 씨는 "지금은 지역감정으로 선거를 치를 때가 아니다. 완벽한 카드는 아니지만 세 분(이회창 김대중 이인제 세 후보) 가운데서는 이회창 후보가 차선으로 적임자"라고 평가했다. 김씨는 "이(회창) 후보가 내게 준 것이라고는 '사약 사발'과 10여 년 옥살이를 하게 한 인연밖에 없습니다. 그렇지만 지금은 국가안정이 절대 필요한 때입니다. 이 후보가 그나마 지역감정을 극복할 수 있는 유일한 대안이자 주변에 과거 국가위기를 극복한 현실적인 참모진이 포진해 있어 난국을 헤쳐 나갈 적임자라는 게 제 생각"이라고 주장했다.' 이 나와요. 내가 정치에 아무런 관심이 없었지만 그걸 보고는 '정치고 뭐고 이거는 인간적으로 말이 안 되는 거다' 속에 불이 확 올라오고 저도 모르게 입에서 욕이 튀어나오고. 옛날에 민주화운동을 했니 뭐니 결국 배신을 한 거잖아요. 반면에 노무현이라는 사람은 아무도 안 알아주고. 이회창 후보는 그 당시에 대세론이 있었고 2000년도 말, 2001년도 노무현 후보는 가능성 없는 후보였죠. '국회의원도 떨어진 후보' 이렇게 표현됐었죠. 국회의원 떨어졌던 후보도 아니고 '국회의원도 못한 사람' 이렇게 평가되는 것이었죠. 노무현을 어떻게든 돕는 게 인지상정이라고 생각을 했습니다. '남자 같으면 좀 구질구질하지 않고 죽더라도 꽥 하고 죽을 수 있게끔, 그런 사람들이 좀 인정받는 사회가 됐으면 좋겠다. (현실은) 왜 기회주의적인 놈들만 판을 치는 거지' 이런 문제의식이 계속 올라왔어요. 그래서 '내가 도와야 되겠다. 어떻게 도와주면 되지? 정치를 하는 사람이니까 사람을 많이 모아 주면 되겠다'라고 생각한 거죠. 저 혼자 그냥 노사모 가입운동을 했습니다.

노무현 후보가 북강서울에서 낙선하고 나서 초기에 노사모 회원이 천여 명 정도 됐다가 이후에는 거의 가입이 되지 않고 있던 때였습니다. 첫 번째는 내 직장, 내 가족, 옛날 직장 동료들, 내 거래처, 하여튼 지나가다 만나는 사람, 그리고 내 인맥이 바닥이 났길래 그다음부터는 혼자서 '택시타기 운동'을 한다고 택시기사를 하루에 세 명씩 노사모에 가입시키는 걸 혼자서 목표로 하고 택시기사랑 네 시간씩 토론하고 미터기 끄지 말라 하고 내 말이 사실인지 아닌지 인터넷으로 보여 준다고 PC방 데려가서 보여 주고 '이게 사실입니다'라고 하면서 가입시키고. 이렇게 해서 부산의 택시기사들이 가입을 많이 했어요. 목이 하루도 안 쉰 날이 없었습니다. 그렇게 하다가 노사모에서 저를 알게 된 계기가 있는데요. 제가 가입하라고 이야기만 한 사람들 그러니까 내 동창들, 내 후배들, 고등학교, 초등학교 동기들 이런 사람들은 가입했는지 내가 확인이 안 되잖아요? 새내기 게시판에 '이상호, 나 가입했다'라고 안 쓴 사람은 가입한 사람이 아니다 생각하고 인사말을 안 적은 사람한테 계속 전화를 하니까 사람들이 전부 다 '가입했다' '가입했다' 이렇게 된 거죠. 몇 백 명이 동시에 '이상호, 나 가입했다' '상호 형, 가입했소' 이렇게 죽 적으니까 잠잠하던 새내기 게시판이 일주일 사이 순식간에 몇 페이지가 넘어가 버렸죠. 그러니까 '도대체 이상호가 누구냐?' 그렇게 돼 가지고 저를 노사모 활동가들이 알게 됐던 것 같아요.

노 대통령은 어떻게 만나게 됐나요?

이상호　한화리조트 마당에서 2001년 6월인가 7월인가 여름에 일일호프를 하게 됐는데 그때 정치인 노무현이 온다는 얘기를 듣게 됐습니다. 있다 보니까 누가 소개했는지 이기명1990년 보좌진의 부탁으로 후원회장을 맡아 15년간 노무현을 응원했다. 씨가 '이상호 씨가 누구냐?'고 (하더라고요). '저 사람이 이상호 씨'라고 노무현 당시 전 의원한테 소개를 하더라고. 그러니까 '한잔 합시다' 이랬지. 아이 뭐 나야 별로 꿀리기 싫더라고요. 그래서 말 안 하고 있었더니 옆에서 '상호야, 한마디 해라' 뭐 이렇게 부추기는 바람에 한마디 해야 되겠다 싶어서 '정치 좀 잘 하세요' 그랬지요. (그랬더니 노무현 후보가) '예?' '제가 제 돈을 들여 가지고 택시타기 운동을 하거든요' '아, 그런데요?' '택시타기 운동을 하는데 아침부터 재수 없게 말하지 마라 하고 쌍욕을 해 대는데 도대체 정치를 어떻게 하길래 노무현 말만 꺼내면 쌍욕을 해 댑니까?' '그럼 어찌하면 되겠소?' 이랬는가, '정치를 어찌하면 되겠어요?' 이래 물었는가 잘 기억은 안 나요. 내가 뭐라 했냐면 '아 개인택시조합 그런 데 가 가지고 수고한다 하고 가는 길에 막걸리 값 좀 봉투에 넣어 갖고 좍 돌리고 해야 사람들이 노무현 욕 안 하죠. 이래 가지고는 다음에 국회의원 나와도 안 돼요' 내가 그랬던 것 같아요. 그랬더니 반응이 별로 없더라고. 시큰둥하시더라고요. 다시 한 번 강조해야 되겠다 싶어 가지고, 날 이상한 놈으로 본다 싶어서 '내가 내 돈 들여가 택시 타고 다니면서 이 일을 하는데 당신도 돈 좀 쓰란 말이요' 당신이라고 표현은 안 했지만 '아니 노무현 씨도 좀 써야 되는 것 아니요?' '노짱' 이런 말도 몰랐어요. 좀 해야 되는 것 아니냐고 그랬더니 '노사모 회원 맞으세요?' 묻더라고요. [웃음] '맞지요' 그랬더니 옆에 사람보고 '저 사람 노사모 회원 맞나? 이상하네? 노사모 회원 아닌 것 같은데?' 이래 가지고 그냥 가 버리시더라고. 그래서 내가 '예? 아니 들어 보이소. 내 돈 들여가 내가 택시타기 운동을 하고 있는데' 이러니까 '아니, 됐고요. 그만합시다. 이 사람 영 아닌 것 같은데?' 하고 가 버리는 거예요. 그래 갖고 엄청 사람들 많은데 창피당하고 겸연쩍고.

내가 생각할 때 '아, 이 사람은 한 수 하는 사람이다' 그때 생각했어요. 일반 사람 같으면 '아이고 고생 많으시네예, 아이고 저 때문에' 손잡고 이럴 텐데 이 사람은 내 돈 들여 택시타기 운동을 하고 있다는데도 '됐다, 이야기하지 말라'고 가 버리는 거 보니까 참 독특한 사람이다. 거기서 내가 '하 그래. 역시 달라. 뭔가 있어. 이래야 돼' 이렇게 생각하고 더 도움이 돼야 되겠다는 생각을 한 거예요. 지금까지는 내 마음속으로 활동을 하긴 했는데 이제는 노사모 활동을 해야 되겠다. 노무현 도와주는 활동을 한 거하고 노사모 활동은 다른 걸로 생각을 한 거예요. 노사모라는 걸 대충 알게 된 거죠. '아 이건 보니까 커피 한 잔을 먹고 싶어도 지가 갖다 먹어야 되고 일일호프라고 와서 주문하면 전부 듣지도 않고 호프 갖다 주지도 안 하고 배고프면 지가 먹든지 어쩌든지, 술 먹고 싶으면 지가 가져와야 되는 곳이지 시킬 사람도 없다. 여기는 전부

다 보니까 5천 원, 만 원 자기 돈 내고 온 사람들이고, 종업원들이 한 명도 없고 아 이런 데구나' 그걸 내가 알게 된 거죠. 그래 가지고 오프라인 팀장이란 걸 맡게 됐어요. '오프라인 팀장? 오프라인에서 사람들 열심히 끌어오라는 거구나' 이렇게 알아들은 거예요. 나 혼자서 부산진시장 가 가지고 노란 원단을 뗀 거예요. 그래서 명계남 당시 대표가 썼던 '노무현을 사랑하는 사람들' 글씨, 그걸 그대로 프린트 해 가지고 손수건을 갖다가 천 장인가를 만들었어요. 노란색 원단이 또 싸요. 잘 안 나가요, 촌스러워 가지고. 그래 가지고 창고가면 노란색이 수북이 쌓여 있어요. [웃음]

그리고 국민경선이 있었죠.

이상호　노사모는 온라인 홍보를 해낼 수 있는 네트워크가 있었고 이 기반을 통해서, 내 주변을 통해서 확산해 나갔다, 그러니까 온(on)을 통해서 학습하고 오프라인을 통해서 확산해 나가는 진짜 SNS 홍보가, 홍보와 네트워크가 일체화됐다고 제 나름대로는 진단을 해요. 바람이 불어서 이겼습니까? 이겨서 바람이 불었지. 이기게 된 거였죠. 울산에서 이기게 된 게 광주의 바람의 기폭제였고 울산이 이기게 된 것은, 바람이 불어서 이긴 게 아니었죠. 노사모와 그 당시 부산상고 동문회 백양회와 부산에서 움직였던 많은 사람들이 울산 지원했었잖아요? 그게 SNS지.

국민경선을 준비하면서 나도 선거유세장 이런 데 잠시 보게 되잖아요, 관련되니까. 이인제, 한화갑 연설회도 많이 하고 지역 사무실 개소식 이런 거 많이 하는데, 완전히 옛날에 TV에서 보던 3김시대랑 똑같은 거야. 전부 피켓 들고 이거야. '저런 거 하면 안 된다. 노무현은 새로운 정치를 이야기해야 되는데 새로운 정치의 내용은 아무리 말로 설명해도 들어주지 않는다. 그러면 어떻게 알리느냐. 하는 짓이 새로워야 된다. 행태가 새로워야 된다. 남들한테 보이는 모습이 새로워야 된다. 근데 노무현 대통령이 갑자기 뭘 우리한테 보여 줄 수 있겠노? 노무현 대통령이 새롭게 보여 줄 수 있는 것은 지지자다. 지지자가 하는 짓이 엄청 이뻐야 된다' (그러니까) 엄청 이뻐야 되기 때문에 기본적으로 혼자서 대충 그림을 그려 본 거죠. 노무현을 알릴 노란색을 다 달고 엄청 이쁜 짓을 해서 사람들이 보기에도 '아이고 이뻐라'라는 느낌이 들어야 노무현에게 도움이 되는 거다. 그래 가지고 (울산경선 때부터) 연습시키고 '빰빰빰빰빠빠 왼발! 왼발!' 이런 연습을 버스 안에서 한 거예요. 그러니까 우리는 우리 돈 내고 와서 노는 놈들이다. 즐겁게 노는 놈들이다. 이걸 보여 줘야 된다. (울산경선 현장에) 노무현 후보가 들어왔어. 들어오다가 '노무현! 빰빰빰' 이러니까 노무현 후보는 본인도 아닌 줄 알았어요. 자기 지지자가 아닌 줄 알고. 그때 돈이 없어 가지고 힘들었잖아요. 운동에 쓸 돈이 없었으니까 당연히 아닌 줄 알고 저리 돌아가 버리더라고. 그래서 '아, 어디 가십니까?'

(했는데) 절 잘 기억을 못하죠. 분명 다른 후보 운동원인줄 안 거야. 그냥 가더라고. 그래서 막 데리고 와서 우리 노사모라고 했더니 '와, 노사모가 이래 많나? 우와' 이러고 고함지르면서 들어간 거예요. 그러고 나서 이겼어요.

압도적으로 이길 줄 알았어요, 저희들은. 왜 압도적으로 이길 줄 알았냐 하면 울산에서 선거인단 많이 했거든요, 노사모가. 그러고 사진을 찍는데 내가 노란 손수건을 끄집어내 가지고 사진을 찍는 그 장면에 딱 펴요. '노무현을 사랑하는 사람들' 내 얼굴이 이만큼 잘리고 이마만 딱 나오고 노무현을 사랑하는 사람들이 첫 번째로 언론에 데뷔합니다. 그 사진이 전부 다 1면 톱에 실렸습니다. 그때 노무현 대통령이 뭐라고 했느냐. 보통 일반사람들 같으면 아주 상투적이고 식상한 이야기하죠. '울산 시민의 현명한 판단으로…' 이렇게 이야기했을 거예요. '지역주의를 극복하라는 울산 시민들의 명령으로 받아들이겠습니다' 뭐 이렇게. 그런데 그렇게 안 했어요. '오늘 승리 요인이 어디 있다고 생각하십니까?' '저기 있습니다' 그때 우리는 우리끼리 기념촬영을 하고 있었는데, '노무현을 사랑하는 사람들' 손수건을 다 들고 찍고 있었던 거예요. 그게 언론 기사로도 나고 한 거예요. '종합 1위 노무현, 노사모랑 함께 만들다' 이렇게. '노사모, 노무현 만들다' 노사모가 만든 것도 아닌데. 정말 수많은 분들이 힘을 합쳐 갖고 노사모가 개입해서 이길 수 있는 결과의 플러스 알파가 된 거지 노사모가 다

한 거는 아니죠. 이길 수 있는 만큼, 한 5~15퍼센트 정도 보탠 거죠, 노사모가. 저는 그렇게 분석을 하는데 다 했다고 이야기를 하니까, '노사모, 노무현' 이러니까 바로 '노사모란 무엇인가? 북강서을에 낙선하면서…' 노사모 스토리가 언론에 쫙 퍼지는 거예요. '노무현을 만든 노사모 무엇인가?' 회원 숫자가 몇 백 명씩 팍팍 붙는 거예요. 그러면서 광주로 넘어가요.

광주경선은 제 인생에서 가장 짜릿했죠. 2등만 해라, 2등만 해라 했는데 그렇게 압도적으로 이길 줄은 몰랐고. 또 말 그대로 경선 문화, 선거 문화, 춤추는 문화 이런 흥겨운, 누구나 참여해서 시민들이 자발적으로 참여해서 흥겹게 네 편 내 편 없이 그냥 춤추고 놀 수 있는 그런 판을 만드는 데 있어서 울산이 시초가 됐다면 광주에서 본격적으로 서로 얼굴도 모르는 사람들이 모여서 한 판의 춤판을 벌이는 거죠. 그 춤판이 여섯 시간, 일곱 시간째 진행되고 모르는 사람끼리 손잡고 계속 한 사람을 위해서 그렇게 움직였죠. 노무현 대통령이 광주경선에서 이기고 '노사모'라는 수건을 달고 있는 똘망똘망한 어린애가, 브이(V)하는 애가 (제 둘째) 태풍이었어요. (노무현 후보가) 안고 딱 찍었는데 아주 잘 나왔어요. 그 사진 장면이 내 생각대로 하여튼 잘 나왔어요. 그래 가지고 일주일 내내 그 사진이었습니다. CNN부터 다 그 사진이었어요, '노풍' 분다고. 그래서 내가 '태풍이를 안고 노풍이 불었다' 태풍이를 태풍 불 때 낳았거든요. 태풍 '애니' 왔을 때 낳아 가지고.

_사료번호 16396

2002년 3월 16일,
새천년민주당 광주지역 국민경선에서 1위 확정 후
어린이(구술자의 아들)를 안고 손을 흔드는 노무현 경선후보.

그리고 노사모에서 탈퇴하셨다고요?

이상호　그렇게 광주경선에서 이기고 (노사모를) 왜 탈퇴했냐면 그 다음 날인가 여론조사를 보니까 50 몇 프로가 뜨더라고, 광주경선 끝나고. '더 해 줄 이유가 없다' 이런 생각이 들었기 때문에 그랬어요. 그런데 이후에 지지율은 계속 떨어지고 후단협 결성되고 노사모도 대표선거 이런 것들 치르면서 (내부에서도) 갈리고 완전히 침체기였죠. 그래 가지고 회의를 하고 대선특위를 만들겠다고 분란이 있고 논란이 생기고. 그러던 중에 '돼지저금통 사업을 하자. 파이팅!' 이렇게 해놓고 한 2개월인가 지났는데 전국에 다섯 마리도 안 모이고 되는 게 없어요. 그래서 폐기하자는 거예요, 돼지저금통 사업을. 대선특위가 만들어지기 전에 노사모 안에서 돼지저금통 사업을 하기로 했던 거예요, 원래는. 근데 이게 2, 3개월 지났는데도, 가을 넘어가면서 개혁당 생기고 막 이렇게 할 때인데 그때까지 한 마리도 안 모였어요. 그래서 내가 '폐기하면 큰일 난다. 지금 아무것도 되는 거 없는데. 게시판은 죽어 가고, 게시판에 글 적는 사람도 없어지고, 활동가는 떨어지고. 모이자 해도 안 오고 노짱 온다 해도 몇 명 안모이고 이렇게 해서 지금 동료 다 떨어지는데 이래가 안 된다. 불씨 살려야 된다' 그래서 전화로 수소문해 탑차 한 대 구해 가지고 '차 출발, 간다' 해서 운전해 가지고 계속 (전국 순회에) 들어간 거예요.

전국을 도신 거죠?

이상호 예. 몇 바퀴를 계속 가는 거예요. 나중에 사람들은 되고 나서 폼 좋은 것만 봤는데 처음에는 다 맹탕이야. 가면 안 해. 처음에는 내가 '미안하게 생각하지 마세요' 그러죠. 그러면 또 엄청 미안해 한단 말이에요. 한 마리도 안 모이면 '또 올게요. 언제 또 옵니데이' 문자 보내고. 안 하면 또 가는 거야. 계속 하는 거야. '뭐하노? 아 최소한 기름 값은 나와야 되는 거 아니가? 뭐하노, 도대체? 매일 밤새도록 술 먹고 건배, 개혁을 꿈꾸며 세상을 바꾸자 하더만 네가 바꿔라 제발' 하고 계속 미는 거예요. 전국을 세 바퀴인가 두 바퀴인가 도니까 불이 붙더라고. 그때부터 이제 집에 모아 났던 돼지저금통이 나오기 시작하더라고. 그래서 최고 기억나는 거는 충청도였던가? 여하튼 전화가 온 거예요. '여기가 좀 시골인데 여기까지 와 줄 수 있겠냐?' 그래 가지고 '가야지요' 그래서 갔어. 차를 몰고 갔더니, 막 간다고 게시판에 올려놨더니 사람들이 많이 나와 있더라고. 갔더니 다 선관위원들이야. 시골에서 그런 문화가 별로 없었기 때문에 '나 노사모야' 하고 나서는 사람들이 없잖아요. 한 애가, 어린애 한 명이 돼지저금통을, 엄청 무거워요. 끙끙대고 오는 거야. 그거 돈 들어가면 돌덩어리잖아요, 쇳덩어리인데. 그걸 들고 왔는데 깨알 같은 글씨로 편지를 적어서 '미키루크 님, 너무 미안하다. 노무현이 우리 아들의, 우리 아이들이 사는 세상의 희망이고 노무현 대통령도 희망이고 또 우리 세대에서 해야 될 과제다. 나서지 못하는 거에 대해서 미안하다' 애를 시켜 보냈더라고. 깨알같이 적어 가지고. '느그 아버지 어딨노? 느그 아버지 뭐하시노?' 이랬더니 '저기' 하는데 없어요, 아버지가. 그래 가지고 '갈게요' 하고 가는데 한참 걸어가 가지고 한 200미터인가 100미터인가 걸어가서 골목에서 나왔어요, 그 분이 애 손잡고.

참 수많은 깨알 같은 사연들이 있었습니다. 알아주든, 알아주지 않든. 그리고 뒤에선 희망포장마차가 다닌 거지요. 희망포장마차가 다니고. 다시 하래도 할 수 있어요. 다시 하래도 할 수 있는데, 돼지저금통은 노무현 대통령만 좋아했고 민주당은 또 엄청 싫어했더라고요. 왜냐하면 돼지저금통을 우리가 모아 가지고, 노무현 대통령은 너무 자랑스러운 거예요. 돼지저금통 보면 참 좋아하고 자랑스러우신 것 같았었어요. 전국을 돌던 당시에는 딱히 돌파구가 없던 때니까 '미키 어디 있노? 니 밥은 먹고 다니나? 차 사고 나면 큰일 난데이. 잠도 자고 다니래이. 잠도 안자고 다니는 거 아니가?' 하면서 저금통 엄청 좋아했었어요. 서울 도착했을 때 돼지저금통을 우리가 밤에 쌓아 놨어요. 그런데 당직자들이 '뭐꼬? 치워라' 밤에 돼지저금통 실컷 쌓아 놨는데 '치워라' 이래 가지고 막 싸우고. 그래서 어쩔 수 없이 무대에 올려놨다가 전부 다 치웠죠. 그랬더니 노무현 후보가 나오시더니 '돼지저금통 어디 갔노?' 이래 가지고 무대에서 이야기하고 저금통 앞에 가 가지고 '다 오라'

고 '사진 찍자'고 해서 가지고 돼지저금통 저 구석에 치워져 있었
는데 그렇게 했었죠.

　트럭에 브레이크가 안 들 정도로 많은 돼지저금통을 싣고 가
기도 했는데, 지금도 정말 일일이 기억할 수 없는 너무 많은 사연
들이 있었어요.

_사료번호 15798
2002년 11월 2일,
국민참여운동 부산본부 발대식에서
희망돼지 저금통을 들고 연설하는 노무현 후보.

_사료번호 61285
2002년 12월 15일,
희망돼지로 가득한 서울 여의도 새천년민주당사 강당.
이날 국민참여운동본부는 희망돼지와 희망티켓 수거 이벤트를 벌였다.

김진향

노사모의 힘, 그리고 남은 과제

구술자 김진향은 노사모 아이디 '진솔'이다. 1969년 대구에서 태어났다. 1988년 노무현과 처음 만났다. 총선을 앞둔 때였고, 구술자는 정치학을 전공하는 대학생이었다. 이후에도 인연은 이어졌다. 2000년 6월 경 노사모에 가입했다. 당시 노사모 내에서 열성적으로 활동한 유일한 현직 정치학자였다고 한다. 노사모 국민경선대책위원장, '노사모 포럼' 대표 등으로 대선과정을 함께했다.

참여정부 출범 후 청와대 국가안전보장회의 사무처 전략담당관을 거쳐 통일외교안보정책실 행정관, 인사수석실 인사제도비서관 등으로 일했다. 이후 개성공업지구 관리위원회에서 근무하며 대북협상을 담당했으며 한국과학기술원(KAIST) 미래전략대학원 교수로 재직한 바 있다. 2015년《개성공단 사람들》을 공저했다.

김진향의 구술은 1999년 남한강 연수원 모임에서 시작한다. 당시 서울 종로구 국회의원이던 노무현이 보좌진들 앞에서 2000년 총선 부산 출마를 선언하던 자리였다. 멋있었다고 그는 기억한다. 정작 2000년이 되자 학위논문 준비로 선거를 돕지 못했다. 그 사실을 못내 미안해 하는 자신을 담담히 격려하던 노무현의 말을 기억한다.

노무현을 지지하는 노사모 회원이자 정치학자로 김진향은 일찌감치 노사모가 가진 파급력과 새로운 정치문화의 가능성을 감지했다. '노사모 포럼'은 소모적 논쟁을 지양하고 건강한 담론을 활성화하자는 취지로 만들어진 논객 모임이었다. '국민후보 노무현 지키기 시민운동'을 후방 지원하고 노사모 정체성 논의를 발전적으로 이끄는 역할을 했다.

김진향의 구술 전반에는 시종했던 노사모의 정체성 논란과 함께 그런 노사모가 노무현에게는 어떤 존재였는지에 관한 체험과 기억이 깔려 있다.

김진향의 구술은 2013년 8월 21일과 23일 2차례에 걸쳐 서울 노무현재단 사무처에서 진행한 면담 내용을 발췌·정리한 것이다.

이전부터 대통령과 인연이 있으셨죠.

김진향 음. 최초로 결정적으로 많이 도와드려야겠다 생각했던 것은 1999년 8월 남한강연수원에서 있었던 워크숍 때였습니다. 여름에 소위 말하는 노무현의 사람들, 한 40여 명 됐던 거 같습니다. 남한강 연수원에서 1박2일 워크숍을 하면서 좀 더 직접적인 인연을 맺게 되는데요. 그때 정치인 노무현이 내년 선거를 위해서 부산 내려가겠다고 첫 발표를 하셨어요. 지금도 기억이 나요. 보좌진들 대부분 당황스러움이라든가 당혹스러움, 그런 멘붕 상태라고 할까요. 다들 '어떻게 그걸 혼자 그렇게 결정하십니까' 하고. 그때 저는 '아, 참 멋있다. 그래. 가야지' 그렇게 생각했었어요. 원대한 꿈을 처음 말씀하셨던 자린데 그 당시에 한 시간짜리 특강을 하셨죠. 그 당시에도 모난 돌이 정 맞는다, 이 말씀하시면서 '우린 가자' 하고 좀 호기롭게 말씀하셨던 기억이 있습니다. 그리고 다음에 4월 총선 노무현 대통령이 부산 북강서을에 출마한 2000년 제16대 국회의원선거(4·13)에 제가 학위논문 준비 때문에 돕지를 못하게 되죠. 사실 굉장히 죄스러웠어요. 그래서 8월 달에 학위를 하게 되는데 〈한반도 통일에 대한 담론의 분석〉이란 논문을 직접 드렸습니다. 마침, 대구에 이강철 1987년 민주화운동 동지로 노무현 변호사와 인연을 맺었다. 이후 후보시절 조직특보와 제16대 대통령직인수위원회 정무특보를 거쳐 참여정부 청와대 시민사회 수석비서관 등을 지냈다. 선배님께서 하셨던 섬횟집에 사모님하고 같이 오신다고 일정을 받고 점심때 찾아뵀었어요. (노무현 후보께) 논문을 드리면서 '죄송합니다. 도와드리지도 못하고' '아이다 뭐, 학위한다고 마이 바빴잖아' 그러셨던 기억나고요. '나는 정치학 박사는 꿈도 못 꾸는데 참, 대단하다. 논문이 뭐꼬?' 그래서 '남북관곕니다. 평화 이야기하는 겁니다' 했더니 '내가 남북관계를 정말 모르는데…, 함 읽어 볼게. 근데 와 이리 두껍노' 이렇게 말씀하셨던 기억이 납니다.

2000년 6월쯤에 노사모 가입하셨는데 노사모 정황이나 활동은 어땠나요.

김진향　노사모는 당시까지만 하더라도, 지금도 마찬가집니다만 인터넷을 기반으로 한 최초의 자발적인 정치인 팬클럽이라는 독특한 형태의 사상 유례없는 조직이었죠. 그 기쁨, 그 활동성, 그 다이내믹(dynamic)함, 그 열정 들은 아마 앞으로도 잘 안 나올 거예요. 그런 문화 자체가 대한민국이었기 때문에 가능하다, 인터넷을 통해서 가상의 공간 속에서 만나 가지고 소통하고 채팅하고 밤새 논쟁하고 새벽 2시, 3시에도 번개를 치면 나오는 사람들이 과연 어디 있겠습니까. 당시에 저도 전국투어를 많이 했었습니다. 사람들이 좋아서. 노무현이라는 가치를 중심으로 만났는데 전국에 나하고 똑같은 생각을 하는 사람들, 노무현이라는 하나의 가치에 동의하는 사람들이 아무 조건 없이 만났는데 그렇게 즐거울 수가 없었어요. 아, 이게 엄청난 문화가 되겠구나. 사이버 상에서의 새로운 정치 문화를 노사모가 만들고 있구나. 그래서 당시에 제가 전국의 노사모 모임을 다니면서 했던 이야기가 '우리는 지금 역사를 만들고 있습니다. 우리가 역사입니다. 향후에 노사모가 어떤 역사가 될지 모르겠지만 노무현 중심으로 노사모는 이미 역사가 되고 있습니다. 이 역사가 아주 올곧게 잘 쓰였으면 좋겠습니다. 정치적 가치를 가장 앞에 둔다면 저는 노무현이라는 사람, 노무현이 추구하는 가치를 중심으로 정치를 바꾸고 정권을 잡는 것이 최선이라고 봅니다'라고 선도하는 이야기를 하게 되죠.

실제로 당시에 저는 학자의 신분이고 노사모 활동하는 유일한 정치학자이기도 했기 때문에 한국정치학회나 사이버커뮤니케이션학회 등에 가서 노사모에 관해 발제를 많이 하게 됩니다. 기존의 학자들은 노사모에 대해서 도무지 알 수가 없어요. 말만 들어봤지, 인터넷을 기반으로 자기들끼리 뭐 '애들 장난하는 것' 정도로 생각했어요. 그들이 얼마나 조직적인지 얼마나 열정이 있는지 일당백을 어떻게 하는지 얼마나 좋은 글들을 매일같이 퍼 나르는지 (몰랐죠). 그 문화가 결국 인터넷 초기 문화를 평정하게 되죠, 노사모가. 그 열정들은 그야말로, 요즘도 당시에 노사모 초기 멤버들 만나가지고 '그때 열정들을 다시 우리가 만날 수 있을까? 불가능할 거다'라고 이야기해요. 미쳐 있었다, 다들. 그럴 만큼 신명났었죠. 아무것 없이도 자기 돈 쓰면서 다 했지만 그렇게 즐거울 수가 없었다. 그런 신명 나는 열정의 문화가 결국 노무현이라는 사람을 2002년 대선에서 대통령에 당선시키게 되는데, 지나고 보니까 그 모든 과정이 정말 기적 같았구나. 우리는 정말 열정을 다해서 했지만, 당시에도 확신이 있긴 했었지만 지나고 보니까 그 모든 것들이 정말 기적이었구나, 라는 생각을 자주합니다.

내부 논란도 없지 않았죠.

김진향 노사모는 초기부터 이후 활동이 진행되는 과정 그리고 끝까지 가장 뜨거운 이슈가 정체성 논쟁입니다. 한마디로 노사모가 뭐냐? 노사모는 뭐 하는 데냐? 왜 모였냐? (노무현) 사랑만 하자. 그런데 사랑하는 방식도 여러 가지가 있고 색깔도 다양하고 방식도 다르고 사랑의 깊이도 다르고 정말 너무너무 다양하잖아요? 회원 수가 초기 1만, 2만 넘어갈 때만 하더라도 괜찮았어요. (나중에) 5만 넘어가기 시작하고부터는 전국 지역별 게시판을 다 따로 만들어도 그 논쟁이 식질 않았었어요. 그러면서 초기 논쟁이 결국 2002년 대선까지 가는 과정에서 내부적으로는 그냥 바라보면서 사랑만 하자는 사람도 있었고, 이 가치를 가지고 노무현 중심으로 정치를 바꿔 보자는 사람도 있었고 극과 극의 많은 다양한 주장과 사람들이 있었습니다. 거기에 암묵적으로 동의하는 여러 주류적 정서들을 가지고 노사모의 정체성을 발전시켰는데 결국 12월 대선까지 가게 되죠. 그 와중에 조직적으로 움직였던 게 민주당 오픈프라이머리(open primary), 국민경선. 초기에는 예비경선이라 그랬었는데요. 예비경선을 도입할 거 같다는 분위기가 나왔을 때 노사모는 2001년 11월에 이미 국민경선대책위를 전국적 조직으로 꾸리게 됩니다. 전국의 노사모를 다니면서 지역별로 모아 내고 설득하고 역할 분담하고 하면서 조직을 꾸리죠.

지금도 기억이 납니다. 전국 차원의 노사모 국민경선대책위 상임위원회 회의를 노사모 회의실에서 자주했어요. 하루는 밤늦게까지 노사모 서울 사무실에서 국민경선대책위 전국회의를 하는데 백원우-2001년 경선캠프 인터넷 팀장, 2002년 후보 비서실 정무비서 등으로 활동했다. 이후 참여정부 대통령비서실 민정수석실 행정관을 거쳐 제17대, 18대 국회의원에 당선됐다. 선배님 전화가 왔어요. '회의 끝났어요?' 이래요. '대충 끝났습니다' 하니까 조금만 기다려 보래요. 그러고는 노짱님을 모시고 왔어요. 다들 반가운 마음에 인사드리니까, 하시는 말씀이 '대의원 조직 등을 보면 국민경선 상황이 아무래도 어려울 것 같은데 보좌진들은 노사모 회원들이 무조건 이긴다고 하는데 왜 걱정하시냐고 그런다'는 거죠. 그래서 '정말 어떻게 이긴다는 건지 궁금하기도 하고 또 다들 나 때문에 고생하는데 얼굴이라도 함 보려고 왔다'고 하셨어요. 그러니까 당시에 이인제 후보 대의원 표가 너무 많아 가지고 '되겠나? 국민경선해서 되겠나?' 이런 자괴감이 있었던 것 같더라고요, 후보 캠프에서도.

그래서 제가 그렇게 얘기했었어요. '노짱님, 우리는 일당백입니다. 무조건 이깁니다. 걱정하지 마세요. 이길 수밖에 없습니다. 우리는 민주당 대의원들한테 노무현 후보 지지해 달라고 100통, 200통, 직접 편지 써서 보낼 겁니다. 읽는 사람들은 거의 다 찍어줄 겁니다. 노사모가 폭발력 있습니다. 이 시간에도 전국의 수십 곳에서 회원들이 번개모임하고 있습니다. 기다려 보십시오. 이깁니다' 이제 그런 말씀을 들으시면 (후보가) '여기 노사모만 오면 이렇게 마음이 환해지네, 고맙고 뭐라 드릴 말씀이 없습니다' 하고 웃으면서 나가시곤 했죠.

그래서 경선 초기 제주, 울산 거쳐서 광주 갈 때, 이미 광주에 엄청나게 공을 들였던 기억이 납니다. 광주 대의원들이 아마 노사모가 보낸 지지 호소 편지 열 통 이상씩은 받았을 거예요, 안 찍고는 못 배길 정도로. '야, 대구 있는 사람이 왜 노무현 찍으라고. 야는 뭐하는 앤데 이렇게 나한테 편지를 보냈을까' 아예 광주경선 이틀 전부터 내려가 가지고 대의원들 만나고 다녔어요. 손 잡고 찍어 달라고. 미쳤죠, 다들. 그랬기 때문에 저는 이겼다고 생각하는데, 결국 광주경선을 기점으로 완벽하게 노무현 후보한테 세가 넘어온 거죠. 그런 드라마틱한 과정들은 앞으로 보기 힘들지 않겠나 생각합니다. 그 시기에 노사모는 제가 보기에도 불가사의였어요. 뚜렷한 트렌드, 엄청나게 폭발력 있는 새로운 정치문화, 정말 임팩트(impact) 있는 어떤 현상이었어요.

그 기억이 나네요. '사람', 노사모는 늘 이야기했었어요. 노짱이라는 상품이 너무 좋기 때문에 우리는 미칠 수 있다. 상품이 좋기 때문에 우리는 미칠 수 있다. 늘 그런 이야기했었어요. 다들 우리 스스로가 우리 힘을 몰랐어요. 돌아보면, 이 파괴력은 엄청나구나. 저도 다른 회원들처럼 당시에 200통, 300통을 썼었습니다. 팔이 빠질 것처럼 힘들지만, 컴퓨터로 딱 프린트를 해서 보내는 거하고 정말 손 글씨로 깨알같이 쓰는 거하곤 차원이 다르잖아요? 정성이 느껴져서. 광주경선 할 때 현장에서 세 시간 전부터 계속 구호 외치고, 전국에서 다 모여 가지고 집중 홍보를 하는데 광주체육관광주 서구 염주체육관을 말한다.으로 들어가는 대의원들이 저희들 보면서 엄지손가락 추켜올리고 '너희 이긴다, 걱정하지 마라' 했던 그런 말들이 기억에 있어요. 이기겠구나 (싶었죠). 발표 났을 때 아, 대단했죠, 그때. 그런 기억들, 다시는 안 오겠죠. [웃음]

'노사모 포럼'에 대한 이야기 좀 해 주세요.

김진향 왜 만들게 됐냐면 명짱이 나한테 '진솔아, 싱크탱크를 만들자' 이러더라고요. 그래서 '노사모 내에 논객들 중심으로 이미 다 조직화되어 있는데 별도로 만들고 할 거 있겠습니까?' (했더니) '그러지 말고 뭐 하나 만들자' 그래서 제가 그런 쪽에 역량 있는 분들께 연락해서 노사모 내의 싱크탱크 같은 역할을 하는 모임을 만들죠. 무주에서 노사모 총회2001년 11월 10~11일 전북 무주리조트에서 1박2일로 진행됐다. 당시 행사 명칭은 '노무현과 함께 하는 사람들 2001 무주단합대회'였다. 할 때 노사모 포럼을 공식 발족시킵니다. 한 30~40여 명 됐던 거 같습니다.

(노사모 포럼이 한 일이라면) 첫 번째는 '국민후보 노무현 지키기 시민운동'8월 13일 유시민·문성근·명계남 등을 주축으로 출범했다. 국민경선을 통해 선출된 후보를 정당한 이유 없이 흔드는 행위를 중단할 것을 촉구하며 각계 여론 주도층 2천503명이 참여한 '국민후보 지키기 2500인 선언'을 발표했다.을 제안하고 진행하죠. 이건 민주당에서 대통령 후보로 결정이 되고 난 이후에 당내에 후보 흔들기 속에서 (지지도가) 내려가지 않습니까? 다시 노사모 포럼 회원들을 가동시켜서 전국적으로 명망가들 내지는 신뢰가 가는 공신력 있는 분들을 모아 내고 그분들한테 지지선언을 이끌어 내고 민주당을 압박하게 하는 과정들을 노사모가 했는데, 핵심적으로는 노사모 포럼 회원들이 모여 가지고 여러 작업을 했습니다. 하다못해 항의서한을 직접 써서 전국에 모든 민주당 지역위원장들, 현역 의원들한테 보내고 직접 자기 지역구 의원한테 찾아가서 일대일로 면담신청하고 '이럴 수 있느냐' 이야기하고. 항의서한은 몇 개의 문안만 있으면 되니까 보통 두세 명씩 조직적으로 움직였죠. 그걸 하면서 민주당 중앙당도 찾아가게 되죠. 그랬던 기억이 있습니다. 그게 하나였고 그 이전에, 노무현 후보를 만들기 이전의 노사모 포럼은 최초의 성립 자체를 다들 재미있어 했었

_사료번호 56101
2002년 1월 17일,
서울 대학로 인터넷카페 '넷가'에서 열린 네티즌과의 만남에서
질문에 답변하는 노무현 새천년민주당 상임고문.

어요. 그러면서 내부적으로 워낙 다양한 목소리들이 분화되어 오는 과정에서 노사모 이대로 좋은가 하는 문제를 계속 제기하는 그룹들이 있었는데 그런 사람들에 대해서 함께 논의하고 설득하고 의견을 모아 가는 역할을 했어요. 두 번째 기억나는 건 정체성 문제입니다. 노사모 회원 대부분은 노무현이 추구하는 가치, 그리로 가자, 다 동의합니다. 근데 꼭 일부는 그냥 좋아만 하자, 다른 활동을 하지 말자는 분들이 항상 존재했었어요. 그런 분들이 한 번 글쓰기 시작하면 분위기 아주 싸해지지 않습니까. 그런 부분들에 대해서 적극적으로 대응을 하게 되죠. 노사모 정체성, 정답은 없습니다만 '모두가 공감할 수 있는 정체성 찾기로 가자. 결코 우리 스스로 눈을 찌르진 말자'는 작업들을 주로 노사모 포럼 회원들이 많이 하게 됩니다. 노무현을 사랑하는 수만 가지 방법이 있는데 그 사랑하는 방법의 다양성을 모두 존중해 주자는 식으로 정리하려고 노력했죠.

대통령 후보가 된 뒤에도 노사모의 역할은 중요했을 텐데요.

김진향　　경선 마지막 날 덕평에서 국민경선대책위를 해산할 때 2002년 4월 27일 대통령후보로 선출된 후 노사모와 경기도 덕평에서 가졌던 '희망만들기' 행사를 말한다. 애초 국민경선대책위는 국민경선이 끝나면 곧바로 해산하는 것으로 하고 노사모 내에 한시적으로 꾸렸던 조직이었다. 공감대가 '우리는 앞으로 뭐 할까'였는데, 실제로 그날 후보가 와서 공식적으로 물어요. 앞으로 여러분들은 뭐하실 거냐고. 그때 회원들이 '감시, 감시, 감시' 그래요. 그러니까 대통령께서, 후보가 당시에 웃으면서 뭐라 그랬냐면 '당신들이 견제 안 해도 내 흔들 놈 많으니까' 이렇게 이야기했었거든요. 실제로 그날 국민경선대책위는 해산을 합니다. 이제 뭐 후보 됐으니까 민주당이 알아서 잘 안 하겠어? 그런 생각으로 다 돌아가는 거죠. '이제부터 다시 시작이다' 이런 생각은 못했죠. 지역에서 그냥 노사모 회원끼리 번개모임 하고 놀고 있었잖아요. 근데 (지지도가) 쭉쭉쭉 떨어지는데 가만히 보니까 이거 누구도 조직적으로, 이 상황을 누가 타개할 수 있을 것인가? 언론들이? 왜 언론이 나서겠어. 민주당이? 민주당이 흔들고 있어. 시민사회가? 시민사회가 뭐 답답해서 나와 주겠어? 결국 노사모가 움직일 수밖에 없다. 그래서 다시 결집하면서 하나하나 사람들 만나고 계획 잡고 그랬죠. 국민경선은 드라마틱했고 정말 신나게 했잖습니까? (그에 반해 당시는) 새로운 동력을 만들어 내기가 정말 힘들었어요. 왜냐면 조선일보, 조중동이 노사모를 그때부터 매우 부정적 아이콘으로 몰아가기 시작합니다. 기하급수적으로 늘어나던 회원들이 (갑자기) 안 늘어나요. 내부적으로는 10만 명이 되다 보니까 노사모 홈페이지와 게시판으로 소화가 안 되고 10만 명이 회원인데 이걸 어떻게 조직화할 수 있는 방안도 없고. 굉장히 많이 다양화되기도 하고 그래서 내부적으로 그때부터 당에 대한 고민들을 하게 됩니다.

10만 노사모가 있는데 한 꺼풀 더 벗기면 100만 개의 노사모가 된다. 이걸 어떻게 감당할 수 있을까. 누가 감히 노사모한테 '우리, 당으로 갑시다' 말도 못 꺼내는 상황이었어요. 돌 맞을 행위였거든. 하여튼 그 시기에 국민후보 노무현 지키기는 동력이 돼가지고 올라오는데 어차피 지켜야 되니까 굉장히 열심히 하는데 후보 지키면 민주당이 제대로 후보를 계속 가져갈 것이냐, 우리는 결국 당에 들어가서 이 선거를 치러야 된다는 결론이 나요. 우리가 국민후보 노무현 후보 지키기를 하는 것처럼 우리가 안 지켜주면 이 사람은 또 민주당에서 꿰다 놓은 보릿자루처럼 후보 대접도 못 받고. (그리 되면) 되겠나. 그럼 우리가 직접 민주당 대선체제에 복무해야 되는 거 아니냐. 이게 또 엄청난 논쟁거리가 됩니다. 노사모 안에서는. 우리가 무슨 정치 브로커냐, 라는 것부터 해서 굉장히 다양한 의견들이 분출되는 거죠. 그때부터는 많이 세분화되고 분화되고 노사모로 하나로 묶기에는 너무 힘들었어요. 그래서 제가 그때부터 '노무현을 지지하는 사람은 모두 노사모다. 노사모 자유게시판 상에서 나오는 10만 명만 노사모가 아니다. 인터넷 문화를 모르는 우리 집의 아버지도 노무현 좋아하니까 노사모다. 노사모의 독점적 지위를 이야기하지 마라. 어차피 대권후보로 돼 있고 이후에 노무현을 찍을 사람은 다 노사모다. 노무현을 지지하는 국민 모두가 노사모다' 그렇게. 노사모 중에는 정당운동 하는 사람도 있을 것이고 시민운동 하는 사람도 있을 것이고 학

생, 주부, 학자도 모두 함께 노는 곳이다. 그 다양성을 다 인정해
버리자, 그런 분위기를 만들어 갔죠.

노사모 처음 생기고 나서 캠프의 반응은 어땠나요.

김진향　　캠프는 매우 기뻐했죠. 그럼에도 불구하고 노사모와 캠
프는 공식적인 어떤 관계도 안 가지려고 노력했고 실제로 그렇게
했습니다. 인적, 물적, 재정적 어떠한 관계도 없었어요. 노사모는
그냥 '노무현바라기'들의 모임이었으니까요. 캠프에서는 어느 정
도 시간이 흘러서 노사모를 알게 됐으니까 '놔두면 되겠구나. 다
아름다운 사람들이다' 이런 생각들 했죠. 그러니까 가장 기본적인
연(緣)만 가졌어요. 노짱님 행사가 언제 어디서 있는지, 노사모가
가도 되는지, 어떻게 도우면 되는지 등을 물어보는 정도였죠. 가
끔씩 노짱님이 힘들어 하실 때 캠프에서 연락이 오곤 했어요. 노
짱님 힘 좀 나게 얼굴 한번 보자는 식으로. 그러면 같이 만나고.
그런 게 노짱님에게는 리프레시(refresh)였을 거예요.

　　예를 들어 민주당 정치일정 보니까 골치 아프고 이인제 독주
보니 짜증도 나고 용납도 안 되고 막 이럴 때 보좌진이 '뭐 어디
노사모 번개 없어요? 어디 무슨 모임 없어요?' (물어봐요.) '무슨 일
인데요?' '아, 뭐 이런 일이 있는데…' '오시라 그러세요. 맥주 한
잔 하고 가시면 되죠' 우리가 만나게 되면 말씀을 별로 안 하셨어

요. 우리끼리 하는 이야기나 듣고 그냥 '고맙다, 내가 전생에 무슨 복을 지어서 이렇게, 이런 기회가 있을까' 여기만 오면 다 될 것 같다고. 실제로 그렇잖아요, 적극적인 지지자들이니까. 이후에 덕평에서도 그런 말씀 하셨어요. 광주에서 결과를 보고 '이길 수 있겠다, 이제 승리를 잡았구나 했지만 경선 들어와서까지도 (후보가) 되겠나, 라는 생각을 하고 있었다. 이제 확실히 노사모의 힘을 알게 된 거 같다'라고. 맞잖아요. 이전의 어떤 선거에서도 그런 게 없었으니까. 자발적으로 자기들끼리 완벽하게 이렇게 하는 조직이. '당신들은 왜 이래요?'라고 항상 '왜 이렇게 해요? 왜 이렇게 합니까? 왜 서울서 왔어요, 부산에? 왜 대구서 여기까지 와서 경선에 따라다녀요? 왜? 왜?' 늘 기쁘면서도 그런 말씀을 한 건 고맙기도 하고 미안하기도 한 마음에서였겠죠. 우리한테 늘 했던 이야기가 '내가 사실은 그렇게 훌륭하지 않아요. 내가 사실은 젊은 시절에 나쁜 짓도 좀 했거든' 이런 이야기 솔직하게 했었거든요. '노사모 활동할 때 다른 건 다 모르겠는데 애들은 좀 안 데리고 왔으면 좋겠어요' 자주 그 말씀하셨거든요. '아이들 순수한 눈망울 앞에서 정치인이라는 내가 참 가식적인 거 같아요' 그런 말씀 자체가 참. 이전에 어떻든 간에 그런 솔직한 얘기를 할 수 있다는 것만으로도 노사모들은 또 좋아했잖아요. 어느 경선장에서도 그랬어요. 엄마, 아빠 노사모 따라온 아이들 만났을 때 '여러분이 막 이렇게 열광을 할 만큼 제가 착하진 않습니다. 제가 훌륭하지도 않아요. 사실 부족한 것도 많거든요' 이렇게. 그게 매력이었는데 사실은. 그런 말씀을 자주 했어요.

그래서 노사모를 잘 좀 가져갔으면 좋겠다는. 노사모 문화, 노사모의 이런 현상들은 대한민국 아니고서 어디에도 없을 것이기 때문에 기록을 잘 해 둘 필요가 있을 것이고 잘 발전시켜 갈 필요가 있을 것이고 '앞으로 뭐 할래요? 앞으로 어떻게 해야 되지?' 늘 이야기하셨어요. '노사모, 앞으로 어떡해야 되지? 명계남 씨 어떡할 거예요?' 그러면 명짱은 늘 이렇게 얘기했죠. '신경 쓰지 마세요. 그냥 냅두세요. 우리끼리 좋아서 하는 거니까 노사모는 노사모답게 알아서 갈 겁니다' [웃음] 정말 정답이 없었어요. (대통령 입장에서는) 책임이 있죠, 책임. 본인의 책임. 나 때문에 모인 사람들인데. 나 때문에 저렇게 정말 저러고 있는데 야, 저 조직이 앞으로 어디로 갈까? 얼마나 고민스러웠겠습니까. '알아서 하겠다. 아니, 알아서 돌아갈 겁니다'라고 하는데 거기에 노무현이라는 이름을 빼 달라고도 못하고 우리끼리도 못 했었거든. 노무현 빼자. 완벽하게 시민사회운동으로 가야 되는 거 아니냐. 일부는 또 정당 이야기도 하고, 자연스럽게 발전하도록 두자고도 하고. 이후의 정체성의 변화, 발전들을 어떻게 담보할래. 모든 결론은 '냅두자, 우리끼리 이야기해 봐야 되지도 않는다' 이렇게 났지요. 당시에 노짱은 '이 엄청난 조직을 어떻게 잘 좀 보존하고 어떻게 잘 해 갈까'라는 생각을 했는데 누가 할 수 있어요, 그걸. (그래도) 늘 그런 생각을 갖고 계셨던 거 같아요.

청와대 있을 때 노사모 행사를, 제가 기억하는 건 세 번이에요. 전 한 번도 참석하지 않았는데요, 의도적으로 하지 않았죠. 후보 시절 노짱이 춘천경선에서도 말씀하셨거든요. 춘천경선에서 1등 하고 나서 대통령이 되면 청와대 큰 마당에서 우리 삼겹살 구워 먹읍시다, 이렇게 했었어요. 그게 말이 돼 가지고 '삼겹살 구워 주실 거죠?' 힘들어 할 때마다 '이깁니다. 삼겹살 먹어야 될 거 아닙니까' 막 이야기했었거든요. 그게 결국 이후에 실천이 되는데 삼겹살은 못 구웠지만 하여튼 100여 명 조용하게 아주 조용하게 그런 행사가 있었는지 없었는지도 모를 정도로 합니다. 대통령님한테는 처음부터 끝까지 (노사모는) '저거 어떡하지?' 그런 존재였던 거 같아요. 너무 감사하기 이루 말할 수 없는 참 엄청난 조직인데 어떻게 하지, 그런 묵직함이 항상 있었던 거 같아요.

_사료번호 15818

2002년 11월 3일,

국민참여운동 서울본부 발대식에서

키보다 큰 포스터를 들고 있는 어린이.

부록1

제16대 대선
선거자료

새천년민주당

새로운 대한민국!

2 국민후보 **노무현**

행복한 변화

노무현이 시작합니다.

기호 2번 국민후보 노무현

기적같은 단일화 - 국민이 만들어 주

1987년 민주화 항쟁 시절, 최루탄 가스에 시위군중들이 모두들 흩어질 때
부산 서면 거리에 홀로 앉아서 끝까지 남아있었던 변호사가 있었습니다.
1990년 YS가 3당합당을 할 때 그건 정치적 야합이라고
국회의원직을 사퇴한 정치인이 있었습니다.
당선이 보장된 정치1번지 종로를 버리고 지역감정과 정면대결하러
부산으로 내려갔다가 낙선하고 또 낙선한 정치인이 있었습니다.
계보도 없이 조직도 없이 오직 원칙과 상식 하나로 옳은 길을 걸어온 정치인

국민이 노무현을 대통령후보로 직접 뽑았습니다.

추운 겨울날, 농민집회에 나가 계란을 맞자, 농민들의 분노가
풀어진다면 백 번이라도 맞겠다는 대통령후보가 있습니다.
낡은 정치를 바꾸기 위해 국민들이 단일화하라고 외치기에
국민경선으로 뽑힌 기득권을 포기한 대통령후보가 있습니다.
후보단일화가 낡은 정치를 새정치로 바꾸는 길이기에,
모든 불리한 여론조사 조건을 수용한 대통령후보가 있습니다.
자신에게 불리해도 옳은 길만 묵묵히 걸어온 그 손을 국민이 들어주셨습니다.

국민이 노무현을 단일후보로 만들었습니다.

바로 선 대한민국

"할아버지, 대통령이 빚쟁이야?"

오랜만에 놀러온 손녀가 할아버지께 말했습니다.

할아버지는 고무신 한 짝, 막걸리 한 사발에 표를 사고 팔았던 시절이 생각났습니다.

기업에서 뭉칫돈을 받고 뒤를 봐주었던 지금까지의 정치도 생각났습니다.

할아버지는 대답 대신 손녀의 머리만 쓰다듬었습니다.

부정부패의 시작은 대통령선거라는 사실
노무현은 국민성금으로 선거를 치르고 있

뭉칫돈으로 선거를 치르고 선거가 끝나면 빚을 갚는 것처럼

뒤를 봐주는 것이 그동안의 대한민국 정치현실이었습니다.

지금, 노무현은 우리나라 정치사상 최초로 국민성금으로

대통령선거를 치르고 있습니다.

특권층의 뭉칫돈이 아니라 국민이 커피값, 담뱃값, 택시비 등을 아껴 모아주신

국민성금으로 선거를 치르고, 그 지출내역도 국민에게 공개하는 노무현!

기업, 특권층이 아니라 국민에게 빚을 졌으니,

노무현이 대통령이 되면 원천적으로 부정부패가 있을 수 없습니다.

행복한 대한민국을 만드는 노무현의 정치약속

● 책임총리제 실현 ● 권력형 부패 특별검사제 한시적 상설화 ● 청와대, 중앙행정기관의 지방이전

● 병역기피, 탈세, 재산해외도피 등 특권층 비리 근절 ● 지역연고 탈피, 능력, 전문성을 기준한 공정인사

● 국정원장, 검찰총장, 경찰청장, 국세청장, 금감위원장, 공정거래위원장 인사청문회 실시

보통

"이번 적금 타면 이사갈 수 있을까?"

저녁 밥상을 물리고 문득 아내가 물었습니다.
모을 만큼 모았다고 생각했는데 집값은 오르고 또 올랐습니다.
선거 때마다 주택문제만큼은 해결하겠다지만, 부자만 자꾸
더 챙길 뿐이었습니다. 남편은 애꿎은 담배만 꾸겼습니다.

잘사는 세상을 만들 후보는 누구입니까?
평생 특권만 누려온 사람입니까?
그 자신이 보통사람인 노무현입니까?

경기가 좋다고, 경제지표가 괜찮다고 할 때마다 텔레비전을 끄고 돌아서는 분들이 있습니다.
그렇습니다. 진짜 부강한 나라는 경제지표에 나타나는 수치에 있는 것이 아니라,
각 가정에서, 시장에서, 경제현장에서 웃음꽃이 피어날 때 건설될 수 있습니다.
노무현은 지표로만 나타나는 경제가 아니라,
생활경제, 일자리 경제로 국민 모두가 잘사는 나라를 만들겠습니다.
누구나 땀흘려 일하면 부자가 될 수 있고, 그래서 부자가 존경받는 대한민국을 만들겠습니다.

행복한 대한민국을 만드는 노무현의 경제약속

● 철의 실크로드 등을 통한 동북아중심국 도약　● 시장의 공정성과 기업경영 투명성으로 시장의 경쟁질서 확립
● 7% 신성장 달성 250만개 일자리 창출　● 자율성 확대로 기업하기 좋은 나라　● 정보화와 과학기술 대국 실현

가
노두

"애 공부시키는 데 돈이 너무 많이 들어요!"

시집간 딸이 오랜만에 친정으로 와서 푸념을 늘어놓았습니다.
"고등학생 아들, 중학생 딸 학원비 때문에 맞벌이라도 해야겠어요."
사위가 대기업 부장인데, 아이 둘 교육시키는 것도 힘들다는 현실이 친정어머니는 믿지 않았습니다.

남의 자식이 좋은 대학에 들어간다?
'돈이 없어서 공부 못한다'는 소리는
나오지 않도록 하겠습니다.

치열한 입시경쟁, 커갈수록 늘어가는 사교육비 부담! 사실, 교육문제만큼 그 해법을 찾기 어려운 분야도 없습니다.
모든 후보가 공교육을 내실화하고, 교육개혁을 이루겠다고 합니다. 물론, 노무현의 교육개혁도 공약은 비슷합니다.
하지만, 노무현의 교육개혁 실천은 다릅니다. 우선 노무현은 선생님, 학부모, 학생 등 교육현장의 목소리를
먼저 듣겠습니다. 교육부장관만큼은 임기 중 그 지위를 확실하게 보장하겠습니다.
적어도 돈이 없어서 공부 못했다는 소리는 듣지 않도록 하겠습니다.

행복한 대한민국을 만드는 노무현의 사회, 여성부문 약속

- 임기 중 50만호 국민임대주택 공급, 총 250만호 주택공급 ● 보육료 국가 50% 지원 ● 50만개 여성 일자리 창출
- 공교육 내실화로 사교육비 부담 해소 ● 지역구 30%, 비례대표제 50% 여성할당 ● 노인 일자리 50만개 창출

당당한 대한민국

"너, 나랑 싸우면 이길 수 있어?"

동네 꼬마들이 놀이터에서 놀고 있습니다.

힘자랑을 하다가, 누가 힘이 더 센가 내기하다가

한 꼬마가 얼마 전부터 배우기 시작한

태권도 자세를 잡으며 "붙을래?"하고 말합니다.

다른 꼬마가 빙그레 웃으며 의젓하게 대답합니다.

"주먹을 이기는 건 가위 바위 보! 보자기야."

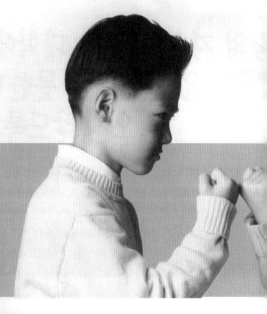

 행복한 대한민국을 만드는 노무현의 외교통일 약속

● 남북정상회담 정례화 ● 북한의 대량살상무기 평화적 해결 ● 동북아시아 경제 및 평화협력체 창설

● 국익중심의 실리외교를 통한 국제경쟁력 강화 ● 군 장병 처우개선과 복지증진으로 사기 앙양

자식을 군대 안보낸 사람은 힘으로 남북문제를 해결하려 합니다. 자식을 군대 보낸 노무현은 대화로 남북문제를 해결할 수 있다고 합니다.

자식을 군대에 보내지 않는 사람은 힘으로 해결하려 합니다.

자식을 군대에 보낸 사람은 대화로 해결하자 하는데 말입니다.

지금, 분단의 철조망을 걷어내고 있는 것은 총칼이 아니라 경의선 철도입니다.

노무현은 이산가족 교류, 경제협력, 주변국과의 관계정상화 지원 등을

통해 한반도를 평화의 땅으로 만들겠습니다.

남북으로 갈라지고 동서로 찢어진 분열의 시대는 이제 끝나야 합니다.

모든 여론조사가
노무현을 대통령감 1위라고 했습니다.

정치부기자 100명을 대상으로 한 설문조사(11/9)는 노무현을 대통령감 1위라고 했습니다.

증권전문가들도 노무현을 가장 선호하는 국가지도자라고 했습니다.

전국 대학생 여론조사(11/4~11)에서, 일간지 여론조사(10/29~30) 정책지지도에서 1위를 차지했습니다.

사법연수원생들이 생존한 분 가운데 가장 존경하는 인물로 노무현을 꼽았습니다.

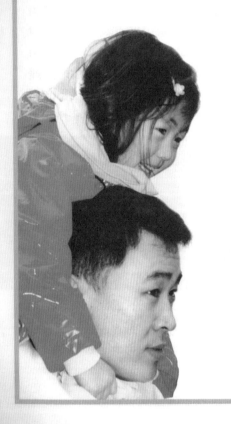

(도표 : 단일후보 확정 뒤 최종 여론조사

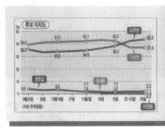

11. 27일자 조선일보

지금, 국민은 노무현에게 깨끗한 정치로 새로운 대한민국을 만들라고 명령하고 있습니다.

대학교수 1,298명 지지선언! 목회자 1000여명 지지선언! 여론주도층 2,500인 지지선언!
40-50대 생활정책자문단 405인 지지선언! 노동자 3000인 지지선언! 치과의사 203인 지지선언!
성 2002' 지지선언! 해외유학생 700인 지지선언! 외국거주 교육자, 엔지니어, 예술인, 의사, 종교인 등 지지선언!
장애인 지도자 30인 지지선언! 부산 택시기사 800여명 지지선언! 윤도현밴드를 비롯한
문성근, 명계남, 이창동 감독등 뜻있는 수많은 문화예술계 인사 지지선언!

지금, 수많은 지식인, 전문가, 여론주도층 및 국민들이, 국내는 물론 국외에서
'노무현이 대통령이 되어야 한다'고 들불처럼 일어나 소리 높여 외치고 있습니다.

누가 대한민국의 대통령이 되어야 합니까?

극적인 단일화로 지지율 급상승! 확고한 1위 확보!

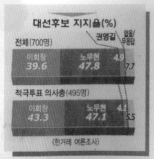

● 단일화 이후 지지도
(25, 26일 실시, 단위: %, %P)

여론조사기관	이회창	노무현	격차
문화일보 · YTN · TN소프레스	39.1	48.2	9.1
동아일보 · 코리아리서치	35.2	42.2	7.0
SBS · TN소프레스	38.6	45.7	7.1
KBS · 갤럽	37.0	43.5	6.5
MBC · 코리아리서치센터	35.8	42.1	6.3
중앙일보	33.2	41.8	8.6
한겨레신문	39.6	47.8	8.2

민주당의 지지율이 '34.4% 대 29%

11. 27일자 한국일보

대선후보 지지율(%)

권영길 / 없음/무응답

전체(700명)

이회창	노무현	권영길	없음/무응답
39.6	47.8	4.9	7.7

적극투표 의사층(495명)

이회창	노무현		
43.3	47.1	4.1	5.5

(한겨레 여론조사)

11. 27일자 한겨레(조사일:25일)

이회창·노무현 지지도 여론조사

언론사(조사기관)	이회창	노무현
한겨레(리서치플러스)	39.6	47.8
중앙일보(자체)	33.2	41.8
동아일보(코리아리서치)	35.2	42.2
문화일보·YTN(TNS)	39.1	48.2
KBS(한국갤럽)	37.0	43.5
MBC(코리아리서치)	35.8	42.1
SBS(TNS)	38.6	45.7
CBS(월드리서치)	30.8	35.6
		(조사일:25일)

11. 27일자 국민일보

희망의 나라로 노를 저어갑시다
대한민국을 위해 한시간만 내주십시오

정치가 지겹다고, 그놈이 그놈이라고 말씀하시던 분이 노무현후보 홈페이지를 들르고는 생각이 달라졌다고 말합니다. 정직하게 일할수록 손해보는 현실이 싫다고, 자식이 스트레스 안받고 공부하는 환경을 만들어 주겠다고, 이민을 결정했던 분이 노무현 후보 홈페이지를 보고 대한민국에 남기로 했다고 합니다.

아들의 성화에 못이겨 마지못해 노무현 후보의 홈페이지에 들르신 분은
밤을 꼬박 새우다 국민성금을 내셨다고 합니다.

많은 시간이 필요하지 않습니다.

홈페이지에 실린 평범한 사람들의 목소리를 들어보세요.

왜, 그토록 많은 사람들이 자기 돈을 쓰면서 노무현을 대통령후보로 만들고,

또 대통령으로 만들기 위해 애쓰는지 말입니다.

어쩌면 1시간이 채 걸리지 않을 수도 있습니다.

눈물 때문에 더 이상 읽지 못할 수도 있으니까요.

아니, 밤을 꼬박 새울 지도 모릅니다.

너무 행복하고 희망찬 대한민국이 눈앞에 보이니까요.

▼ 노무현 홈페이지 오시는 길

www.knowhow.or.kr

▶ 인터넷 주소입력줄 에
한글로 "노무현"을 입력하면
곧 바로 노무현후보
홈페이지로 연결됩니다.

원칙과 상식을 지켜온 사람, 국민후보 노무현입니다.

1946년, 경남 김해에서 가난한 농민의 아들로 태어났습니다.

1971년, 강원도 인제에서 34개월간 군복무를 했습니다.

1975년, 노동을 하여 책을 사고 주경야독하여 사법고시에 합격했습니다.

1977년, 대전에서 판사로 법관생활을 시작했습니다.

1981년, 부림사건때 죄 없이 구속된 학생들을 변호하면서 인권변호사로 거듭났습니다.

1987년, 6월 항쟁을 부산에서 주도했습니다.

1988년, 부산 동구에서 5공실세 허삼수를 누르고 국회의원에 당선됐습니다.

　　　　 5공청문회를 통해 전국에 그 이름을 알렸습니다.

1990년, YS의 3당합당을 반대했습니다.

　　　　 나라 망치는 지역감정만큼은 편승하고 싶지 않았습니다.

　　　　 이후 지역감정을 악용한 정치세력에게 고배를 마셨습니다.

2000년, 당선이 보장된 종로를 버리고 다시 부산으로 내려갔으나, 또 떨어졌습니다.

　　　　 국민은 그를 위해 정치사상 최초로 정치인 팬클럽을 만들어주었습니다.

2001년, 해양수산부장관에 취임했습니다.

2002년, 조직도 계보도 없이 원칙, 소신, 능력만으로 대통령후보경선에 나섰습니다.

　　　　 정치사상 최초로 국민이 직접 노무현을 대통령후보로 뽑았습니다.

　　　　 정치사상 최초로 단일후보로 선출되었습니다,

지금, 노무현은 정치사상 최초로 기업의 뭉칫돈이 아니라,

국민성금으로 대통령선거를 치르고 있습니다.

2002년 12월 19일, 전국에서 고르게 지지받는,

당당하고 새로운 대통령을 만납니다.

국민후보
기호2번 노무현

네, 이회창 후보는 낡은 20세기와 계속 상대하십시오

노무현은 21세기와 상대하겠습니다

아직도 DJ와 경쟁하고 계십니까?
아직도 낡은 쪽로극에 매달리고 계십니까?

새로운 대한민국!

2 국민후보 노무현

부패정치 비켜라! 돼지저금통이 나가신다

체육관에서 하루만에 118억을 받고
밝게 웃는 대통령 후보

한푼 두푼 모은 국민의 후원금을 받고
눈물을 글썽이는 대통령 후보

www.knowhow.or.kr
농협 036-01-092236 국민은행 : 816902-04-004146
예금주 : 이상수 (노무현 후원)

기호 2 새로운 대한민국
국민후보 노무현

새천년민주당
www.minjoo.or.kr

이민 가지 마세요!
노짱이 있잖아요

성실하게 살아온 내 남편, 많이 힘든가봐요.
또 어디가 옮겨라는 소리에 많이 침울했어요.
힘들고 지칠남 땐, 어떤 간 이웃이 부러워요.
하지만 이제 희망이 보인다고, 남편은 조금 기다려 보란다.

새로운 바람을 이끄는 새사람이
새로운 희망을 찾아드리겠습니다

첫눈 같은 정치

국민을 기분좋게 만드는 정치 -
노무현이 국민대통합으로 시작하겠습니다.

새천년민주당
www.minjoo.or.kr

새로운 대한민국 - 행복한 변화가 시작됩니다

www.knowhow.or.kr

부록2

노무현이 말하다

승리를 만든 노무현의 연설들

"비겁한 교훈을 가르쳐야 했던 우리의 600년의 역사, 이 역사를 청산해야 합니다"

_2001년 12월 10일 《노무현이 만난 링컨》 출판기념회 및 후원회 연설

"역사는 저를 선택할 것이라고 생각합니다"

_2002년 1월 24일 《MBC》 특별생방송 '선택2002 예비후보에게 듣는다'

"광주의 정신으로 가는 겁니다"

_2002년 3월 17일 대전지역 경선 이후 노사모와의 대화

"근거 없는 걸로 맞고 있기 때문에 솜방망이 같다고 생각합니다"

_2002년 3월 24일 강원지역 경선 이후 노사모와의 대화

"여하튼, 잘 할게요. 근사한 말이 생각이 안 납니다"

_2002년 3월 31일 전북지역 경선 이후 노사모와의 대화

"저는 실패한 경험이 많은 정치인입니다"

_2002년 4월 5일 대구지역 경선 연설

"이런 아내를 제가 버려야 합니까?"

_2002년 4월 6일 인천지역 경선 연설

"아이들 얼굴을 생각해 보면 정말 가슴에 답답하게 부딪치는 부담이 있습니다"
_2002년 4월 20일 부산지역 경선 이후 노사모와의 대화

"지금 우리나라에는 정치혁명이 일어나고 있습니다"
_2002년 4월 21일 경기지역 경선 연설

"서울 가서는 진지한 자세로 저도 임할 생각입니다"
_2002년 4월 21일 경기지역 경선 이후 노사모와의 대화

"여러분, 이겼습니다! 이제 또 이길 겁니다!"
_2002년 4월 27일 덕평 '노사모 2002 희망만들기'

"정치지도자는 시대의 요청을 직시하는 역사적 안목을 갖추어야 합니다"
_2002년 5월 14일 관훈클럽 초청 토론회

"대안 없이 사퇴하는 것만이 책임을 지는 방법도 아니고 능사도 아니라고 생각합니다"
_2002년 8월 9일 기자간담회 발언

"오늘 저는 돼지저금통을 받았습니다"
_2002년 9월 29일 새천년민주당 중앙선거대책위원회 출범식

"그러나 그의 가슴에 흐르는 피눈물을 왜 보지 못하겠습니까"

_2002년 10월 16일 개혁국민정당 발기인대회(문성근 연설)

"설사 외롭더라도 옳은 길이 승리하는 역사를 저는 간절히 원합니다"

_2002년 10월 18일 대한간호정우회 초청 강연회

"정말 저는 놀라고 있습니다"

_2002년 10월 후원금 모금 감사인사

"사람한테 이기는 것이 아니라, 정치를 바꾸고 바로 하자"

_2002년 10월 21일 희망포장마차 방문

"이번 우리 연말 대통령선거에서는 왕을 뽑지 맙시다"

_2002년 10월 24일 '노풍 대폭발의 날' 행사

"여러분을 믿고 내린 결정입니다"

_2002년 11월 3일 서울선거대책본부 발족식

"정의가 이기려면 그 시대에 살고 있는 사람들의 마음속에 갈망이 있어야 됩니다"

_2002년 11월 7일 충남대 강연

"정당의 핵심은 정책입니다"

_2002년 11월 18일 제16대 대통령선거 핵심공약 발표회

"마지막 쟁점에 관한 정몽준 후보의 요구를 수용하겠습니다"

_2002년 11월 22일 단일화 논의 타결 기자회견

선거방송연설

_행정수도 이전   _정치   _경제   _행정수도 이전과
                                              여성문제

대선전야 마지막 서울 선거 유세

_2002년 12월 18일   _2002년 12월 18일
명동 유세   종로 유세

"여러분들은 역사를 바꾸었습니다"

_2002년 12월 23일 네티즌에게 보내는 당선 감사 메시지

2002년 연보_제16대 대통령선거 출마와 당선